# Le Petit Prince
## est revenu...

# Le Petit Prince est revenu...

ROMAN

*La suite pour grandes personnes
du best-seller mondial !*

UN MONDE 🏃 DIFFÉRENT

**Catalogage avant publication de Bibliothèque et Archives nationales du Québec et Bibliothèque et Archives Canada**

Fisher, Marc, 1953-

    Le petit prince est revenu

    ISBN 978-2-89225-797-7

    I. Titre.

PS8581.O24P47 2013         C843'.54         C2012-942391-2
PS9581.O24P47 2013

---

**Adresse municipale :**         **Adresse postale :**
Les éditions Un monde différent     Les éditions Un monde différent
3905, rue Isabelle, bureau 101       C.P. 51546
Brossard (Québec) Canada J4Y 2R2   Greenfield Park (Québec)
Tél. : 450 656-2660 ou 800 443-2582   J4V 3N8
Téléc. : 450 659-9328
Site Internet : http://www.umd.ca
Courriel : info@umd.ca

© Tous droits réservés, Marc Fisher, 2013

©, Les éditions Un monde différent ltée, 2013
Pour l'édition en langue française

Dépôts légaux : 1er trimestre 2013
Bibliothèque nationale du Québec
Bibliothèque nationale du Canada

Conception graphique de la couverture :
OLIVIER LASSER et AMÉLIE BARRETTE

Photocomposition et mise en pages :
ANDRÉA JOSEPH [pagexpress@videotron.ca]

Typographie : Fairfield LH 12,3 sur 15 pts

ISBN 978-2-89225-797-7

*Nous reconnaissons l'aide financière du gouvernement du Canada par l'entremise du Fonds du livre du Canada (FLC) pour nos activités d'édition.*

*Gouvernement du Québec – Programme de crédit d'impôt pour l'édition de livres – Gestion SODEC.*

*Gouvernement du Québec – Programme d'aide à l'édition de la SODEC.*

IMPRIMÉ AU CANADA

« J'aurai l'air d'être mort, et ce ne sera pas vrai. »

*Le Petit Prince*

À *Florence Poissant, ma mère, et à tous ses petits-enfants, Laurence, Léonard, Charles, Clara, Louis, Florence, Godefroy, et* last but not least, *Julia.*

*Saint-Exupéry est-il vraiment mort le 31 juillet 1944 ?*

Le 7 avril 2004, des experts identifièrent les débris d'un Lockheed P-38 Lightning découverts quelques années plus tôt au large de Marseille, par Luc Vanrell, inventeur d'épaves de son état.

La carlingue portait le numéro de matricule 2734, celui de l'avion piloté par Antoine de Saint-Exupéry, lors de son dernier vol, le 31 juillet 1944.

Mais que s'était-il vraiment passé ?

Saint-Exupéry avait-il été abattu par l'ancien chasseur allemand Horst Rippert, comme ce dernier le déclara plus tard au journal *La Provence* ?

Pourtant aucune perforation, aucune trace de balles n'avait été relevée dans les restes de l'avion.

Le P-38 Lightning avait-il subi une banale défectuosité technique, fréquente à l'époque de ce qui était encore l'enfance de l'aviation ?

Le fameux aviateur, qui poussait son goût extrême des lettres jusqu'à lire au volant de ses divers avions, avait-il été victime d'une distraction fatale ?

Avait-il raté un virage, volé trop bas sur les flots bleus de l'été ?

Pourtant, nul ossement, nul effet personnel du romancier n'avait été retrouvé près des débris...

Se pouvait-il qu'une tout autre histoire se fût passée, que Saint-Exupéry ne fût pas au volant de l'avion qui sombra en mer ?

Mais plutôt que...

# 1

La nouvelle de l'identification formelle de l'avion de Saint-Ex fit en tout cas la une des journaux à travers le monde entier.

Et elle se retrouva, le 14 avril 2004, en première page du *Matin*, le plus important journal français de Casablanca, au Maroc.

Nadia S., une élégante Vénitienne de trente-neuf ans, brunette aux yeux noirs, en fit ce jour-là la matinale livraison à sa grand-mère, Sofia S., à l'aile psychiatrique du plus grand hôpital de la ville.

La vieille dame de quatre-vingt-deux ans y était internée depuis quelques années, pour divers troubles mentaux, dont un début d'Alzheimer et un amour fou (c'est le cas de le dire!) pour l'auteur du *Petit Prince*, dont elle affirmait avoir été la dernière maîtresse.

Ce n'est que quelques semaines avant la disparition du célèbre pilote que, le 30 juin 1944, fuyant un mari infidèle et violent, – et une Italie fasciste sous le régime de Mussolini –, la vieille dame, âgée de vingt-deux ans à l'époque, avait abouti avec sa fille de cinq ans au Maroc, et plus précisément à Casablanca. Elle s'y était rendue, comme plusieurs réfugiés, en s'embarquant, à Gênes, sur *Le Rex*, un magnifique paquebot italien.

La jeune Sofia avait emporté dans son unique valise le minimum, mais n'oubliait pas l'essentiel : son exemplaire américain du *Petit Prince*, qu'elle lisait presque tous les soirs à sa fille Tatiana, qu'elle avait eue fort jeune, à seulement dix-sept ans, une sorte d'accident. Mais elle n'avait jamais regretté de l'avoir gardée, car elle l'adorait.

C'était une amie littéraire qui lui avait ramené *The Little Prince* de New York, car, fait cocasse, le charmant récit avait d'abord paru en anglais, en 1943, avant d'être publié en français, à Paris, en 1945, empêché d'édition par la déplorable Occupation allemande. La jeune et belle maman ignorait que ce livre allait être le prétexte idéal pour faire la connaissance, quelques jours plus tard, de son idole littéraire – et de l'homme de sa vie, qu'elle disait encore vivant !

En même temps que le journal, Nadia apportait une rose à sa grand-mère.

Après une hésitation au seuil de la porte, elle entra, et, comme à chacune de ses visites, fut émue de la voir. Après tout, elle était la mère de sa mère, Tatiana, qu'elle n'avait plus, emportée l'année précédente par un fulgurant cancer du cerveau : ce n'est pas toujours ceux qu'on pense qui partent en premier !

La mort, comme la vie, est une loterie !

Les cheveux tout blancs, la peau infiniment ridée, drapée dans un élégant peignoir noir avec, sur sa poche mouchoir gauche, un palmier doré près duquel était assis un mignon renard des sables aux oreilles extraordinairement grandes, la vieille dame rêvassait dans son fauteuil.

Elle tenait dans ses mains percluses de rhumatismes un livre ouvert. C'était, sans surprise, un ouvrage de Saint-Exupéry, *Terre des hommes*, une très vieille édition des années 40 aux pages jaunies, dont plusieurs étaient cornées.

La grand-mère vit Nadia, vit la rose dans sa main, plus frappante que le banal quotidien.

« Quelqu'un est mort ? », s'enquit-elle aussitôt, un peu bizarrement.

Nadia eut un mouvement de recul, comme si sa grand-mère avait deviné la triste nouvelle annoncée par *Le Matin*.

« Euh, non… fit la ravissante Vénitienne, pourquoi me demandes-tu ça, mamie bleue ? » ; diminutif dont elle l'affublait affectueusement en raison de ses si beaux yeux bleus, qui conservaient encore un éclat de jeunesse.

« Bien, parce que la rose est blanche.

– Ah ! je ne connaissais pas la symbolique des fleurs, je… »

Sa grand-mère détourna la tête, resta un instant sans parler, selon toute apparence plongée dans ses pensées, dans son passé.

N'osant la tirer de ses souvenirs, Nadia mit la rose qu'elle avait apportée dans un vase.

Il était très beau, en verre fort épais, avec un col qui s'ouvrait à gauche et à droite comme le double cou d'un cygne : ça vous donnait juste envie de le fleurir, tant il était accueillant.

« Ça va, grand-maman ? » demanda-t-elle avec hésitation, une fois cette tâche accomplie.

– Oui, ma chérie… »

Mais ça n'avait pas vraiment l'air d'aller. La vieille femme avait les larmes aux yeux. Nadia s'assit sur une des chaises droites des visiteurs, juste à côté de sa grand-mère.

« Tu pleures ? demanda-t-elle en touchant son bras.

– Non, protesta la vieille dame, ce sont juste mes yeux qui pleurent. Parce que c'est trop beau.

– Qu'est-ce qui est trop beau, grand-maman ?

– Ça. Écoute ! »

Elle lut sans lunettes, ce qui était étonnant vu son grand âge, une phrase de *Terre des hommes*.

« J'ai élevé des gazelles à Juby. »

Elle sauta un passage comme elle le ferait un peu plus loin.

« Nous les enfermions dans une maison de treillage […] »

Pour la suite, elle ne regarda plus le livre, qu'elle laissa tomber sur ses cuisses. Elle connaissait visiblement le texte par cœur. Il faut dire que, jeune, elle possédait une mémoire prodigieuse, pouvait réciter une page entière après l'avoir lue deux fois, et il lui restait, malgré l'âge, un peu de ce talent étonnant. Elle regardait dans le vide, elle était ailleurs, peut-être dans son passé, sa jeunesse, son paradis perdu :

« Capturées jeunes, elles vivent cependant et broutent dans votre main. Elles se laissent caresser […] Et on les croit apprivoisées. On croit les avoir abritées du chagrin inconnu qui éteint sans bruit les gazelles et leur fait la mort la plus tendre… Mais vient le jour où vous les retrouvez, pesant de leurs petites cornes, contre l'enclos, dans la direction du désert. »

Elle se tut, et ses yeux étaient si nostalgiques et si emplis de rêves bleu et or, que Nadia crut y voir le désert et les gazelles qui y couraient, enfin libres, libres, trois fois libres, ce qui est la nature véritable de tout être, mais on préfère bizarrement sa prison.

« Elles ignorent tout de la liberté des sables, comme de l'odeur du mâle », poursuivait de mémoire la vieille dame avec un sourire ému. « Mais vous êtes bien plus intelligents qu'elles. Ce qu'elles cherchent, vous le savez […] Elles veulent devenir gazelles et danser leur danse. […] Peu importe les chacals, si la vérité des gazelles est de goûter la peur, qui les contraint seule à se surpasser et tire d'elles les plus hautes voltiges… »

*Peu importe les chacals, si la vérité des gazelles est de goûter la peur, et tire d'elles les plus hautes voltiges*, se répéta pour elle-même Nadia, troublée.

*Les plus hautes voltiges*, celles mêmes qu'elle sentait au fond de son cœur, de sa tête aussi, et auxquelles elle semblait avoir renoncé depuis des siècles, sous le raisonnable prétexte de gagner sa vie !

Sa grand-mère semblait avoir lu en son être comme dans un livre ouvert, un livre qui lui parlait étrangement et lucidement de sa vie, de son ennui, de sa détresse, car elle rêvait d'autre chose.

Oui, elle rêvait d'autre chose malgré un bel appart, un job prestigieux dans un institut de beauté chic de Casablanca, un bon salaire, une généreuse allocation de dépenses et tous les avantages sociaux, parmi lesquels ne figure pas, seul hic, mais considérable, une assurance de bonheur !

« Qu'importe le lion », poursuivait magnifiquement la vieille dame, « si la vérité des gazelles est d'être ouvertes d'un coup de griffe dans le soleil. Vous les regardez et vous songez : les voilà prises de nostalgie. La nostalgie, c'est le désir d'on ne sait quoi… Il existe, l'objet du désir, mais il n'est point de mots pour le dire. Et à nous, que nous manque-t-il ? »

Étonnée de cette récitation inattendue, Nadia éprouva une émotion trop grande, et dut détourner la tête.

« Qu'est-ce que tu as, ma belle Nadia ? la questionna sa grand-mère.

– Rien, je n'ai rien, assura-t-elle. Une simple poussière dans l'œil. Je reviens. »

Mais elle *avait* quelque chose.

Elle le vit un peu, ce « quelque chose », dans la petite glace ternie de la minuscule salle de bain de la chambre, dont la cuvette était munie d'appuis-coude spéciaux, le mur, d'une rampe.

Et de surcroît, il y avait la poire suspendue à un fil, en cas d'urgence, de malaise, de chute, ce qui ne donnait pas une folle envie de vieillir.

Nadia vérifia son maquillage, essuya ses larmes. Elle pensa, comme malgré elle, qu'elle aussi était comme ces gazelles si éprises de liberté.

En plus, elle avait trente-neuf ans, ça la préoccupait sérieusement!

Car dans un an, elle en aurait quarante, ce qui est encore fort jeune pour une femme, mais peut-être pas tant que ça en cette société de prêt-à-jeter, amoureux et autres, où on consomme les apparences, et où on a oublié que « l'essentiel est invisible pour les yeux », comme disait celui que vous savez; j'ai nommé le petit prince bien entendu!

Sa grand-mère, qui prétendait lire avec succès dans les lignes de la main, lui avait annoncé quelques semaines plus tôt, après s'être pâmée sept secondes devant sa paume gauche, de grands changements dans sa vie.

Entre autres, qu'elle le rencontrerait, justement, l'homme de sa vie. Au même endroit où, avait-elle précisé, plus de soixante ans plus tôt, elle avait connu Antoine de Saint-Exupéry : le mythique *Rick's Café Américain*, à Casablanca, le même que dans le film du même nom. Elle lui avait du reste prédit, pas avare de détails, qu'il s'appellerait César.

*Quel nom idiot, César!* avait aussitôt pensé Nadia, qui n'achetait évidemment pas sa salade – César ou autre!

Elle n'avait jamais mis les pieds au *Rick's Café Américain*. Pas tellement par scepticisme que par prudence sentimentale, d'ailleurs. À la vérité, elle pleurait chaque fois qu'elle revoyait *Casablanca*, et ça faisait presque trente fois : les réserves de larmes ne sont pas infinies, même chez une femme qui est tendre.

Sa beauté refaite, Nadia sortit résolument de la salle de bain, prit le journal sur le lit, le tendit à sa grand-mère, qui vit tout de suite la une, la parcourut à toute vitesse, parut défaite.

« Je n'étais pas sûre si je devais. Tu as de la peine, grand-maman ? » vérifia Nadia, qui avait commencé à tortiller dans sa main gauche une des mèches de ses longs et abondants cheveux comme chaque fois qu'elle était nerveuse ou anxieuse, ce qui lui arrivait de plus en plus souvent depuis quelque temps.

« Non, parce que je savais tout ça. Que son avion avait sombré dans la Méditerranée. Mais c'était juste une mise en scène…

— Une mise en scène?

— Oui. Pour recommencer sa vie avec son enfant. Ils ont sauté en parachute.

— Qui ça, ils?» fit Nadia avec le plus grand étonnement du monde.

« Bien, le petit prince et lui!»

Nadia ne savait pas quoi dire, se contentait de hocher la tête, trouvait que c'était gros, comme prétention.

Que sa grand-mère, jeune, eût un jour rencontré le célèbre écrivain à Casablanca, et vécu avec lui une brève aventure qui n'était d'ailleurs rapportée nulle part, soit!

Ça pouvait toujours passer, somme toute. Car l'écrivain célébré, autant à New York qu'à Paris, et toujours parti aux quatre coins du monde, avait notoirement connu une vie sentimentale mouvementée, malgré son état d'homme marié.

Mais que le petit prince existât, et ne fût pas un simple personnage de fiction, là, c'était du délire pur et simple. Aussi, le plus délicatement possible, la jeune femme objecta-t-elle:

« Grand-maman, j'aimerais te croire, mais le petit prince…»

Énergique malgré le déprimant article du *Matin*, la grand-mère parut ignorer l'argument amorcé par sa petite-fille. À la place, elle se tourna vers l'unique fenêtre de la chambre et tendit un index impérieux en proclamant:

« Le petit prince!»

En proie au plus vif étonnement, Nadia s'empressa de tourner la tête vers la fenêtre.

# 2

Le visage du garçon de sept ans ressemblait véritablement à celui d'un ange, avec ses yeux ronds et bleus, ses cheveux blonds, plutôt hirsutes.

On aurait dit qu'il sortait de la douche et que sa maman avait asséché sa tête à toute vitesse, sans prendre la peine de le coiffer.

Cet enfant, qui semblait venir d'une autre planète tant son expression était pure, paraissait terrorisé.

On l'aurait été à moins.

C'est qu'il se trouvait dans un train.

Dans un compartiment qui était loin d'être de première classe, ni même de deuxième, beaucoup s'en fallait.

Il n'y avait évidemment pas de couchettes ni même de banquette.

En fait, les trente et quelques passagers entassés dans ce wagon à bétail étaient les uns debout, les autres assis, d'autres allongés, endormis, ou pire encore en état d'inanition ou déjà morts, car le séjour avait été long, la chaleur parfois suffocante, en cette fin de juin 1944.

En Pologne.

À Auschwitz.

Dans les trains de la Mort.

Qui étaient arrivés à leur destination finale.

Les camps de travail.

Ou de concentration.

Ou de la mort, comme les trains du même nom, c'est selon.

L'odeur était étouffante, écœurante, à la vérité, car les déportés n'avaient droit – et encore pas toujours ! – qu'à des seaux pour satisfaire aux exigences de la nature. Et parfois, avec les mouvements du train, ou un coup de pied accidentel, les seaux se renversaient, répandant parmi les passagers leur contenu nauséabond.

L'angélique blondinet de sept ans s'appelait David Rosenberg, et il était si nerveux qu'il ne put se retenir de prendre son plus jeune frère Isaac par la main. Il lui ressemblait comme deux gouttes d'eau – mêmes yeux bleus, même nez, mêmes cheveux, mais moins hirsutes. En fait, on aurait dit deux jumeaux, sauf que le plus jeune était un peu plus court, mais de quelques centimètres à peine.

Un détail anodin en d'autres circonstances, mais capital en cette instance.

Et voici pourquoi.

C'est que les parents des deux garçonnets, qui voyageaient avec eux vers Auschwitz, avaient appris entre les branches que le tristement célèbre Joseph Mengele, médecin de son état, se livrait à Auschwitz à des expériences sur les jumeaux.

Qui par conséquent étaient souvent épargnés, du moins pour un temps.

Et en cette époque cruelle et folle, chaque jour gagné pouvait signifier la fin de la guerre.

Et la Libération.

Et... la vie!

Il n'y a pas de petits bénéfices en temps de grands désespoirs!

Seul ennui, donc, la taille légèrement inférieure d'Isaac, ce qui pouvait engendrer un doute fatal dans l'esprit de Mengele qui avait droit de vie et de mort sur tous les déportés – c'est pour ça qu'on l'appelait l'Ange de la Mort. Aussi les parents des deux garçons réfléchissaient-ils, avec toute l'ardeur dont ils disposaient, à la manière idéale pour leurs deux fils de ressembler à des jumeaux.

Salomon, le père, avisa un journal qui servait de papier hygiénique aux déportés. Il le prit, demanda à son plus jeune fils d'enlever ses chaussures, des bottines toutes usées, avec des lacets qui avaient eu besoin de quelques nœuds habiles pour continuer de remplir leur modeste tâche.

Isaac obéit évidemment : son père, beau et brillant, ex-prof de mathématiques congédié, vu sa nationalité, était son dieu.

Ce dernier arracha quelques pages du journal, les plia savamment, lointain héritier de Pythagore, et en fourra les deux souliers de son fils, lui demanda de les remettre sur-le-champ.

La martingale opéra : les deux enfants, dos à dos, avaient vraiment l'air de jumeaux, maintenant !

Salomon souriait, fier de son astuce. La mère, Rebecca de son prénom, était d'accord elle aussi, une très belle blonde, avec des formes généreuses. Un sourire fleurit ses lèvres ravies, mais brièvement, car tous ces efforts seraient probablement vains.

Il n'y a que dans les contes de fées – ou pour enfants – que triomphent les bons sentiments et leurs adeptes surtout vers la fin, et où les méchants sont commodément punis. Car à la vérité les méchants se portaient plutôt bien en cette guerre monstrueuse, comme si Dieu était en vacances ou avait été congédié : va savoir, avec les hauts placés ! Les bons, eux, prenaient, la tête basse, le chemin des fours crématoires.

La mère avait rapidement perdu son sourire, donc, car elle savait, comme son mari, ce qui attendait ses deux enfants, s'ils n'étaient pas choisis comme heureux jumeaux des œuvres funestes de Joseph Mengele.

Il n'y avait pas que des Juifs qui encombraient les trains de la mort, mais aussi tous ceux qu'Hitler considérait comme les « éléments asociaux » du Troisième Reich et de la race aryenne, la seule pure à ses yeux myopes et fous. En effet, cet élève médiocre, ce peintre raté deux fois refusé à l'Académie des Beaux-Arts de Vienne, ce sous-homme sans nom qui avait

mal lu Nietzsche et tout aussi mal écouté Wagner, qui appelait
«bubi» certains de ses proches collaborateurs et son chauffeur,
ce qui veut dire «petit garçon» pour les gais et leurs mignons ;
cet homme qui saluait en tendant virilement le bras, compensation illusoire de son impuissance notoire qui avait conduit
deux de ses maîtresses au suicide, condamnait, comme bien
des homos honteux, ceux qui partageaient sa pédérastie. Et il
faisait «mieux» encore : il les envoyait aux chambres à gaz !

Comme il y envoyait d'un même geste les prostituées, les
intellectuels, les infirmes et les Tsiganes !

Il y avait, devant les jumeaux, le coiffeur Antonio, très
beau, très jeune, très homo, qui se savait condamné, mais ne
semblait pas s'en affliger outre mesure, résigné ou fataliste
devant ce destin contraire, et en tout cas assez noble pour s'intéresser à une autre personne qu'à lui : d'autres ne le font pas
même dans le confort bourgeois de leur living !

Il considérait les jumeaux patentés de son œil expert.

«Il faut retoucher les cheveux !» décréta-t-il, sûr de son
fait.

Il tira comme par magie de sa poche un très beau peigne
luisant et noir, et les parents Rosenberg le laissèrent s'activer
sur la tête de leurs deux fils, les yeux arrondis par un espoir
nouveau, touchés aussi par cette solidarité humaine inattendue.
En un tournemain, David et Isaac étaient coiffés identiquement,
ce qui augmentait leur ressemblance, et leur chance de survie.
Antonio souriait, satisfait de son œuvre, et au lieu de fourrer
son peigne dans sa poche, le tendait à Dolorès, une poétique
Tsigane de trente-sept ans aux cheveux fous, couverte de
bijoux, qui avait observé la scène de son mystérieux œil mauve
qui paraissait voir dans l'avenir.

«*Ti amo*, dit Antonio à la Tsigane, d'un air entendu.

– *Anch'io, ti amo*», répliqua-t-elle aussitôt, ce qui veut
dire, moi aussi je t'aime.

C'est le simple souhait de tous les amoureux du monde.

Surtout évidemment lorsqu'ils se sont jetés à l'eau en premier, ce qui est toujours un peu risqué, surtout en notre époque si peu romantique où la moindre expression de sentiments vrais peut mettre l'autre en fuite – et à jamais !

Après cet aveu qu'elle savait sans conséquence, car elle avait vu dans son avenir, et hélas ! il n'était pas très rose, la Tsigane rangea un peu mystérieusement le peigne dans son sac.

La mère des faux jumeaux, qui connaissait son talent, découvert pendant le long trajet depuis Paris, s'approcha nerveusement d'elle, s'enquit :

« Est-ce que mes fils vont mourir ? »

Dolorès considéra un instant les émouvants faux jumeaux, qui se tenaient encore par la main, peut-être pour cacher leur irrésistible tremblement. Cette femme excentrique connaissait son propre fatal destin comme celui de bien des gens autour d'elle. Entre autres, celui du bel et généreux Antonio qui venait du ghetto juif de Venise, et dont les ancêtres avaient dû porter le bonnet jaune jusqu'à la fin du dix-huitième siècle.

La Tsigane regardait la tête jaune, ou si vous préférez, blonde et bien coiffée des enfants, et affichait un air grave, si grave en fait que le père et la mère échangèrent un regard affolé. Mais enfin, Dolorès décréta :

« Ils vont mourir, mais…

– Ils vont mourir ! » suffoqua la mère, qui porta sa main affolée à sa bouche et dont les yeux s'emplirent de larmes.

Elle avait envie de hurler, mais elle ne voulait pas ruiner les derniers instants de ses enfants. Une lueur d'espoir subsistait bizarrement en son cœur de mère.

« Laissez-moi terminer ! la tança gentiment la Tsigane. Ils vont mourir, comme tout le monde, mais au soleil, dans une maison blanche, le plus vieux à quatre-vingt-dix ans, l'autre à quatre-vingt-neuf, donc presque en même temps.

– Ah!» soupirèrent à l'unisson la mère et le père, soulagés.

«Et nous, fit la mère, encouragée par cette divination si favorable, est-ce que nous allons les revoir?»

La Tsigane fit mine de ne pas l'avoir entendue.

Car les Tsiganes et ceux qui font semblable métier, n'aiment pas, à tort ou à raison, annoncer la mort de leurs clients ou de leurs enfants.

C'est qu'ils savent que parfois ils se trompent, et que, par conséquent, ils peuvent gâcher une vie, même s'ils ont erré en leurs prédictions.

Pas très rassurée, la mère des faux jumeaux naturellement insista:

«Est-ce que nous allons revoir nos enfants?»

Pour toute réponse, avec un air grave, la Tsigane suggéra:

«Dites-leur que vous les aimez!»

# 3

«*Le Petit Prince?* questionna Nadia, la belle Vénitienne qui vivait depuis son enfance à Casablanca – qu'Antoine de Saint-Exupéry appelait le paradis terrestre –, désolée, grand-maman, mais je ne suis pas sûre de bien comprendre ce que tu dis.

– Il est là!» insista la vieille dame, impatiente comme on le devient souvent avec l'âge, ou alors on est déjà vieux quand on devient impatient, peu importe son âge.

Elle tendit à nouveau vers la fenêtre, en l'agitant avec insistance, son index tremblant et déformé par l'arthrite, elle qui avait eu, en sa lointaine jeunesse, de si élégantes mains, véritables poèmes dignes de Baudelaire, par leur calme, leur beauté, leur volupté.

Nadia s'avança vers le large rebord de la fenêtre qui tenait lieu de bibliothèque de fortune à sa grand-mère. S'y alignaient presque exclusivement, comme autant de pierres d'une cathédrale du grand amour, des ouvrages d'Antoine de Saint-Exupéry. Nadia ne fut pas longue à comprendre sa méprise : sa grand-mère parlait du livre et non pas du charmant personnage (imaginaire) qui en était le héros !

Elle retrouva sans peine l'exemplaire vieilli du *Petit Prince*, et le remit à l'octogénaire qui l'ouvrit aussitôt, passa la page de garde, celle du faux-titre, arriva avec exaltation à celle du titre :

« Regarde ! » s'exclama-t-elle triomphalement en montrant du doigt ce qui était écrit sous le titre, en grosses lettres.

Nadia ne comprenait pas. Il aurait sans doute fallu être Freud en jupon, ou la Pythie de Delphes en moderne expédition.

« Pourquoi me montres-tu ça, grand-maman ?

– Bien, parce que c'est écrit <u>récit</u>, fit-elle en appuyant sur le mot.

– Récit ? Et après ?

– Bien, c'est simple, un récit, c'est quelque chose qui est vraiment arrivé, contrairement à un roman ou à un conte.

– Écoute, grand-maman, je ne veux pas te contredire, et je ne suis pas experte en littérature, loin de là, mais récit ou pas, *Le Petit Prince*, c'est un conte, et un conte, c'est inventé, tout le monde sait ça.

– Il l'a écrit comme un conte pour enfants justement pour ne pas que les grandes personnes croient qu'il était fou. C'est comme Jésus, les vraies choses ésotériques, il les disait juste à ses disciples. Aux gens du peuple, il parlait en paraboles et il leur faisait des miracles pour être sûr qu'ils écoutent et qu'ils le croient. »

Nadia eut peine à contenir sa réaction. Maintenant, son attendrissante grand-maman ajoutait Jésus dans l'équation, avec des miracles et des paraboles! Qu'est-ce qu'il ne fallait pas entendre! De quelle poudre autre que du sucre le cuisinier de la clinique avait-il saupoudré son banal gruau matinal?

«Ah, je vois, fit la jeune femme, sans insister davantage. Bon, il faut que j'y aille, maintenant. »

Elle posa un rapide baiser sur les deux joues parcheminées de sa grand-mère. Et elle pensa, non sans tristesse, que depuis la mort de sa mère, sa grand-mère était désormais sa seule famille.

Ça faisait peut-être drôle de dire ça: sa seule famille, mais c'était vrai, puisqu'elle était sans mari, sans petit ami, sans enfant, sans frère ni sœur.

En somme, et malgré ses quelques amis qu'elle n'avait pas le temps de voir, pas besoin d'être un génie pour comprendre que c'était un peu le Sahara dans sa vie!

Et on avait beau lui vanter les vertus de l'indépendance de la femme moderne, dont le bonheur ne dépend plus d'un homme, la veille de Noël, et certains mardis soir de novembre, sa solitude n'était pas si triomphante.

«*Ti amo*», fit gentiment Nadia avant de sortir.

Elle se dirigea vers la porte de la chambre, éprouvant une petite culpabilité, car une fois de plus elle n'était pas restée bien longtemps: remarquez, il aurait fallu qu'elle passe toute la journée avec sa grand-mère pour ne pas la décevoir, car elle était un véritable gouffre de tendresse.

La vieille dame souriait tristement, avec la résignation qui vient avec l'âge (et parfois avant, hélas!). Elle pensait, comme pour la millième fois sans doute, que sa petite-fille Nadia partait bien vite, se sauvait presque d'elle, comme si elle souffrait de la peste.

Sentiment d'autant plus douloureux, cet abandon à répétition, que, depuis la mort de sa fille Tatiana, elle était presque son unique visiteuse, le dernier soleil de sa vie.

Car à son âge, les amis, sauf les frères Rosenberg, étaient pour la plupart partis.

Ou invalides.

Ou déments.

Et parfois les deux, invalides et déments : c'est juste un effet « secondaire » de la vieillesse, à laquelle on croit tous échapper, grâce à la merveilleuse pharmacopée moderne.

Et dire que tout le monde veut vivre vieux, et pourtant se plaint d'être seul même à vingt ans, même à quarante ans : s'ils savaient ce qui les attend à quatre-vingt-deux ans !

Oui, philosophait la vieille Sofia, sa petite-fille n'était pas restée très longtemps. *Même pas trois minutes*, estima-t-elle sans justesse, car sa visite en avait duré presque vingt !

Mais l'octogénaire l'avait évaluée avec le chronomètre de la vieillesse solitaire pour lequel une heure avec un être aimé semble une minute, et une minute sans lui semble une heure !

Pourtant socratique en sa solitude, elle comprenait : sa petite-fille avait sa vie, et une grand-maman, un peu folle de surcroît, ce n'est pas très intéressant, c'est une perte de temps !

Nadia franchissait non sans un soulagement un peu coupable le seuil de la porte lorsque sa grand-mère la rappela. La jeune femme fit une moue, leva les yeux au ciel, et pourtant se composa un visage de circonstance avant de se retourner avec un sourire qui révélait ses magnifiques dents blanches :

« Qu'est-ce qu'il y a, grand-maman ?

– Mon rêve de la nuit dernière vient de me revenir !

– Ah ! formidable ! Je t'appelle dans mon auto, tu me le raconteras.

– Non, il faut que je te le dise tout de suite, c'est important. Très important», insista-t-elle.

Était-ce un autre truc pour la retenir, un truc dont elle avait le prévisible secret? Car ce n'en était plus un, depuis le temps!

En effet, elle lui disait toujours, touchante à la fin, dans son désespoir de solitude: «il y a une dernière chose que je voulais te dire» ou mieux encore, «une dernière, dernière chose, avant que tu partes, c'est très important.»

C'était toujours très important, et très banal ou ennuyeux, finalement! En tout cas pour autrui: autre visage de la solitude des grandes personnes!

Car les enfants croient toujours les autres enfants, quand ils leur disent, surtout les yeux émerveillés, *c'est très important*.

Même si c'est au sujet d'une grenouille dans un étang, d'un nouveau cerf-volant!

«Bon, mais vite, mamie bleue, je vais être en retard», consentit Nadia après avoir jeté un rapide coup d'œil à sa montre-bracelet, qu'elle avait hérité de sa mère et qui…

Chaque fois qu'elle regardait l'heure, elle criait silencieusement à sa mère morte: *je t'aime tant, maman, je t'aime tant, pourquoi es-tu partie si vite, si vite?* Elle aurait eu tellement de choses à lui dire, des choses tendres, des choses drôles, des choses sérieuses, et aussi bien sûr des choses importantes, comme sa grand-mère semblait en avoir une provision infinie à lui servir. Mais elle n'en avait pas eu le temps. Ou plutôt elle ne l'avait pas pris.

Parce que, vous vous souvenez, elle n'avait même pas une minute à elle!

Alors forcément, il ne restait que des miettes pour sa mère adorée, mais négligée. Et maintenant, ça la tuait, sa négligence filiale.

Elle avait oublié que, avec ceux qu'on aime, il faut prendre le temps de s'asseoir au Banquet du Temps : après, souvent, il est trop tard, la table est desservie !

C'est en feuilletant les premières pages du *Petit Prince* que le rêve de Sofia lui était revenu, ou avait passé, comme on dit.

La célèbre aquarelle du petit prince qui, botté de noir, à la prussienne, adorable dans un large manteau bleu aux manches et au col rouges, piquant dans le sol une épée à coquille ronde, avait été le *sésame ouvre-toi* de sa nuit.

Mais c'était en fait les épaulettes de son manteau, non pas les ganses, mais l'étoile d'or les ornant poétiquement, qui avait tout déclenché.

Nadia se pencha docilement mais sans enthousiasme sur le livre.

« Regarde ! » s'exclama la grand-mère, en tapotant le charmant personnage juste sous l'épaule droite. « Regarde l'étoile ! »

« L'étoile ? s'enquit Nadia.

– Oui, elle est jolie, non ?

– Bien sûr, consentit la jeune femme sans conviction.

– La dernière fois que j'ai vu Saint-Ex, dans le désert, avec le petit prince, près de sa roseraie de cinq mille roses, il m'a dit qu'il me laisserait un signe, pour que je sache qu'il était encore vivant. Mais il ne m'a pas dit quoi. Ou j'ai oublié. J'ai des trous de mémoire, parfois. »

*Elle avait des trous de mémoire, parfois* ! pensa Nadia qui dodelina légèrement de la tête, ahurie.

Comme si personne ne l'avait jamais remarqué !

« Ça arrive à tout le monde, grand-maman, même à moi, admit complaisamment Nadia.

– Mais dans mon rêve, fit l'octogénaire, si sûre de son fait, Tonio (le diminutif affectueux d'Antoine, évidemment !) m'a enfin révélé c'était quoi, le signe. Avant de sauter en parachute avec lui au-dessus des côtes de Marseille, le petit prince a laissé une étoile de son manteau dans l'avion.

– Une étoile de son manteau ? fit Nadia, aussi surprise que sceptique.

– Oui, dit la grand-mère en ouvrant bien grand ses beaux yeux bleus encore pleins d'étincelles.

Comme pour en avoir le cœur net, et même si, là, elle commençait vraiment à être en retard, Nadia prit le journal, relut l'article en diagonale.

« Il ne parle pas de l'étoile du petit prince, grand-maman, vraiment désolée. On en reparlera, de toute manière. »

Elle l'embrassa, fit quelques pas vers la porte.

La vieille dame la rappela, en levant un doigt tremblant.

« Il y a une dernière, dernière, dernière chose que je dois te dire, Nadia, si Tonio a écrit *Le Petit Prince* comme si c'était un conte pour enfants, c'est parce qu'il ne voulait pas froisser sa femme… Le petit prince, il l'a eu avec sa maîtresse ! »

# 4

Dans le train de la mort annoncée pour presque tous les déportés, la Tsigane confirma sa prédiction qui n'était guère mystérieuse pour la mère des faux jumeaux Rosenberg.

« Dites-leur que vous les aimez beaucoup ! »

La mère baissa la tête, catastrophée.

Le père, qui évidemment avait tout entendu, la serra encore plus fort contre lui, voulut la rassurer à voix basse :

« C'est juste une Tsigane. Ces gens-là disent n'importe quoi ! »

Rebecca ne répliqua pas, d'ailleurs n'en eut pas le temps, car un soldat allemand ouvrait brutalement la porte du wagon, jappait des ordres, imbu de la puissance éphémère de son uniforme. Même si personne ne parlait la langue de Gœthe, tout le monde sortit du convoi, et se mit à défiler, effrayé, en larmes.

La vue des divers bâtiments n'était guère rassurante.

En outre, il y avait des colonnes de fumée qui s'élevaient çà et là.

Car on brûlait les déportés inaptes au travail, les «éléments asociaux» ou les femmes jugées indignes du plaisir vénal des soldats.

Les faux jumeaux Rosenberg se tenaient par la main, peut-être pour une dernière fois, et marchaient devant leurs parents qui se tenaient aussi par la main. Les garçonnets se tournaient souvent vers eux, fragiles et inquiets. Pour les rassurer, suivant le terrible conseil de la Tsigane, leur mère leur répétait :

«Tout va bien aller, maman et papa vous aiment. Maman et papa vous aiment beaucoup.»

Les enfants, qui devinaient tout, voyaient sans doute là un adieu, en tout cas souriaient tristement.

Le funèbre défilé de déportés était bientôt divisé en deux groupes : ceux qui allaient à droite et allaient survivre, ceux qui allaient à gauche, directement vers les fours crématoires ou les fosses communes !

Plusieurs familles étaient ainsi séparées et les larmes jaillissaient, qui laissaient indifférents leurs bourreaux, qui fumaient, s'ennuyaient, pensaient à leurs petits problèmes quotidiens, comme de simples fonctionnaires, de simples citoyens, même s'ils envoyaient à la mort des êtres humains.

Le tri était dirigé par deux hommes, dont le plus important était Mengele qui était assis sur une chaise et grillait insouciamment une cigarette.

À trente-trois ans, avec son beau visage, ses yeux clairs, son nez droit et son front haut que surmontaient d'abondants cheveux noirs bien lustrés, il aurait sans doute fait mentir tous les physionomistes de la terre qui jugent un être par son apparence. Car c'était un monstre : Satan, quand il le faut, prend de profonds déguisements qui déjouent bien des gens !

Il y avait aussi, qui agissait à titre de bras droit, Helmut Gobbel, un jeune SS de vingt ans, qui vénérait Hitler, et croyait devoir être d'une cruauté inouïe pour se faire remarquer de ses chefs.

Il fut totalement pris au dépourvu lorsqu'il vit Antonio foncer vers lui, en tendant une rose fanée, et en criant *Ti amo, ti amo, bubi.* C'était fort compromettant même s'il n'était pas sûr de comprendre, comme le prouvait la rare ride qui traversait verticalement son front.

Pour être bien certain qu'on l'entendît, que ses intentions fussent claires, Antonio, habitué à une clientèle internationale, eut la délicatesse de se traduire lui-même et décréta : *ich liebe dich, bubi,* qui, comme chacun sait, signifie, en allemand : Je t'aime, bubi. Affront suprêmement compromettant, d'autant que le beau soldat suscitait, sans toutes les repousser, des amours coupables.

Il tira de son fourreau son *Luger Parabellum,* dont le nom vient de la locution latine : *Si vis pacem, para bellum* (si tu veux la paix, prépare la guerre), dont les Allemands avaient sans doute fait la plus perverse interprétation, le plus monstrueux usage.

Il tira un seul coup de feu vers Antonio, mais l'atteignit droit au cœur. Le coiffeur qui se savait condamné (la Tsigane le lui avait annoncé dans le train) voulait s'offrir le noble luxe de choisir son heure, et y avait réussi. Il s'effondra aussitôt, sans abandonner la rose, dont la rougeur se mêla au sang qui sortait abondamment de sa poitrine. Il était beau en sa mort décidée, avec ses grands yeux clairs, qui regardaient fixement les nuages dans le ciel.

La Tsigane, qui le suivait dans le triste défilé et était résolue de faire, elle aussi, un pied de nez au destin, fouilla ostentatoirement dans son sac à main, avec une nervosité excessive, comme si elle voulait attirer l'attention.

Elle en sortit le peigne luisant et noir d'Antonio, et le prit comme on prend une arme de poing, tendant son faux canon vers le même soldat. Qui, se croyant menacé, n'eut besoin que d'une seule balle de son merveilleux *Luger Parabellum* pour mettre fin aux jours de la Tsigane. Elle tomba à côté de son nouvel et bref et bel ami qu'elle avait rencontré dans le wagon de la mort.

Les parents des faux jumeaux avaient assisté à ce spectacle surréaliste dans son mélange d'horreur et de noble poésie, et se dirent bien entendu que le jeune soldat se montrerait impitoyable avec leurs fils, si du moins il éventait leur martingale. Du reste, un doute horrible les assaillait : la clémence nazie pour les jumeaux était peut-être juste un mythe. Ils ne tarderaient pas à le savoir, car les garçonnets arrivaient maintenant à la hauteur d'Helmut Gobbel qui venait de commettre deux meurtres comme si de rien n'était, comme on éteint distraitement deux allumettes, la première n'ayant pas suffi à allumer sa cigarette.

Mengele, lui, ne s'en était pas formalisé, les exécutions de ce genre étant monnaie courante au camp et même une distraction de soldats blasés.

David et Isaac venaient de passer devant Helmut. Le jeune nazi, croyant voir des jumeaux, qui intéresseraient suprêmement son supérieur immédiat, dont c'était le dada, tendit la main pour les guider vers la colonne de droite.

Avant d'obéir, les enfants se tournèrent spontanément vers leurs parents, juste derrière eux.

Le père et la mère acquiescèrent d'un hochement de la tête, qu'ils s'efforcèrent de rendre le plus anodin du monde.

Les enfants marchèrent vers la droite.

Se tournèrent à nouveau vers leurs parents.

Que le jeune nazi avait dirigés vers la colonne de gauche.

Le père des jumeaux inventés avec succès, même s'il avait mis en doute la prédiction de l'improbable Tsigane, leur cria :

« On vous aime ! »

Sa femme et lui esquissèrent un sourire qu'ils perdirent bien vite quand ils virent le jeune soldat allemand sourciller : il avait aperçu, qui dépassait du soulier gauche d'Isaac, du papier journal suspect !

# 5

« Le petit prince était son fils ? demanda avec ahurissement Nadia à sa grand-mère.

– Oui, il l'a eu avec une certaine Madame de B.

– Madame de B ? Drôle de nom…

– Pas tant que ça. Regarde ! »

Elle ouvrit à nouveau son exemplaire anglais du *Petit Prince*, lui montra un paragraphe. Nadia y jeta un coup d'œil avec un mélange d'agacement et de complaisance, de plus en plus fâchée d'être décidément en retard maintenant.

Le passage incriminé disait que le petit prince venait de l'astéroïde B 612.

« Il vient de l'astéroïde B 612, et alors ? » s'enquit Nadia, qui ne savait pas, mais alors là vraiment pas où sa grand-mère voulait en venir.

«Oui, B 612! Un astéroïde, dans le corps d'une femme, c'est quoi?» fit-elle comme si elle demandait deux et deux font combien.

«Là, tu me perds, grand-maman!

– Bien, l'astéroïde d'une femme, c'est son astre, en d'autres mots son sexe, son utérus!

– Ah bon, l'astéroïde d'une femme, c'est son utérus, c'est la première fois de ma vie que j'entends ça, je dois admettre que c'est poétique comme théorie. Mais si je puis me permettre la question, grand-maman, le rapport avec Saint-Ex et le petit prince qui serait son fils, c'est quoi?

– Bien, c'est évident! s'exaspéra un peu comiquement la grand-mère. Astéroïde B et madame de B!

– Ah! je vois! C'est… c'est astucieux comme théorie…

– En plus, poursuivit avec excitation la vieille dame, il l'a rencontrée dans le salon littéraire de Louise de Vilmorin, le 6 décembre 1929.

– Intéressant mais je ne vois pas le lien.

– Bien, 6 décembre, ça veut dire le 6e jour du 12e mois, donc astéroïde B 612, une fois de plus.

– Ah! oui, évidemment, dans ce sens-là…»

Bien sûr, pour elle, cette sorte de numérologie patentée, c'était de la bouillie pour les chats.

«En tout cas, reprit-elle, je te souhaite une bonne journée, grand-maman.

– Bonne journée à toi aussi, fit un peu tristement la vieille dame qui sentait bien qu'elle n'avait pas convaincu sa petite-fille. Et n'oublie pas de dire bonjour à ta mère de ma part. Soit dit en passant, dis-lui aussi qu'elle pourrait venir me voir un peu plus souvent.

– Je n'y manquerai pas, grand-maman, je n'y manquerai pas», répliqua Nadia en dissimulant son émoi.

Sa grand-mère était vraiment Alzheimer, stade un ou deux ou trois, elle ne savait pas. À preuve, elle avait oublié, même si on l'avait emmenée avec hésitation à ses funérailles, que sa fille unique, Tatiana, était morte un an plus tôt, d'une tumeur au lobe gauche du cerveau.

Nadia sortit de sa chambre presque en courant pour que sa grand-maman ne vît pas ses larmes. Elle ne lui avait pas laissé le *Matin*. Inutile de l'accabler davantage. De toute manière, la vieille femme ne croyait rien de ce qui y était rapporté.

Le soir, seule dans son appartement, en décompressant avec l'unique verre de vin qu'elle s'autorisait quotidiennement, magnifiquement épicurienne malgré sa solitude amoureuse, Nadia repensa à sa longue conversation avec sa grand-maman.

Elle passa en revue les révélations qu'elle lui avait faites, toutes plus invraisemblables les unes que les autres, la plus étonnante étant sans doute celle au sujet du fils que Saint-Exupéry aurait eu avec Madame de B.

Elle *googla* cette dernière, dut admettre non sans étonnement qu'elle avait bel et bien existé : elle apparaissait même sur le site officiel de Saint-Exupéry !

D'origine prussienne, riche de naissance grâce à son père, industriel fortuné, dont elle allait un jour, avant-gardiste à cette époque, diriger avec habileté la vaste société, elle s'appelait Nelly de Vogüé, et avait épousé un aristocrate français deux ans avant de faire la rencontre d'Antoine de Saint-Exupéry.

Il lui avait effectivement été présenté, comme l'avait prétendu la vieille Sofia S., par Louise de Vilmorin, femme de lettres en vue, dernière compagne d'André Malraux. Ébloui par la blonde beauté de Nelly, son esprit et ses jambes qui n'en finissaient plus (on ne l'avait pas surnommée la Grande Blonde pour rien !), le jeune auteur lui avait aussitôt demandé de lire les épreuves de *Courrier Sud*. Elle en avait été flattée, était bientôt devenue sa maîtresse, même si elle était mariée depuis deux ans seulement. Le célèbre auteur, qui lui avait écrit la veille de sa disparition, lui expliquant sa désillusion et sa pressante volonté d'y remédier, l'avait désignée par testament comme son exécutrice littéraire. Morte un an plus tôt, donc en 2003, elle avait fait déposer toutes ses archives, sa correspondance avec son illustre amant, les documents qu'il lui avait confiés, divers manuscrits, tous ses trésors, tous leurs secrets en somme à la Bibliothèque nationale de France, à Paris, avec interdiction formelle de les rendre publics avant que cinquante ans ne se soient écoulés, donc en 2053.

Les idées se bousculèrent dans l'esprit de Nadia.

Bizarre quand même, ce désir de garder si longtemps secrètes ces archives…

Comme si cette Madame de B avait quelque chose de grave à cacher.

Et quoi de plus grave, pour une femme du début du siècle dernier, mariée à un aristocrate parisien, et elle-même mère, que d'avoir un enfant adultérin, de surcroît avec un aventurier comme Antoine de Saint-Exupéry ? D'ailleurs, à la réflexion, ça rendait la faute encore plus grave, vu la célébrité du romancier : la presse du monde entier s'emparerait de l'affaire et ses enfants, ses petits-enfants en seraient inévitablement éclaboussés…

Et puis comme Nelly de Vogüé était immensément riche, l'existence de ce fils adultérin poserait peut-être des questions d'héritage. Celui que Saint-Ex avait poétiquement nommé le petit prince viendrait peut-être réclamer sa part, puisque l'argent mène le monde…

*Et si c'était vrai*, pensa Nadia, qui se convainquait peu à peu que sa grand-mère, malgré son Alzheimer, malgré ses trous de mémoire, savait peut-être la vérité…

Et si un enfant blond était sorti de l'« astéroïde » de Madame de B, enceinte des œuvres de Saint-Exupéry…

C'est peut-être pour ça, au fond, que *Le Petit Prince* est un livre si touchant !

Parce qu'un père qui raconte sa tristesse infinie pour son fils perdu, son seul enfant, sa seule descendance vraie et pas celle, juste littéraire, de ses livres, ça vous déchire le cœur en mille lambeaux ! Nadia se dit alors, comme elle aurait déclaré à un journal, *Le Matin* de Casablanca ou le *New York Times* : *On pensait que Saint-Ex avait de l'imagination, il avait seulement de la mémoire !*

Sérieuse, méticuleuse, comme si elle voulait se convaincre tout à fait de cette folle théorie, Nadia, inutilement séduisante dans son pyjama de satin ivoire, vida résolument sa coupe de vin, et relut l'article du *Matin*.

Son attention fut tout à coup retenue par un détail qui, plus tôt, lui avait paru inintéressant.

# 6

Lorsque la mère d'Isaac vit l'air suspicieux du jeune soldat allemand devant les morceaux de journal visibles dans son soulier, elle éprouva un bref moment de panique, mais aussitôt contenue, et suivie par une idée de génie.

Sous les regards ahuris de son mari, elle détacha les trois premiers boutons de sa robe de coton, laissa tomber son sac à main, qu'elle se pencha lentement pour ramasser en émettant un « merde » sonore.

Helmut Gobbel ne porta plus intérêt à Isaac et se tourna vers la jeune femme, dont il trouva fort appétissante la poitrine ainsi offerte malgré l'incongruité de la situation : on n'était pas dans un bar ou sur un trottoir, mais à deux pas d'un four crématoire! En plus, il semblait lui plaire (sa vanité était un puits sans fond), car lorsqu'elle nota son intérêt, elle lui sourit, prit bien son temps pour se relever, comme si elle voulait le séduire et échapper peut-être à la mort.

Comme Helmut était à voile et à vapeur, il lui rendit son sourire, éprouva une certaine émotion, mais pas assez importante et durable pour faire passer la jeune femme de la fatale colonne de gauche à celle de droite où elle aurait retrouvé ses enfants, au moins pour un temps. Ce qui du reste n'était pas sa véritable intention. Elle voulait simplement créer une diversion.

Elle ne tarda pas à connaître le succès de son entreprise improvisée. Car lorsque le jeune soldat allemand se désintéressa enfin d'elle et se tourna vers les faux jumeaux, qui s'étaient éloignés, il ne fut plus du tout certain si, oui ou non, il avait vu du papier journal s'échapper bizarrement du soulier du plus jeune, et ça ne lui parut plus très important.

Il haussa les épaules, s'alluma une autre cigarette. De toute manière, il devait reporter son attention sur les nouveaux déportés qui s'avançaient vers lui, inquiets de leur sort.

La mère et le père sourirent: ils avaient triomphé.

Mais lorsque les faux jumeaux arrivèrent à l'infirmerie du camp, Eva Stein, la jeune infirmière qui les accueillit, leur demanda de retirer leurs souliers et ne fut pas longue à comprendre la supercherie.

Helmut Gobbel non plus, lorsqu'il fit son entrée inattendue à l'infirmerie, et vit les deux frères pieds nus, dont l'un était visiblement plus petit que l'autre!

# 7

Les yeux romantiques et noirs de Nadia s'étaient écarquillés, songeurs, lorsque, relisant attentivement *Le Matin* de Casablanca, elle avait noté ce détail capital : les débris du célèbre P-38 Lightning de Saint-Exupéry avaient été transportés... au musée de l'Aviation et de l'Espace de Bourget, au nord de Paris !

Il y avait une chance sur un million que l'étoile du petit prince en fît partie, comme sa grand-mère lui en avait donné la délirante assurance, même si nulle part, vraiment nulle part dans l'article, il n'en avait été fait mention.

*Mais les journalistes pèchent parfois par omission, ou distraction*, raisonna la jeune Vénitienne.

Et à nouveau, elle pensa : *si c'était vrai...*

*Si grand-maman avait raison...*

Le week-end, Nadia devait se rendre à Paris pour un congrès d'esthétique. Elle n'avait pas vraiment envie d'y aller, même si elle adorait la Ville lumière. Dans sa mélancolie, même les choses qu'elle avait toujours affectionnées lui paraissaient fades, sans intérêt, absurdes même, et en tout cas fort peu dispensatrices de cette bonne humeur sans raison qui est la vraie mesure du bonheur.

Mais la curiosité l'emporta.

Alors ce fut Paris.

Le vendredi suivant.

Après l'expo, au Grand Palais, qu'elle avait trouvée ennuyeuse comme la pluie malgré un temps superbe à Paris, Nadia, qui avait une classe folle en noir, sac à main et escarpins y compris, fit un saut à Bourget.

Elle put voir les débris du Lightning, répertoriés dans *Le Matin*.

Mais l'étoile du petit prince, elle, n'était pas là, ni de près ni de loin.

Nadia s'y attendait évidemment, et pourtant elle avait l'air déçu. Le vieux gardien, qui venait lui annoncer que le musée fermait ses portes, nota sa contrariété. Elle lui rappelait sa fille unique qu'il n'avait pas vue depuis deux ans.

«Qu'est-ce qu'il y a, ma petite bonne femme? Vous avez l'air tout triste.

– Je… c'est une histoire un peu folle, mais ma grand-mère dit qu'il… qu'il y a une étoile dans les débris.

– Une étoile?

– Oui, l'étoile du petit prince, mais visiblement elle n'est pas là…»

Au lieu de la rabrouer, le gardien, qui avait des lettres et connaissait *Le Petit Prince*, lui proposa, même s'il n'était pas sûr de comprendre ce qu'elle disait:

«Venez avec moi!»

L'espoir renaquit en Nadia.

Le gardien la dirigea vers une porte qu'il ouvrit après avoir essayé au moins trois clés de son énorme trousseau, à chaque fois plus embarrassé, car ça trahissait sa vieillesse, jamais un aveu facile. Ayant enfin résolu la complexe énigme de la serrure, il entra, fit de la lumière, révélant un assez vaste entrepôt dans lequel il entraîna Nadia sans dire mot.

Il s'arrêta devant la tablette d'une étagère, où une affichette annonçait: Saint-Exupéry, avec une date, fort récente, proba-blement celle où les débris avaient fait leur glorieuse entrée au musée.

« Ce sont des débris qui ont été repêchés et n'ont pas été jugés dignes d'être exposés. Vous pouvez y jeter un coup d'œil, si vous voulez. »

Il ne fallut pas beaucoup de temps à Nadia pour comprendre pourquoi ces débris n'avaient pas été jugés dignes de l'exposition publique.

C'étaient juste des morceaux de fer rouillés, parfois entremêlés de coquillages, presque comme des fossiles, des boulons, des morceaux de verre, au total rien de très présentable.

Nadia fit une moue. Elle avait perdu son temps.

« Bon, dit-elle au gardien, j'ai vu ce que je souhaitais voir, si vous voulez bien me… »

Elle n'eut pas le temps d'achever sa phrase.

Car, sur un des fragments, venait un peu curieusement de se poser un papillon.

Un papillon vert.

C'en était la saison.

Certes, l'été avait été chaud, et Casablanca était une de leurs destinations.

Mais un papillon dans un musée ?

En plus dans une remise fort peu fréquentée, toujours sous clé, guère lumineuse et sans fenêtre !

« Bizarre ! s'étonna le gardien. Un papillon ! Je me demande bien comment il a pu entrer ici, le coquin ! »

Il s'en approcha, et fit de la main gauche un geste agacé, mais sans violence, pour éloigner l'insecte importun, ce en quoi il obtint du succès. Le papillon ne resta pas là, et, avec une docilité étonnante, déployant ses ailes fragiles et belles, ressortit de la remise.

Amusée, Nadia sourit, observant son vol. Mais tout à coup, son visage se rembrunit, son front se plissa. Elle venait de se rappeler une anecdote que sa grand-mère lui avait contée au sujet de deux libellules et d'un papillon vert, un souvenir de Saint-Exupéry (de qui d'autre ?) qui expliquait que c'était le signe d'une tempête de sable dans le désert ou mieux encore... un signe de la Vie !

# 8

« Ce ne sont pas de vrais jumeaux ! » tempêta Helmut Gobbel, et sa colère le rendait laid même s'il était beau.

Il aperçut le papier journal, parut ulcéré d'avoir été floué par un stratagème aussi banal.

« Mengele va me réprimander, il faut les envoyer au four.

– Sans problème ! » fit avec un sang-froid remarquable Eva Stein cependant que les jumeaux, qui ne parlaient pas un traître mot d'allemand, semblaient pourtant tout comprendre du drame.

Ils se regardèrent inquiets, puis baissèrent la tête comme deux agneaux résignés à être conduits à l'abattoir.

La jolie infirmière fit un clin d'œil à Gobbel, et suggéra avec un sourire coquin :

« On se voit ce soir, mon beau ? »

Il fut aussi étonné que ravi par la proposition, à laquelle il acquiesça.

« Viens me rejoindre ici à neuf heures, précisa l'infirmière.

– Je serai là.

– Et apporte ta bagnole, on ira se balader dans la campagne polonaise, fit-elle avec un clin d'œil empli de promesses, je connais de petites cachettes fabuleuses. »

Il fut à l'heure, et elle l'accueillit avec un large sourire fort invitant et aussi un verre de vodka qui le plongea dans une somnolence rapide, car elle y avait versé un sédatif puissant.

Elle le soutint jusqu'à sa voiture, l'y assit, en mettant bien en évidence la bouteille de vodka entre ses deux jambes, cacha les jumeaux dans le coffre arrière, et parvint sans grande difficulté à quitter le camp.

Elle avait pris une décision rapide et un peu audacieuse. C'est que, depuis une semaine, elle sentait la soupe chaude, si je puis dire. Un officier allemand, dont elle avait repoussé les avances – il avait une haleine aussi fétide que son cœur, et des yeux de serpent! – avait commencé à lui poser des questions.

Au sujet de ses origines.

Juives.

Elle savait comment ça finirait.

Ça finirait mal!

Aussi, dans son fatalisme, eut-elle envie de faire quelque chose de bien, pour une fois dans sa vie. Qui tirait peut-être à sa fin.

En plus, les faux jumeaux Rosenberg étaient adorables.

Et ils lui rappelaient le fils de sa sœur.

Qui avait eu moins de chance qu'elle.

Qui avait été dénoncée par un voisin jaloux et avait été déportée, était peut-être déjà morte.

Avec son enfant.

Belle et noble dans ce désespoir qui lui donnait un courage nouveau, et ravivait son idéalisme, Eva portait son rassurant uniforme d'infirmière, et avait quand même à ses côtés un officier SS, passeport idéal en cette période trouble de la fin de la guerre. Il somnolait certes, mais par des clins d'œil entendus, Eva Stein, aussi ravissante que rusée, laissait entendre que la torpeur de son séduisant compagnon était attribuable à un commode abus de vodka mêlé de volupté (elle avait relevé un peu sa robe et montrait ses fines jambes blondes pour le prouver!) et ça faisait merveille.

Elle put franchir tous les contrôles pour quitter l'Allemagne, traversa sans difficulté l'Italie du Nord, et arriva enfin au port de Gênes où Helmut Gobbel, abandonné dans sa voiture, se réveilla à temps pour la voir avec rage s'embarquer, avec les petits Rosenberg, sur *Le Rex*, un paquebot aux cheminées rouges et vertes, le même sur lequel venaient de monter Sofia avec sa fille Tatiana.

Les enfants aidant, elle fit sa connaissance, se lia tout de suite avec elle, si bien que ce fut tout naturel pour les deux femmes de partager un appartement à Casablanca : elles avaient pour seule richesse leur amitié nouvelle, leurs enfants, leur rêve d'une vie meilleure.

Tout de suite, les deux frères Rosenberg étaient devenus amis avec l'étonnante Tatiana. Mais le premier soir, sur le pont, ils regardèrent souvent le ciel en direction de la Pologne, en pensant avec nostalgie au grand hôtel où leurs parents étaient descendus.

# 9

Le souvenir de Nadia était flou, au sujet de ce papillon égaré dans le désert.

Mais sa légère confusion n'était pas assez grande pour qu'elle n'éprouvât pas l'envie de s'approcher et de se pencher sur le débris rouillé.

D'abord elle ne vit rien, puis… un petit point lumineux.

Jaune.

Doré, en fait!

La belle peau blanche de la Vénitienne fut parcourue de frissons.

Car ce point, ce point brillant et doré était peut-être le signe que, sous cette rouille et cette saleté se trouvait...

Elle secoua la tête en signe de dénégation, devant les regards intrigués du gardien.

Elle préférait ne pas penser que...

Elle avait été si souvent déçue dans la vie.

Surtout par les hommes.

Elle ne se sentait pas la force de subir une autre déception, même qui ne serait nullement sentimentale.

Pourtant elle demanda:

«Est-ce que je peux prendre ce morceau?»

Le gardien regarda derrière lui, comme s'il craignait d'être surpris par son supérieur qui lui reprocherait probablement pareil geste. Car tout est infiniment précieux avec les célébrités, même leurs vieux mouchoirs – surtout s'ils sont maculés de rouge à lèvres adultère! Mais Nadia lui rappelait un peu sa fille, comme j'ai dit et... il voulut lui faire plaisir par procuration, si on veut.

«Euh oui, pourquoi pas? Est-ce que vous voulez un sac?»

Elle lui montra son propre sac à main, un magnifique Prada, minuscule damier noir et gris avec un fermoir en or.

Elle prit le débris, le fit disparaître illico (au cas où le gardien changerait d'idée) dans son sac.

Pour s'assurer doublement que le gardien ne changerait pas d'idée, elle l'embrassa sur les deux joues avant de sortir presque en courant du musée. Il en fut ému, évidemment, et sourit longuement. C'était comme un baiser de sa lointaine fille maintenant new-yorkaise!

Si Nadia était si excitée, c'est que, jaune ou or, c'était bien entendu la couleur de l'étoile dorée du petit prince!

Une heure plus tard, elle entra d'un bon pas dans une bijouterie de Paris, pas la moindre, *Cartier*, dont le gérant, très digne et un peu chiant, exigea plus de trois cents euros pour extraire de sa gaine de fortune le bijou ou, le cas échéant, l'étoile.

«Trois cents euros? s'étonna Nadia, un peu choquée par l'importance du montant.

– Est-ce que vous préférez y penser avant de me le laisser?

– Oui. Au moins une année.

– Une année? Ah...», fit le bijoutier qui se sentait tout à coup infiniment stupide.

Mais au lieu d'y penser, Nadia jeta simplement, et avec énergie, le morceau sur le plancher de marbre de Carrare de la chic bijouterie: le gérant n'en revenait pas.

Nadia écarquilla les yeux, et fut parcourue de frissons encore plus troublants que quelques minutes plus tôt dans le musée.

Sous la violence du choc, les fragments s'étaient comme par magie dégagés de ce qu'ils avaient recouvert pendant des années: l'étoile dorée du petit prince!

Oui, l'étoile dorée du petit prince, qu'il portait sur son long manteau, en tout cas au début du conte du même nom!

Nadia se pencha immédiatement, éblouie et ravie, pour ramasser l'étoile devant un gérant qui venait de perdre trois cents euros qu'il aurait pu gagner par un simple petit coup de marteau.

En outre, et c'était encore plus mortifiant, Nadia, tenant triomphalement l'étoile à la hauteur de ses yeux, quittait les lieux sans ramasser les débris ou daigner saluer le gérant.

Elle avait une certitude: sa grand-mère, folle ou pas, ne lui avait pas menti!

# 10

Nadia éprouva une ultime hésitation lorsque, le lendemain de son retour de Paris, elle retourna visiter sa grand-mère à la clinique pour lui apporter l'étoile du petit prince.

Elle l'avait joliment emballée dans une petite boîte dorée, avec du ruban rouge comme s'il s'agissait d'un cadeau.

Mais comment la vieille dame réagirait-elle?

Éprouverait-elle un choc qui pouvait être dommageable à son si fragile état mental?

La jeune Vénitienne était heureuse pourtant, car elle avait le sentiment que sa grand-mère serait surtout contente; cette étoile mystérieuse était quand même la confirmation qu'elle n'avait pas fabulé, qu'elle n'était pas folle, que ce qu'elle avait dit était vrai.

La vieille dame était assise dans son fauteuil, comme lors de la visite précédente et elle portait son peignoir noir avec, sur sa poche mouchoir, le palmier et le mignon renard des sables du Sahara. Elle était pâle, et paraissait triste, déprimée même, comme si elle avait trop ou trop peu dormi, ce qui lui arrivait souvent, vu sa médication dont on ajustait constamment la dose; et ce n'était pas évident.

«Je t'ai apporté quelque chose, grand-maman», fit Nadia d'une voix gaie.

Et elle lui remit la boîte, lui sourit avec anticipation.

«Ah! c'est gentil», fit Sofia avec un enthousiasme essentiellement poli.

Et la vieille dame contempla la boîte non pas comme si c'était un cadeau, mais comme si c'était LE cadeau, une sorte de bibelot.

Au bout de quelques secondes à peine, elle la posa sans l'avoir encore déballée sur sa table de nuit, et ce fut un nouveau chagrin pour Nadia, qui protesta de la voix la plus gentille du monde.

«Tu ne l'ouvres pas?

– Euh oui, bien sûr.»

L'octogénaire reprit la boîte, la déballa enfin, vit l'étoile.

Mais elle n'eut aucune réaction!

De toute évidence, elle ne replaçait pas du tout l'étoile, ne se rendait pas compte que c'était celle du petit prince, prétendument arrachée de son manteau pour laisser un signe.

«C'est… c'est joli, dit-elle enfin. Mais il n'y a pas de chaîne pour se la mettre au cou?

– Non, je… j'en ferai poser une si tu veux…»

La jeune femme tendit la main. Mais l'octogénaire, un peu comme une gamine de sept ans, et avec un petit sourire coquin, fourra prestement l'étoile dans la poche de son peignoir, comme si elle craignait que Nadia ne la lui volât. La jeune femme éprouva un nouvel embarras – un de plus un, de moins – qu'elle dissimula de son mieux et elle dit:

«Bon, alors je ne te dérangerai pas plus longtemps, grand-maman, je passais simplement avant d'aller travailler, je reviendrai te voir cette semaine.»

Contrairement à son habitude, sa grand-mère ne chercha pas à la retenir par une «dernière, dernière» chose à lui dire, qui évidemment était importante, très importante.

Et ce petit écart à son *modus operandi* inquiéta Nadia, car elle pensa aussitôt que sa grand-mère était déjà un peu plus «partie», presque *portée disparue*, diagnostic navrant. Sa grand-mère qui, un jour, avait été belle, avait eu des jambes comme celles des gazelles: maintenant, elle marchait avec le lent embarras de l'arthrite.

Le cœur gros, Nadia franchissait le seuil de la porte lorsqu'elle entendit sa grand-mère qui, contre toute attente, san-
glotait.

Elle se retourna, vit la vieille Sofia qui, les joues inondées
de larmes, embrassait l'étoile du petit prince.

«Tout à coup, je me souviens de tout», exultait-elle. Dans
son triomphe, son visage était radieux et rose, comme les dunes
du Sahara lorsque la lune est pleine.

«Vraiment?» questionna Nadia en revenant vers sa grand-
mère.

«Oui. Je me souviens de tout», répliqua-t-elle, souriante
comme une fillette de sept ans, ou plutôt une jeune femme
de vingt-deux ans tout juste échappée de la prison conjugale,
et expliquait:

«Oui, de tout, de notre rencontre au *Café Américain*, un
midi de juillet, il faisait de la fièvre, mais il était beau, mon
Tonio, lui qui était revenu indemne de tant de vols de nuit. Je
lisais à ma fille une page du *Petit Prince*, j'avais fui Venise, mon
mariage malheureux, nous étions sans le sou, sans logis véritable, mais j'étais avec Tatiana au pays de mes merveilles. On
riait malgré la guerre, la misère. On ne le rencontre pas tous
les jours, le grand amour, tu es d'accord avec moi, Nadia?

– Oui, je...»

Bien sûr qu'elle était d'accord avec elle au sujet du grand
amour qu'on ne rencontre pas tous les jours! Elle l'attendait
depuis toujours, lui semblait-il, et c'était d'autant plus exaspérant qu'il y avait eu de fausses alarmes ou si vous préférez de
faux espoirs, l'homme «idéal» et follement «amoureux» d'elle
qui, au bout de trois nuits ou de trois mois s'envolait en fumée,
disparaissait comme le Fantôme de l'Opéra, mais sans lui dire,
à la fin, *je t'aime*, parce qu'elle avait osé lui demander, faute
suprême, ce qu'il pensait de leur couple ou de ce joli appartement qu'elle avait déniché.

En rêvant d'une vie à deux.

«Saint-Ex était assis à la table voisine, avec son médecin, poursuivit la vieille dame, je pouvais entendre tout ce qu'il disait. Il parlait fort, comme une personne qui a bu ou qui est sourde.»

Elle avait raison : Saint-Ex était ivre, et il avait perdu presque complètement l'usage d'une oreille, la gauche, dans un accident d'avion.

«Je te crois, grand-maman, je te crois, raconte-moi tout!»

# 11

«Tu ne devrais pas être ici, Antoine!» le tança son médecin, Henri Comte, réputé chirurgien de Casablanca, après avoir fait l'inquiétante lecture du thermomètre qu'il venait de lui retirer de la bouche. «Tu fais trente-neuf de fièvre!»

C'était un homme de soixante-deux ans, avec un joli costume de fine laine blanche comme la mode sévissait au Maroc, malgré la guerre.

«Si je comprends bien, ce que tu es en train de me dire, ironisa Saint-Exupéry, c'est que je vais beaucoup mieux.

– Toi? Aller beaucoup mieux? sourcilla son médecin.

– Oui. Hier, je faisais quarante et un de fièvre! Quel progrès! Je me refroidis à la vitesse de la lumière! Buvons à cette bonne nouvelle! proclama Saint-Ex. Garçon!»

Il leva son verre vide en direction de Bark, le serveur noir de trente ans, beau comme un dieu, musclé comme Hercule, avec des dents d'une blancheur immaculée, qui cependant était esclave de son état et appartenait à un Maure tyrannique qui venait chaque semaine lui arracher son maigre salaire.

Bark accourut, car Saint-Ex le traitait en égal, et le faisait rire avec ses tours de cartes, ses histoires de pilote.

« Deux cognacs, Bark ! » fit Saint-Ex.

Le médecin voulut protester d'un vague geste de la main, mais Bark l'ignora, repartant vers le bar.

Un peu découragé, Henri Comte remballa son thermomètre en plissant les lèvres.

Son célèbre patient qui, lui, portait son uniforme de pilote, était impossible, décidément ! *Il faut dire*, pensa-t-il avec philosophie, *que les gens connus – et même ceux qui ne le sont pas et font semblant de l'être ! – ce n'est jamais facile à traiter.*

Les deux hommes étaient assis à une des nombreuses tables du *Rick's Café Américain*, devant un échiquier, un jeu de cartes, une sage tasse de café – celle du médecin – et le verre de cognac vide de Saint-Ex, la pire des médecines pour son cœur malade.

Il était un peu passé midi, en ce début de juillet 1944, à Casablanca, et le café ne désemplissait pas, que fréquentaient des habitués certes, mais aussi toutes sortes de réfugiés de différents pays d'Europe, de Pologne, de Yougoslavie, d'Italie, et évidemment d'Allemagne ; dont plusieurs Juifs qui, pour la plupart, avaient échappé miraculeusement aux camps de concentration. Presque tous les réfugiés avaient en commun un même rêve, double à la vérité : l'espoir que leur famille laissée derrière eux survivrait à la folie meurtrière de la guerre, et celui qu'ils pourraient fuir vers la liberté, qui en cette époque tourmentée semblait surtout se trouver en Amérique.

Aussi, assise non loin des deux hommes, madame Destinée, une sympathique sexagénaire aux doigts lourdement bagués, et aux cheveux dissimulés sous un turban mauve piqué d'un énorme faux diamant, faisait-elle des affaires d'or avec sa boule de cristal.

«Tu devrais être au lit», fit Henri Comte à son célèbre client, mais avec une tendresse dans la voix, car il adorait ses livres, admirait l'homme, aventurier et poète, rarissime combinaison en un seul être. «Oui, au lit avec une compresse froide sur le front, à boire de la tisane ou au pire un grog.

– De quoi me tuer, en d'autres mots!»

Le médecin ne dit rien, mais contempla son vieil ami. Il portait encore beau, avec sa taille d'un mètre quatre-vingt-quatre, ses larges épaules, ses grands yeux bruns, brillants d'une intelligence peu commune, surmontés d'une paupière un peu lourde. À la commissure droite de la bouche était visible une cicatrice un peu gaufrée, sans doute de lointains vestiges d'un atterrissage forcé. Il avait le crâne précocement dégarni, pour ses quarante-quatre ans, et sa taille s'était épaissie, mais le charme restait intact. Quant à ses deux fossettes verticales sur les joues, et son nez à la pointe retroussée, ils lui donnaient un air irrésistible quand il souriait, ce qui le rajeunissait de dix ans.

Malheureusement, il ne souriait plus souvent.

Et ce n'était pas juste en raison de la fièvre. Il avait eu des blessures, des accidents d'avion, des opérations, un mariage malheureux, des dettes constantes malgré ses succès littéraires nombreux. Il était trop généreux, trop insouciant, les pieds pas vraiment sur terre: ce qui n'est pas étonnant pour un pilote d'avion, poète de surcroît! Dans un élan de désespoir, il avait peu de temps avant écrit à un ami: «Si je suis descendu, je ne regretterai absolument rien. La termitière future m'épouvante. Et je hais leur vertu de robots. Moi, j'étais fait pour être jardinier.»

«Qu'est-ce qu'il y a, vieux frère? lui demanda son médecin.

– Mon verre est vide.

– Bark arrive.»

Il arrivait en effet, avec deux verres de cognac, du Courvoisier VSOP, des doubles de surcroît! C'était gentil évidemment, mais Saint-Ex pouvait-il se permettre ça avec son cœur qui battait la chamade, son foie malade?

Le serveur posa les verres, Saint-Ex devança son médecin pour lui allonger un gros billet, refusa toute monnaie. Bark le remercia d'un large sourire. Saint-Ex prit une lampée de cognac, posa son verre.

«Dans le fond, j'ai tout raté, je n'ai même pas pu noyer mon chagrin dans l'alcool : il savait nager», s'affligea-t-il comme le font souvent les êtres d'exception qui pourtant ont tant fait, mais auraient aimé faire encore plus : c'est la générosité incompréhensible des grands!

«Pourquoi dis-tu ça?

— À Paris, même si j'étais publié chez Gallimard, on ne m'a jamais pris au sérieux. Pour les intellos, malgré mes prix, j'ai toujours été suspect, je n'étais qu'un aviateur et j'avais de trop gros tirages. Et à New York, je n'ai jamais été compris.

— Tu aurais pu apprendre l'anglais, ça aurait aidé, non?

— J'aimais trop le français pour le trahir en parlant anglais, et ça ne m'a jamais empêché de…»

Il n'acheva pas sa phrase, mais se contenta de sourire, le regard libertin pour un temps.

Son médecin avait compris.

Même s'il ne parlait pas anglais, les Américaines étaient folles de lui, de très belles et très riches femmes, au demeurant, dont plusieurs étaient de la haute société, même milliardaires, racontait-on autour de lui et chez les Parisiens, dont les deux divertissements, selon Voltaire, sont la médisance et l'amour : quel régal que de parler contre Saint-Exupéry!

«Je n'aurais pas dû me marier», avoua Saint-Ex non sans lucidité ou désespoir : c'est parfois la même chose. «J'étais défectueux côté cœur, comme plusieurs de mes avions, je n'ai pas su voler, je veux dire aimer. Quand ma femme n'était pas là, je ne pouvais penser, et quand elle parlait à côté de moi, je ne pouvais écrire. La quadrature du cercle, à côté de ça, c'est de la tarte, non, doc ?

— Tu étais aviateur, romancier, tu n'avais peut-être pas en effet le profil idéal pour faire un bon mari.

— Pourtant, je croyais au mariage, c'était mon vrai but, s'aimer, regarder ensemble dans la même direction.

— Oui sauf que la vie de couple, c'est un peu tenter de régler à deux les problèmes qu'on n'aurait pas eus seul.

— Drôle, la boutade ! Si tu permets, je te la pique pour mon prochain livre, avec un magnum de champagne comme droit d'auteur.

— Marché conclu ! »

Une pause, puis Saint-Ex avouait :

« Mon plus grand regret c'est… »

Mais il ne dit pas ce que c'était, son plus grand regret.

C'était trop douloureux peut-être.

Le médecin n'osa pas le questionner. Il prit plutôt une gorgée de cognac, jeta un regard circulaire dans le café. Peut-être cherchait-il à en apercevoir le célèbre patron, Rick, avec son fameux smoking blanc.

Mais personne ne le voyait jamais depuis des mois.

Certains racontaient qu'il était malade, ou déprimé.

D'autres prétendaient qu'il était parti rejoindre Ilsa à New York, car son célèbre mari Victor Laszlo avait fini par lui rendre noblement sa liberté après qu'elle eût pleuré cent nuits d'affilée, par désespoir d'amour pour celui qui s'était sacrifié pour elle à Casablanca, deux ans plus tôt. En outre, elle ne mangeait plus.

À la place du suave patron du *Rick's Café Américain*, le médecin aperçut, à la table voisine, la jeune Sofia, fraîchement arrivée de Venise, ou plus précisément de Gênes, sur *Le Rex* et qui lisait à sa fille Tatiana, adorable et blonde, son livre préféré,

*Le Petit Prince* et surtout le lui expliquait, non parfois sans un certain embarras.

Car les grandes personnes ne comprennent pas toujours les questions des enfants et par conséquent n'y trouvent pas réponse – malgré ou à cause de leurs diplômes.

La mère et la fille n'étaient pas seules à la table.

Elles étaient assises en effet en compagnie d'Eva Stein et des deux frères Rosenberg, qui partageaient le même appartement, et étaient vraiment devenus une autre de ces familles instantanées qui se formaient en ce temps de misère.

Ça réjouit le médecin, cette belle et jeune tablée, avec deux jeunes femmes ravissantes et trois enfants blonds. Il esquissa un sourire, s'attarda surtout à Sofia, qu'il trouva spectaculaire, avec ses longs cheveux noirs, ses grands yeux lumineux et bleus, son port altier même si elle portait une simple robe de coton blanche, dont les trois boutons du haut étaient restés détachés, comme par charité pour les hommes, car ça la rendait aimablement décolletée. Et la naissance admirable de ses seins délicats était comme une lueur inattendue d'espoir en cette folle époque meurtrière, un vote de confiance en l'humanité.

*Le Petit Prince,* dans les fines mains de la déesse vénitienne, était aussi le prétexte tout trouvé pour prouver à son vieil ami que sa vie n'était pas complètement ratée, beaucoup s'en fallût.

Le médecin sauta commodément sur l'occasion :

«Au lieu de broyer du noir, Tonio, tu devrais penser à tes millions de lecteurs. Tu leur as donné de l'espoir.

– Mais l'espoir que je leur ai donné, je ne l'ai plus ! Je me sens un vide, là…»

Il toucha son cœur.

Son cœur d'enfant.

Malgré ses quarante-quatre ans.

Il n'avait pas abandonné ce royaume, seul vrai pour lui.

Car il était de son enfance, comme d'autres sont de Russie ou de Lituanie, il l'avait souvent dit.

Là, ça ne suffisait pas, selon toute apparence.

Saint-Ex se tourna en direction de madame Destinée, toujours affairée, car rien n'est plus populaire que le commerce de l'avenir, surtout en temps de guerre.

« Peut-être devrais-je prendre l'avion une dernière fois, confia-t-il à son médecin, mi-figue mi-raisin, je veux dire après avoir fêté avec tous mes amis, car sais-tu ce qu'elle m'a prédit ?

– Qui ça ?

– Bien, la dame au turban avec un gros diamant, assise là-bas.

– Euh ! non, dis-moi ! » fit le médecin en jetant un regard distrait vers madame Destinée.

« Je ne crois pas qu'elle m'avait reconnu – ça arrive encore, ajouta-t-il avec dérision, car il se moquait de sa gloire. En tout cas, chose certaine, elle n'a pas reconnu mon insigne de pilote sur mon uniforme et m'a pris pour un marin, car elle m'a annoncé ma mort imminente dans les eaux de la Méditerranée.

– Ce serait dommage.

– Vraiment ?

– Tu as encore tellement à dire. Tes lecteurs ont besoin de toi, ils ont besoin que tu écrives un autre livre. Et puis, avec *Le Petit Prince*, tu vas toucher le monde entier, autant les petits que les grands. Regarde par exemple cette femme qui le lit à sa petite fille. Regarde comme elle semble heureuse, cette enfant. »

Il désignait bien entendu Sofia et sa fille, à la table voisine.

Un peu distraitement, sans grande conviction, Saint-Ex se tourna vers sa gauche, aperçut la jeune Vénitienne, Eva et les trois enfants blonds.

Même si Sofia était d'une beauté remarquable, et Eva ravissante, ce fut plutôt le jeune David qui retint son attention, qui pour mieux dire le fascina. En plus, il semblait assis à côté de son miroir, son plus jeune frère Isaac, son étonnant reflet, qui semblait redoubler l'émoi du fiévreux aviateur.

Ce dernier grimaça presque de douleur ou de chagrin comme si...

Il détourna aussitôt la tête. Le spectacle, eût-on dit, le troublait trop. Pour se donner une contenance, il prit une cigarette.

Chaque fois qu'il pouvait en trouver, Saint-Ex fumait des Camel, *turkish & domestic blend*. Le paquet lui plaisait pour des raisons évidentes de nostalgie : en effet, il y figurait, du moins en 1944, un chameau de profil, en fait un dromadaire, malgré le nom (erroné) de la marque, car il n'avait qu'une bosse. Oui, un dromadaire qui marche vers la gauche, avec sous son cou trois palmiers et une pyramide minuscule. Sa queue par ailleurs semble épousseter distraitement une pyramide plus grande.

En fait, elle est seulement plus près de lui, l'autre plus loin, par un banal effet de perspective, comme on en est souvent victime avec les êtres qu'on connaît mal et trouve justement plus petits, car on les voit de trop loin !   Le désert, celui de Libye, entre autres, le pilote de l'Aérospatiale avait appris à le connaître à la dure, en s'y écrasant et manquant y mourir de soif, rescapé *in extremis* par un Bédouin, ami ou ennemi, mais devenu *ipso facto* son frère, puisqu'il lui avait offert de l'eau : la Vie !

Mais il n'y avait pas que le désert des Camel qui le portait vers ces cigarettes à raison de deux paquets par jour, et parfois plus. On le croyait distrait, et assurément il l'était, surtout pour ce qui l'ennuyait, mais, poète, il voyait des choses que la plupart des gens ne voyaient pas dans le dessin sur ce paquet.

Et, entre autres, dans la jambe avant gauche de l'indolent dromadaire, à partir de son genou, un petit enfant nu qui urinait debout, tourné vers la plus grande pyramide. On eût dit le

*Manneken-pis*, le «môme qui pisse» bruxellois, symbole de l'esprit frondeur des Belges.

Chaque fois qu'il s'allumait une clope, Saint-Ex voyait, sans même avoir à le chercher dans le pelage du dromadaire, l'insolent enfant nu.

Comme le paquet de Camel était vide, Saint-Ex le froissa, le jeta sur la table devant lui.

Il chercha des allumettes. Mais comme d'habitude, il n'en avait pas sur lui.

Curieuse, pour un fumeur invétéré, cette absence d'allumettes. Mais peut-être la vraie raison se trouvait-elle dans cette réflexion écrite naguère : «La grandeur d'un métier est peut-être, avant tout, d'unir des hommes ; il n'est qu'un luxe véritable, et c'est celui des relations humaines. En travaillant pour les seuls biens matériels, nous bâtissons nous-mêmes notre prison. Nous nous enfermons, solitaires, avec notre monnaie de cendre, qui ne procure rien qui vaille de vivre. »

Donc, dépourvu d'allumettes, il était forcé de demander du feu, et pouvait ainsi tisser des liens, s'enrichir, s'offrir le luxe véritable, celui des relations humaines !

Son médecin vint à sa rescousse, lui tendit son briquet. L'auteur s'alluma, ne souffla pas la fumée devant lui, la laissa plutôt paresseusement sortir de sa bouche, regarda à nouveau vers la table voisine.

«Elle est mignonne quand même, la brunette, fit le médecin avec un sourire entendu.

— Et c'est sûrement une femme intelligente, lança Saint-Exupéry

— Hein ? fit le médecin

— Elle lit *Le Petit Prince* à sa fille ! plaisanta l'aviateur.

— Ah ! oui, évidemment, convint le médecin, et il ajouta : une admiratrice, j'en suis sûr. La blonde n'est pas mal non plus.

– Non.

– Non ?

– Elle ne lit pas *Le Petit Prince*.

– Ha, ha, ha ! Pourquoi tu ne vas pas leur parler, ça peut faire passer la soirée à défaut de faire passer ta fièvre. »

Saint-Ex ignora la plaisante suggestion de son ami. Il regarda encore David tandis que la charmante Tatiana qui, ayant sans doute reçu une réponse satisfaisante à sa question au sujet de la rose ou du renard ou du serpent, se levait et prenait à deux mains sa mère par le cou, lui donnait trois baisers enthousiastes sur la joue droite, autant sur la gauche, puis se rasseyait.

Au même instant, le gracieux visage d'Eva Stein se décomposa en une expression de terreur.

« On ne peut pas rester ici, les enfants », déclara-t-elle en regardant vers la porte d'entrée.

Et elle se leva, prit les deux frères Rosenberg par la main, devant une Sofia qui, pas plus que Saint-Ex et son ami médecin, ne comprenait cette précipitation.

« On se retrouve plus tard à l'appart, fit la blonde Eva.

– D'accord, mais je… tenta de questionner Sofia.

– Vous partez déjà ? » s'attrista la petite Tatiana à l'adresse des deux frères Rosenberg.

David leva les yeux au ciel, fit à voix basse :

« Les grandes personnes… »

Eva regarda de nouveau vers la porte d'entrée, et afficha un air encore plus terrorisé, comme si elle mesurait toute la surprenante ampleur du danger.

« Vite, vite… »

# 12

Le jeune homme qui avait provoqué le départ précipité d'Eva Stein était un soldat allemand qu'elle ne se serait jamais attendue à voir à Casablanca, au populaire *Rick's Café Américain* : nul autre que le sinistre Helmut Gobbel, qu'elle avait abandonné à moitié endormi au port de Gênes !

Il s'était réveillé de sa torpeur juste à temps pour la voir s'embarquer sur *Le Rex* avec les frères Rosenberg.

Lui n'avait pas eu le temps d'y monter, avait eu maille à partir avec un marin italien qui n'avait pas aimé sa manière de lui demander des renseignements au sujet du paquebot qui battait pavillon italien, et malgré son terrifiant uniforme allemand, le voyant encore un peu ivre, lui avait asséné un coup de poing et avait déguerpi. *(to clear off)*

Revenu à lui, et renseignements pris malgré sa mâchoire endolorie, Helmut Gobbel s'était embarqué sur le navire suivant en partance pour Casablanca.

Arrivé à bon port, son premier soin, après être descendu à l'hôtel, avait été d'aller au café le plus populaire, en fait le seul vraiment fréquenté en cette époque agitée, le *Rick's Café*, sans avoir la moindre idée que l'infirmière dont il voulait plus que tout au monde se venger se trouvait là avec les deux faux jumeaux.

Avant de s'avancer dans le café enfumé, il y jeta un regard circulaire, comme pour vérifier que le concierge de l'hôtel ne l'avait pas mal conseillé et qu'il y trouverait des femmes. Ou peut-être des hommes, vu son ambiguïté amoureuse. Sa chasse fut-elle fructueuse ?

En tout cas, il ne vit ni Eva ni les deux enfants.

Cette dernière s'était tapie dans une des alcôves, et, dès que Gobbel se dirigea vers le bar, elle prit la poudre d'escampette avec les frères Rosenberg.

La petite Tatiana qui, pas plus que sa mère, ne s'expliquait la raison du départ précipité de ses deux petits amis, sauf par un caprice de grande personne, demanda :

« Maman, pourquoi ils sont partis si vite, David et Isaac ?

– Euh, je ne sais pas, admit la mère, je... On le leur demandera un peu plus tard, quand on rentrera à la maison.

– D'accord, maman, fit Tatiana, mais j'ai une autre question.

– Bien, pose-la-moi !

– Il veut dire quoi, le petit prince, quand il explique au monsieur qui pilote un avion : "On ne voit bien qu'avec le cœur, l'essentiel est invisible pour les yeux." »

Sofia s'étonna de nouveau, car ce n'était pas la première manifestation de la mémoire étonnante de son enfant. Elle tenta une explication :

« Bien, ça veut dire que... qu'il ne faut pas se fier aux apparences ! »

Elle se rendait compte, comme plusieurs de ses contemporains, qu'on répète souvent des citations célèbres sans vraiment les comprendre.

Mais ça fait bien, en tout cas ça se place avantageusement dans une conversation, surtout dans un salon.

Et comme les autres ne les comprennent pas non plus ces citations, personne ne vous embarrasse de ses questions.

Sauf un enfant.

Car il ne fait pas comme on fait dans les salons.

« Mais moi, maman, quand je ne te vois pas, quand tu es invisible pour moi, ça me fait de la peine, même si j'ai ma poupée. Oh ! je viens d'y penser (elle se toucha le front de son adorable main droite), je l'ai oubliée à Venise! Est-ce que tu penses que papa va pouvoir me l'envoyer?»

Papa…

Son idole, son dieu, évidemment.

Mais pour Sofia, c'était l'homme violent et fourbe qui l'avait trompée, frappée.

Qu'elle détestait et avait fui à tout jamais.

«Euh, oui, dit-elle gentiment, car elle ne voulait pas froisser le cœur de son enfant, lui faire croire que son père était un monstre et non pas un dieu, je vais lui écrire ou lui passer un coup de fil.

– Merci, maman.»

C'était des mots simples: *merci, maman.*

Et pourtant ça bouleversait Sofia que son enfant fût si obéissante, si soumise, si reconnaissante.

«J'ai une autre question, maman. Ici, est-ce qu'on va pouvoir faire des tours de gondole, comme à la maison?

– Je… je ne crois pas. Mais peut-être des tours de chameau, ici c'est le désert.

– Comme dans *Le Petit Prince*?

– Oui.

– Mais comment ça se fait que dans *Le Petit Prince* il n'y a pas de chameaux, juste un renard et un serpent?

– Euh, je ne sais pas.

– Et comment ça se fait que le petit prince, on dirait qu'il n'a pas de maman, en tout cas il n'en parle jamais dans le livre?

– Euh non, c'est vrai.

– Et il n'a pas de papa, non plus.

– C'est vrai aussi.

– Mais c'est drôle, maman, parce que l'aviateur, dans le livre, on dirait que c'est son papa.

La fillette prit illico le livre, retrouva aisément le passage qu'elle avait en tête, le lut avec beaucoup de facilité pour son âge :

« *Comme le Petit Prince s'endormait, je le pris dans mes bras, et me remis en route. J'étais ému. Il me semblait porter un trésor fragile. Il me semblait même qu'il n'y eût rien de plus fragile sur la Terre. Je regardais, à la lumière de la lune, ce front pâle, ces yeux clos, ces mèches de cheveux qui tremblaient au vent, et je me disais : ce que je vois là n'est qu'une écorce. Le plus important est invisible… »*

Tatiana n'acheva pas la citation célèbre, conclut plutôt :

« Tu connais le reste. »

Elle regarda sa mère.

Émue, Sofia apercevait sur l'écran de son œil intérieur, en une sorte de voyance inattendue et nouvelle pour elle, cet aviateur désespéré qui prenait cet enfant blond dans ses bras, qui, au beau milieu du Sahara, marchait vers quelque improbable puits.

Elle pensait aussi à cet instant où, après d'infinies tergiversations, elle avait enfin fui la Sérénissime (qui ne l'était pas tant pour elle) avec Tatiana, la prunelle de ses yeux, le trésor de sa vie.

« Qu'est-ce que tu as, maman ? demanda Tatiana, insouciante et belle, qui ignorait que, dans cinquante-cinq ans, la Grande Faucheuse la ravirait à sa mère et à sa fille Nadia.

– Rien je… »

Et elle dit à sa fille ce que sa petite-fille Nadia lui dirait plus tard, dans une chambre d'hôpital de Casablanca parce qu'elle serait touchée par l'allégorie des gazelles :

« Je dois avoir une poussière dans l'œil. »

Elle détourna la tête, pour ne pas que sa fille vît son embarras, et, avec son humeur si questionneuse, lui en demandât l'origine.

Mais soudain ses yeux s'écarquillèrent. Elle avait l'impression d'avoir aperçu, à la table voisine, nul autre qu'Antoine de Saint-Exupéry, son auteur favori! En tout cas, la ressemblance était frappante. Certes, elle ne l'avait jamais vu qu'en photos, et les photos publicitaires souvent sont avantageuses, car les éditeurs ont des trucs pour mousser leurs ventes, et les auteurs leur vanité. Et pourtant, il y avait une lumière particulière, une sorte d'aura qui se dégageait de cet homme, alors c'était peut-être le magnifique auteur du *Petit Prince*, qu'elle trouva pourtant un peu pâle : elle ignorait qu'il faisait 39 de fièvre!

« On dirait que c'est l'auteur du *Petit Prince* qui est assis à la table, juste à côté de nous, murmura-t-elle.

– Oh! fit Tatiana tout excitée, alors on va lui demander pourquoi il n'a pas parlé de son papa dans son livre!

– Euh oui, je…

– On va aussi pouvoir lui demander pourquoi il n'y a pas de chameau dans son histoire.

– Je suis sûre que c'est lui, mais… », objecta sa mère.

Tatiana, intrépide s'il en fut, se levait déjà.

Sa mère n'eut d'autre choix que de l'imiter.

Avec hésitation pourtant, et comme pour se conforter dans cette idée, elle regarda vers madame Destinée, dont elle avait évidemment deviné le métier sans l'avoir jamais consultée.

La voyante paraissait libre, exceptionnellement.

Au lieu d'aller importuner Saint-Exupéry, Sofia, flanquée de sa fille, alla s'asseoir à la table de madame Destinée. Trente secondes plus tard, après de brèves tractations, Sofia lui présentait sa paume gauche.

Aussitôt la voyante écarquilla les yeux avec un grand étonnement!

# 13

Pendant que madame Destinée observait avec ahurissement la paume de Sofia, Tatiana regardait, intriguée, le faux diamant qui rutilait sur son turban.

Elle fit un petit mouvement de sa charmante tête blonde, laissa tomber un «hum» dubitatif, comme si elle avait conclu que c'était un faux, vu sa taille et les fripes de la dame. Puis elle se mit à feuilleter *Le Petit Prince*, charmée par les illustrations dans lesquelles elle voyait de mystérieux enseignements et en tout cas plus de choses que les grandes personnes. Ce qui n'est guère un exploit, car en général elles ne voient rien!

Enfin, la voyante, sortant d'un mutisme dont la longueur était peut-être calculée pour établir sa profondeur, décréta de sa voix grave, qui étouffait bien des doutes chez sa clientèle:

«Vous avez des dons. Vous pouvez lire dans les lignes de la main.»

Les gens se hérissent rarement devant si flatteuse prétention.

Pourtant Sofia demanda, non sans scepticisme:

«Moi? Vous croyez?

– Oui.

– En tout cas, si j'avais su, j'aurai lu dans les lignes de ma main avant de la... donner à mon stupide de mari!» compléta-t-elle à voix basse, pour épargner les oreilles de sa fille.

«De toute manière, précisa la voyante, on se trompe souvent lorsqu'on tente de prédire son propre avenir.»

C'était vrai dans son cas puisqu'elle comptait déjà quatre divorces et que son cinquième mariage battait sérieusement de l'aile.

Ayant abandonné la main de Sofia, madame Destinée effleura alors son faux diamant comme si elle y cherchait quelque inspiration. Puis elle se concentra sur la boule de cristal, et, quelques secondes plus tard, déclara :

«Vous arrivez d'une ville où il y a beaucoup d'eau.»

*Intéressant!* pensa Sofia pour aussitôt laisser jaillir en son esprit cette lucide objection qui lui rappelait qu'il n'y avait pas que Venise où il y avait beaucoup d'eau, mais toutes les villes portuaires, les stations balnéaires…

«C'est la ville de l'amour, et je vois un lion.»

Il n'en fallait pas plus pour avoir toute l'attention de Sofia et même la troubler, car bien entendu le lion vénitien était connu et la Sérénissime restait pour elle la ville la plus romantique du monde, même si elle y était née et y avait connu ses déboires conjugaux.

«Et pourtant, vous n'avez pas encore trouvé…»

Madame Destinée, malgré sa transe divinatoire, se rappela qu'il y avait un enfant de cinq ans assis à sa table. Elle se tourna vers elle. Tatiana regardait avec émotion l'avant-dernier dessin du livre, où le petit prince tombe doucement dans le sable du désert après avoir accepté courageusement d'être mordu par le serpent, car il veut repartir vers sa rose, qui ne peut vivre sans lui, seule sur sa planète.

Rassurée, madame Destinée poursuivit :

«Vous allez rencontrer le grand amour.

– Oui? fit avec émoi Sofia, mais quand?

– Bientôt. Très bientôt.»

La voyante s'approcha de la boule de cristal comme si elle y cherchait une précision, une date, puis exaltée, reprit :

«Aujourd'hui même! Je n'en reviens tout simplement pas!»

Troublée, Sofia regarda furtivement en direction d'Antoine de Saint-Exupéry, son idole qui serait peut-être aussi un jour son grand amour, malgré l'important écart d'âge, car pour bien des femmes, il est impensable d'aimer un homme qu'elles n'ont pas d'abord admiré.

« Mais comment ferai-je pour le reconnaître ?

– Avec les yeux du cœur.

– Comme dans *Le Petit Prince* ! » s'exclama Tatiana qui, tout compte fait, n'était pas si absorbée par sa contemplation du dessin, car elle en avait peut-être tout de suite compris la mystérieuse clé : il faut mourir à soi-même si on veut se transformer intérieurement, si on veut avancer sur le chemin de la Vie.

« Oui, comme dans *Le Petit Prince*, approuva Sofia qui caressa tendrement les cheveux de sa fille. Mais continue de lire ton beau livre maintenant, mon amour.

– Oui, maman », fit Tatiana de sa voix douce et musicale.

Sofia, tout émoustillée par l'étonnante prédiction de madame Destinée, la pressa de questions :

« Vous ne pourriez pas me donner plus de détails ?

– Oui, je peux essayer en tout cas. »

Elle contempla à nouveau sa boule de cristal, précisa :

« C'est un homme plus vieux que vous. Même, ajouta-t-elle avec un sourire, vous pourrez vraiment dire de lui que c'est votre moitié.

– Ma moitié ?

– Oui. Il a le double de votre âge ! »

Tout de suite, Sofia pensa que Saint-Ex avait quarante-quatre ans, et elle, vingt-deux, et que c'était peut-être une simple coïncidence : quand même, c'était troublant !

Car de belles coïncidences comme ça, elle n'en avait pas eu tellement dans sa vie, même que ç'avait plutôt été une sévère pénurie.

« Ah ! bon !

– Il a un enfant, et il est triste, avança madame Destinée.

– C'est l'enfant ou le monsieur qui est triste ? demanda Tatiana, subtile en son doute, car il y avait un petit flou, non pas artistique, mais grammatical en cette prédiction.

– C'est l'homme qui est triste », précisa avec grâce madame Destinée à Tatiana qui décidément avait non pas des yeux, mais des oreilles tout le tour de la tête, et ne lisait pas si attentivement son livre que ça.

« Pourquoi ?

– Parce que son enfant est parti.

– Ah ! et vous savez où ? » s'enquit Sofia sans savoir à quel point ce serait important dans son destin amoureux ; il n'y en avait guère d'autres pour elle à part celui de sa fille, bien entendu.

« Je… »

Madame Destinée hésitait, plissait les lèvres, qu'elle avait minces, fronçait les sourcils, qu'elle avait épais et n'épilait pas, ce qui avait rebuté son deuxième – ou troisième ! – mari à la fin.

« Je vois une pyramide et une oasis, et c'est bizarre : un Maure sur un chameau me révèle en riant que personne ne peut jamais la trouver, parce qu'elle est invisible pour les yeux.

– Ah ?

– Et c'est curieux, ajouta madame Destinée, il porte un collier avec une perle unique, mais vraiment géante.

– Comme votre diamant ! se permit de commenter Tatiana.

– Comme mon diamant… ne s'irrita pas la voyante.

– Mais vous n'avez pas de nom ? fit remarquer Sofia. C'est un peu vague, tout ça. Une oasis invisible, un Maure sur un chameau qui porte un collier avec une perle énorme. Vous ne pouvez pas me donner plus de détails ? »

Madame Destinée aurait peut-être pu lui en donner plus si elle avait disposé de plus de temps, ou avait vu autre chose dans sa boule de cristal, si du moins c'est de cet objet que provenaient ses visions. Mais une cliente qui avait déjà rendez-vous et qui était en retard, arriva en catastrophe. Comme de surcroît elle était riche, et laissait toujours des pourboires somptueux, madame Destinée dut annoncer à la mère de Tatiana que la consultation était terminée.

« Je vous dois combien ? dit Sofia.

— Vous me paierez demain », fit aimablement madame Destinée en lui décochant un clin d'œil entendu : elle lui offrait la consultation, mais ne voulait pas irriter son autre cliente.

Sofia lui prit les mains, reconnaissante :

« Merci du fond du cœur. Vous m'avez dit ce que je voulais entendre.

— Je vous ai dit ce qu'il y a dans votre avenir. Et votre avenir, c'est vous ! »

Sofia prit sa fille par la main, et regagna sa table, mais fort lentement, et en jetant de constants regards vers Antoine de Saint-Exupéry.

« Pourquoi ne vas-tu pas lui parler ? » la questionna Tatiana qui avait tout deviné.

Ou presque.

— Bien, parce que je suis un peu gênée. C'est un grand auteur, c'est lui qui a écrit *Le Petit Prince*.

— Mais il l'a écrit pour les enfants, alors si tu n'y vas pas, moi j'y vais ! J'ai trop de questions à lui poser. »

Et elle marcha si résolument vers l'auteur du *Petit Prince* que sa mère haussa les épaules et la suivit.

# 14

*L*e *Petit Prince* en main, Sofia, accompagnée de sa fille, s'approcha timidement de la table de Saint-Ex.

Quand ce dernier la vit, avec son ouvrage dans sa main tremblante d'admiration, il pensa tout naturellement : *elle vient pour un autographe* !

Or, il avait toujours eu horreur de cette corvée d'auteur. Pas qu'il n'aimât pas les lecteurs, bien au contraire. Ses brefs, mais fulgurants ouvrages étaient un don, un message d'espoir dans les hommes et la Vie, comme le disait son ami médecin.

Mais signer des autographes, ça lui paraissait un peu ridicule, comme s'il ne méritait pas cette forme d'hommage, comme s'il pensait que son succès était une erreur alors que la plupart des grands vaniteux, souvent dépourvus de talent, croient que c'est leur échec qui en est une !

Mais il vit la blonde Tatiana. Il croyait qu'il ne fallait jamais décevoir un enfant. Aussi, avec résignation, tira-t-il de sa poche mouchoir sa *Parker 51*, sa plume préférée. C'était, il est vrai, une plume si populaire pendant la Deuxième Guerre qu'on disait des lettres de soldats qu'elles étaient envoyées sur… *Parker 51* !

« Oh ! une admiratrice, je pars, si tu veux ! fit le médecin.

– Non, reste ! intima l'auteur.

– Tu es sûr ? s'enquit son ami. Elle est magnifique. »

Oui, Sofia était magnifique. Il y avait le visage bien entendu, cette beauté aristocratique, que ne venaient certes pas contredire la taille sculpturale, le port royal. Il y avait aussi la chevelure abondante et noire, et cet aimable décolleté, non pas un crime, mais un cadeau pour l'humanité, et qui faisait croire en son avenir. Il y avait enfin cette pureté qui transpirait de tout son être, ce noble romantisme malgré sa déconvenue récente, qui était comme le parfum d'une rose sauvage, encore épargnée par le commerce des hommes, qui souvent salit tout et pour toujours.

« Oui, reste avec moi, j'ai déjà assez d'ennuis comme ça avec les femmes ! »

Sofia arriva enfin à la table des deux hommes et vérifia, avec un sourire timide :

« Je ne voudrais pas vous déranger, mais vous êtes bien Antoine de Saint-Exupéry, l'auteur du *Petit Prince* ?

– C'est ce qu'on raconte », répliqua le pilote de guerre.

Cette banale confirmation augmenta l'émotion de Sofia : elle se trouvait bel et bien devant un monstre littéraire, un monstre que, de près, elle trouvait infiniment beau et troublant malgré les attaques du temps (qui n'avait pas suspendu son vol, de nuit ou pas !) sur sa taille, son visage, son crâne, sans compter tout ce qui en lui s'était détérioré pour cause de trop d'accidents d'avion, d'abus divers, et de cette incurable maladie qu'on appelle la vie.

« Vous voulez un autographe ? » demanda Saint-Ex pour se débarrasser, même s'il était troublé par Sofia, sa beauté, sa fraîcheur, son émoi.

« Euh non.

– Ah… »

Elle ne sollicitait pas d'autographe, comme une banale admiratrice ! Il avait l'air d'un con, là, un con qui de surcroît avait péché par crime de vanité littéraire ! Il remit sa magnifique mais inutile *Parker 51* dans la poche intérieure de sa veste, sourit, non sans un certain embarras.

« Est-ce qu'on peut s'asseoir quelques secondes ? fit Sofia.

– Mais oui, je vous en prie », fit élégamment Saint-Ex, cependant que son médecin se levait.

Il décréta sans qu'on pût savoir si c'était vrai ou une commode dérobade :

« Mes patients me réclament, je vous laisse. On se parle demain, Tonio. »

Il s'inclina devant Sofia, car, même heureusement marié, il restait amateur de beauté. Il enchaîna avec un clin d'œil à Tatiana, puis sortit du *Rick's Café Américain*.

La mère et la fille s'assirent. Ça faisait drôle à Sofia de prendre place à la table de l'homme dont elle était peut-être la moitié, si du moins madame Destinée ne s'était pas trompée.

« Je… je voudrais vous remercier pour… c'est un grand honneur de vous rencontrer et je…

– Ce qu'on voudrait savoir, monsieur l'auteur, l'interrompit impertinemment Tatiana, c'est pourquoi vous ne parlez pas de la maman et du papa du petit prince dans votre livre. »

La question était inattendue, troublante, pertinente.

Saint-Ex, son désarroi subtil dissipé ou balayé sous le banal tapis des conventions sociales, sourit à Tatiana :

– Bien sûr qu'il a un papa !

– Mais pourquoi il est pas dans le livre ?

– Parce que son papa est resté sur sa planète !

– L'astéroïde B 612 ?

– Euh oui », fit Saint Ex, sidéré par la précision hallucinante de l'enfant.

Il regarda Sofia qui se contenta de hausser les épaules et de faire une moue qui avait l'air de dire : elle est comme ça, elle sait tout ! Puis, se tournant vers sa fille, affectant une sévérité qui n'était pas naturelle chez elle :

« Tatiana, tu embêtes l'auteur avec toutes tes questions. Lis ton livre, maintenant, ma chérie !

– Je le sais par cœur, maman, mais si tu insistes.

– Elle le sait par cœur ? » fit avec scepticisme Saint-Ex.

Et il arrondissait les yeux, car il avait vu dans sa vie, en ses voyages innombrables et lointains, bien des prodiges, mais là, ça lui paraissait dépasser les bornes.

«Si vous ne la croyez pas, testez-la! suggéra Sofia. Moi-même je n'en reviens pas.»

Même s'il y avait travaillé plus longtemps qu'on ne croit, car la simplicité, comme le génie, est une longue patience, Saint-Ex ne savait pas tout à fait son texte par cœur.

Aussi, piqué, arracha-t-il presque *Le Petit Prince* des mains fragiles de Tatiana et dit:

«Alors tu sais mon livre par cœur, chère enfant?

– Oui.

– Je te crois. Mais juste pour vérifier, je suis au bas de la page 69.»

Elle traduisit, sans qu'il pût vérifier la justesse de son effort, vu sa méconnaissance notoire de l'anglais:

«Si tu viens, par exemple, à quatre heures de l'après-midi, dès trois heures… Je commencerai d'être heureux. Plus l'heure avancera, plus je me sentirai heureux. À quatre heures déjà, je m'agiterai et m'inquiéterai: je découvrirai le prix du bonheur.»

– Est-ce que je continue? demanda Tatiana.

– Euh, non, je…» fit Saint-Exupéry qui se souvenait quand même assez de son texte pour savoir que…

– Tatiana, si ça ne te dérange pas, maman va maintenant parler avec monsieur l'auteur.

– Vous avez des choses de grandes personnes à vous dire, je comprends.»

Et elle reprit un peu cavalièrement le livre des mains de Saint-Ex qui ne protesta pas, tout à la fois médusé et ébloui par sa maturité.

«Est-ce que tu as un crayon, maman?

– Un crayon, euh?»

Sofia fourragea dans son sac, mais c'était… un sac de femme, et de surcroît, un sac de femme en fugue, avec une seule malle ! Alors il y avait beaucoup de choses dedans.

Et sans doute un stylographe.

Mais le trouver était une autre histoire.

De toute manière, Saint-Ex offrait élégamment sa plume.

« Mais tu vas écrire où, Tatiana ? s'enquit sa mère.

– Bien, à la fin du livre, maman !

– Ah bon…

– L'auteur demande de lui écrire, si un jour, en Afrique, dans le désert, un enfant vient à vous, s'il rit, s'il a des cheveux d'or, s'il ne répond pas quand on l'interroge, vous devinerez bien qui il est. Alors, soyez gentils ! Ne me laissez pas tellement triste ! Écrivez-moi vite qu'il est revenu… »

Saint-Ex dont c'était le texte, récité presque mot pour mot, eut les yeux tout humides.

« Maintenant, si vous permettez, conclut Tatiana, est-ce que je peux l'écrire, ma lettre ? »

Et aussitôt, avec la belle plume du grand auteur, et sans même devoir attendre l'inspiration qui lui venait comme à un poète furieux, ou amoureux – ce qui est souvent la même chose ! – elle écrivait de son écriture appliquée et belle sa lettre à l'auteur du *Petit Prince*, qui était devant elle et dodelinait de la tête, car il pensait bien entendu au destinataire de cette lettre improvisée, et ça lui brisait le cœur.

*Ne perdons pas de temps*, pensa Sofia.

Et aussitôt elle agit, comme elle s'était enfuie de Venise, avec célérité, sans regarder derrière elle, contrairement à la femme de Loth, avec les terribles conséquences que l'on sait.

« Je viens de parler à madame Destinée.

– Madame Destinée ? »

Elle se tourna vers la voyante, qui donnait une consultation à la cliente arrivée en retard.

« Oui, la dame avec le turban.

– La femme voyante.

– Oui, pour être voyante, avec son turban et son faux diamant, elle l'est », plaisanta Sofia.

Ça plut à Saint-Ex, car forcément, vu son métier, il aimait les mots, et il avait un faible naturel pour ceux qui les aimaient et jouaient avec.

« Elle m'a dit que... », poursuivit Sofia.

Elle faillit dire : elle m'a dit que je rencontrerais l'homme de ma vie. Mais c'était absurde, infiniment prématuré en tout cas. Saint-Ex se moquerait d'elle ou prendrait la poudre d'escampette, avec toutes les femmes qu'il avait assurément à ses trousses. En plus, il était notoirement marié.

« Elle m'a dit que je rencontrerais un homme qui...

– Bravo ! C'est original comme prédiction ! l'interrompit comme malgré lui Saint-Ex, qui était poète, mais non point naïf. Vous a-t-elle aussi prédit que vous feriez un voyage et que vous gagneriez une somme d'argent inattendue ?

– Non, enfin pas pour l'argent. Mais pour le voyage, oui.

– J'espère qu'elle ne s'est pas trompée parce que moi, elle m'a pris pour un marin et m'a prédit que je périrais en mer.

– Ah ! désolée ! Écoutez, je sais que vous ne croyez pas à ces sornettes, mais madame Destinée m'a dit que je rencontrerais aujourd'hui un homme qui souffre parce qu'il a perdu son enfant, mais qu'il pourrait le retrouver, alors j'ai pensé que ça pourrait vous intéresser. Mais je me trompe peut-être. »

Dotée du sens du drame, – ou de la négociation –, elle se leva alors et dit :

« Tatiana, rends au monsieur sa jolie plume ! On doit partir maintenant. Eva nous attend sûrement pour le dîner.

– Attendez, attendez ! » la pressa Saint-Ex, avec un geste de la main, car elle avait piqué sa curiosité.

Sofia se rassit, Tatiana haussa les épaules et se remit à sa lettre, pensant, *ah ! les grandes personnes, ça change tout le temps d'idée !*

« Est-ce que madame Destinée vous a dit où cet homme pourrait retrouver cet enfant ? demanda Saint-Ex

– Oui.

– Est-ce que… J'aimerais vraiment le savoir parce que… »

Il ne dit pas pourquoi Mais il y avait un curieux mélange d'espoir et de désespoir dans ses yeux.

Sofia éprouva une hésitation puis se rappela ce que la mère de Colette, une de ses romancières préférées, lui disait : « Ne fais de bêtises que celles qui te font vraiment plaisir ! »

C'était peut-être une bêtise, ce qu'elle allait proposer avec audace à Saint-Ex, mais il lui fallait la faire.

D'ailleurs à la réflexion, c'était tout sauf une bêtise.

Car elle avait l'impression que c'était sa vie qu'elle jouait sur un coup de dés, car elle avait cru spontanément ce que madame Destinée lui avait dit : qu'elle allait rencontrer l'homme de sa vie !

Et elle avait beau venir tout juste de se séparer, ne même pas être encore divorcée, le vent de l'aventure soufflait trop fort en sa vie. Aussi dit-elle enfin, jouant le tout pour le tout :

« J'ai un pacte à vous proposer. »

# 15

« Un pacte ? » demanda Saint-Exupéry, qui ne pouvait s'empêcher de trouver singulièrement audacieuse cette parfaite étrangère.

Mais il devait admettre que ce qu'elle lui avait dit était troublant, *qu'elle allait rencontrer un homme qui souffre parce qu'il a perdu son enfant, mais qu'il pourrait le retrouver,* que même ça lui avait été droit au cœur.

« Oui, je vous dis où vous pouvez retrouver votre fils.

– Quel fils ? Sauf erreur, je n'ai pas d'enfant. Si vous en doutez, demandez à ma femme Consuelo.

– Madame Destinée prétend que vous avez un fils.

– Elle prétend aussi, comme je vous l'ai dit, un soir où je l'ai consultée, probablement parce que j'avais trop bu, que je vais mourir en mer même si je ne suis pas marin mais aviateur.

– Je vous dis juste ce qu'elle m'a dit. Alors mon pacte vous intéresse ou pas ?

– Peut-être…

– Je veux d'abord que vous me donniez votre parole sur la tête de votre mère », fit Sofia.

La requête le surprit, le bouleversa même.

Pourquoi faire allusion à sa mère, comme si, véritable sorcière, la jeune étrangère avait deviné l'amour infini qu'il lui vouait ?

En 1930, il lui écrivait depuis Buenos Aires, laissant seulement parler son cœur, et donc à son meilleur :

« Ce qui m'a appris l'immensité, ce n'est pas la Voie lactée, ni l'aviation, ni la mer, mais le second lit de votre chambre.

C'était une chance merveilleuse d'être malade. On avait envie de l'être chacun à son tour. C'était un océan sans limites auquel la grippe donnait droit. […] Je ne suis pas bien sûr d'avoir vécu depuis l'enfance. »

*Pourquoi cette intrépide jeune femme avait-elle évoqué sa mère si tendrement aimée ?* s'interrogeait l'aviateur.

Il était trop confus, ou ému ou fiévreux ou ivre, le Courvoisier VSOP aidant, pour raisonner comme il en avait l'habitude lorsque, par exemple, il s'amusait à résoudre des problèmes mathématiques compliqués, un de ses surprenants dadas, ou à défaire un adversaire aux échecs, sa grande joie !

Revenu de son émoi, Saint-Ex vérifia, avant de donner sa parole.

« Ma parole que quoi ?

– Que si je vous dis où se trouve votre fils, vous me permettrez d'aller le retrouver avec vous !

– À supposer que j'aie un fils, comment pouvez-vous savoir où il se trouve ?

– C'est madame Destinée qui me l'a révélé !

– Madame Destinée, la diseuse de n'importe quoi… »

Piquée au vif, au lieu de lui répondre, Sofia prit sa fille par la main et décréta à nouveau :

« Viens, on s'en va ! »

Tatiana ne comprit pas trop la raison de ce nouveau départ annoncé et fut un peu ennuyée, car sa lettre à l'auteur du *Petit Prince* progressait bellement : elle avait du génie ou du moins le croyait.

« Attendez, attendez ! » implora Saint-Ex qui trouvait que, décidément, cette jeune femme avait des couilles.

Sofia ne put réprimer un imperceptible sourire de victoire, qu'elle abandonna astucieusement avant de se retourner vers l'aviateur, magnifique malgré les ans.

«On fait quoi, maman? On part ou on reste?» s'informa Tatiana, un peu confuse, mais habituée aux changements de sentiments des grandes personnes.

Sa mère ne lui répondit pas. Elle attendait la confirmation de Saint-Exupéry, qu'il tenait vraiment à ce qu'elle reste. Les femmes abhorrent la tiédeur, souhaitent qu'on les veuille follement.

«S'il vous plaît, mademoiselle...», se contenta de dire l'aviateur.

Mais il y avait tant d'intensité, tant d'autorité dans ces simples mots, que ce fut impossible pour Sofia de ne pas revenir vers la table, vers son destin.

Tatiana la suivit docilement.

Il fallut que Sofia fouillât quelques secondes sa mémoire pour être bien certaine de restituer fidèlement la prédiction de la voyante. Enfin elle dit:

«Elle m'a dit que votre fils était parti vers une oasis invisible pour les yeux.»

Antoine de Saint-Exupéry protesta aussitôt:

«Vous vous moquez de moi ou quoi? Si elle est invisible, cette oasis, je ferai comment pour la trouver, que vous veniez avec moi ou pas?

— Madame Destinée m'a aussi dit qu'il y avait un Bédouin assis sur un chameau dans cette oasis.

— La belle affaire!»

Elle oubliait bien involontairement de mentionner la pyramide derrière lui, ce qui aurait forcément précisé la prédiction: Saint-Ex aurait pensé tout de suite à l'Égypte.

«Et il porte un collier avec une énorme perle!

— Et alors?» s'étonnait Saint-Exupéry, de plus en plus contrarié.

Sa première réaction était que cette prédiction était absurde.

Mais il se rappela alors une expérience vécue à Port-Étienne, en Mauritanie. Le soir à onze heures, il sort, lampe en main, pour contempler le désert. «Mais voici, évoque-t-il dans *Terre des hommes*, qu'un papillon vert et deux libellules cognent ma lampe. Et j'éprouve de nouveau un sentiment sourd, qui est peut-être de la joie, peut-être de la crainte, mais qui vient du fond de moi-même, encore très obscur, qui, à peine, s'annonce. Quelqu'un me parle de très loin. Est-ce cela l'instinct? [...] J'ai reçu un avertissement.»

De nouveau, bizarrement, à quelques années de distance, il éprouvait ce sentiment sourd, obscur. Quelqu'un lui parlait de très loin. Pas à travers la libellule ou le papillon vert qui naguère l'avaient prévenu de la terrible tempête de sable qui s'abattrait sur ses quartiers, mais à travers cette romantique et belle jeune femme qui se tenait devant lui avec sa charmante fillette surdouée à ses côtés.

Comme pour y réfléchir, il tira de sa poche le nouveau paquet de Camel que Bark lui avait apporté, car au bout de dix minutes sans cigarettes, il ne s'appartenait plus, s'agitait, même s'il n'avait pas nécessairement envie de fumer à ce moment précis. Il lui fallait avoir le sentiment qu'il *pouvait* en tout temps s'allumer une cigarette.

Il en offrit une à Sofia qui ne fumait pas. Voulut allumer la sienne. Égal à lui-même, il n'avait pas d'allumettes, et son ami médecin l'avait quitté, emportant son précieux briquet. Mais Bark, qui servait à la table voisine, vit son désespoir, et y mit fin en grattant deux secondes plus tard une allumette providentielle devant lui.

Saint-Ex tira une bouffée méditative de sa cigarette. Puis il joua mécaniquement avec son paquet. Tout à coup, en apercevant la pyramide derrière le célèbre chameau, le sentiment sourd qu'il avait éprouvé devint plus puissant, plus précis. Des frissons parcoururent son corps, comme parfois lorsqu'il avait une idée de génie. Ensuite, il est vrai, il mettait des mois à la peaufiner et se convaincre qu'il ne s'était pas trompé. Il mûrissait longuement ses œuvres, comme le jardinier qui traque patiemment chaque mauvaise herbe de son jardin, pour en faire éclore toute la beauté cachée, le libérer de tout mal, comme on fait avec son âme en la libérant de ses mauvaises pensées, tâche si ardue et pourtant si nécessaire, pour avoir une chance de bonheur.

Et alors il eut l'impression, la certitude même qu'il avait trouvé ce que madame Destinée avait annoncé de manière énigmatique à cette jeune étrangère devant lui.

«Je crois que je sais pourquoi cette oasis est invisible», réfléchit-il à voix haute, sourire aux lèvres, ce qui rendait encore plus charmantes ses fossettes, déformait un peu la cicatrice gaufrée, à la commissure droite de sa bouche.

«Vraiment?

– Oui. Madame Destinée vous a dit que l'oasis était invisible parce que c'était l'oasis égyptienne connue sous le nom d'Oasis Intérieure!

– L'Oasis Intérieure?

– Oui, Dakhla, à quelque trois cents kilomètres à l'ouest du Nil.»

Encore une fois, Tatiana crut bon de mettre son grain de sel.

«C'est pour ça que la madame au gros diamant a dit qu'il y avait une pyramide derrière le babouin sur un chameau.

– Pas le babouin, le Bédouin», rectifia sa mère en insistant sur la première syllabe, et elle avait peine à réprimer un fou rire tout comme Saint-Ex, qui faillit s'étouffer avec la fumée de sa précieuse Camel.

«Ah! fit non sans une certaine déception Tatiana, il me semblait aussi que c'était drôle, un singe sur un chameau, mais je trouvais ça amusant. Tu es certaine que c'était pas un babouin, maman ?

– Oui ! trancha-t-elle. Allez, écris ta lettre, maintenant !

– Oui, maman. »

Saint-Ex et Sofia échangèrent un sourire silencieux, et pour la première fois se regardèrent les yeux dans les yeux, avec une certaine insistance, presque de la défiance.

« Il y avait vraiment une pyramide derrière le Bédouin sur son chameau ? demanda alors Saint-Ex.

– Oui.

– Alors ça confirme ce que je pensais, c'est sans doute Dakhla ! En plus, on appelle aussi cette oasis la Perle du Désert ! D'où la perle sur le collier du babouin ! plaisanta Saint-Ex.

– Tu vois, maman, c'était bel et bien un babouin !

– Tatiana ! »

Rabrouée, la fillette se replongea dans sa lettre.

Sofia tendit la main à Saint-Ex, et triompha :

« Si je comprends bien, et corrigez-moi si je me trompe, c'est donc une affaire entendue. On part pour Dakhla ?

– Oui ! », fit Saint-Ex encore fiévreux, et tout à fait étourdi par la détermination de la jeune femme dont il serra la main, pour sceller leur entente.

« Alors c'est vrai ? Vous avez vraiment un fils ?

– Qui vous fait croire que je ne veux pas simplement partir à l'aventure avec une femme ravissante qui croit les niaiseries d'une diseuse de bonne aventure ? fit-il avec un sourire fin.

– Madame Destinée », répliqua Sofia avec un sourire tout aussi fin.

Il y eut alors, entre Antoine de Saint-Exupéry et elle, une sorte de moment d'éternité.

Ils se regardèrent les yeux dans les yeux.

Et c'était encore plus troublant que la première fois, car ils sentaient tous deux que c'est leur vie qui basculait.

Peut-être.

C'est à la fois exaltant et terrifiant, ce sentiment.

Saint-Ex se disait que la Vie lui présentait un cadeau inattendu, inespéré, car dix minutes plus tôt, malgré les bons mots de son médecin, il souhaitait secrètement que la stupide prédiction de madame Destinée se réalisât, c'est-à-dire qu'il perdît la vie en mer. Et Sofia pensait... *Il me trouble, cet homme, je crois même que j'ai le coup de foudre. Mais il faut que je me méfie, je sors à peine d'un mariage raté, est-ce que je ne cherche pas à m'accrocher au premier venu? Un homme probablement dangereux, car il est frivole, célèbre, et il a le double de mon âge!*

Malgré le charme troublant de leur long regard échangé, véritable passerelle entre leur âme, Sofia dit alors, d'une voix énergique, tout à fait *business*:

« En passant, je me présente: Sofia Segatto, Vénitienne et libre!

— Et moi: Antoine de Saint-Exupéry, Lyonnais et coincé!

— Alors on part quand pour Dakhla? demanda Sofia.

— Il faudra d'abord trouver un taxi. Ce qui signifie un avion, dans l'argot des pilotes.

— Vous voulez dire un *vaporetto* du désert?» plaisanta Sofia, Vénitienne jusqu'au bout des doigts.

« Oui, fit Saint-Ex, à nouveau étonné et ravi de son esprit.

— Alors je me répète: on part quand?» insista Sofia, qui décidément semblait vraiment avoir une idée en tête.

Avant de répondre, Saint-Exupéry se rappela ce qu'il avait écrit dans *Le Petit Prince*: « Il est absurde de chercher un puits au hasard dans l'immensité du désert. Cependant, nous nous mîmes en marche. »

Oui, c'est ce qu'il fallait faire : se mettre en marche malgré l'absurdité apparente du projet !

N'est-ce pas du reste la clé de tout succès, de toute grande entreprise ?

Aller de l'avant, foncer comme un fou, un rêveur, un être désespéré même, et toujours, contre vents et marées, malgré les échecs, malgré le succès infiniment retardataire, croire en sa bonne étoile ?

Mais Saint-Exupéry n'eut pas le temps de répondre à la jeune femme, car un drame intime se déroula alors tout près de la table, et attira son attention, de même que celle de la jeune Vénitienne.

# 16

C'est que le Maure à qui appartenait Bark venait de le gifler avec brutalité, et il y avait un émoi dans tout le café. C'était un homme d'environ cinquante ans, d'aspect imposant, avec une peau foncée et prématurément ridée. Son visage anguleux trahissait sa dureté, pour ne pas dire sa cruauté, que ne démentaient pas ses yeux noirs comme deux véritables charbons, un nez aquilin, et un menton qui s'avançait avec arrogance, ravagé, comme ses joues, par une épaisse barbe.

Vêtu d'une tunique noire, il portait un petit bonnet rouge.

Dans sa main gauche, il tenait l'argent que venait de lui remettre Bark, quelques francs, quelques centimes, qu'il jugeait évidemment insuffisants. Bark tremblait comme un enfant devant son père, un enfant qui aurait démérité, un enfant qui aurait commis une faute, un larcin, et qui tentait de s'expliquer :

« C'est tout ce que j'ai gagné cette semaine, maître. On a eu moins de clients, les gens n'ont plus d'argent, c'est la guerre qui n'en finit plus. »

Et il faisait pitié à voir.

« Tu mens, comme tous ceux de ta race maudite ! »

Il leva le bras pour le frapper derechef, mais il ne put pas.

Un homme avait saisi avec audace et fermeté son poignet.

Et cet homme était Antoine de Saint-Exupéry qui, de sa main gauche, tenait nonchalamment sa Camel.

Le Maure se retourna, interloqué, jappa littéralement :

« Cet homme est mon esclave ! Il m'appartient ! De quoi vous mêlez-vous ? »

Il voulut récupérer l'usage de sa main, la secoua, mais malgré la fièvre, malgré ses quarante-quatre ans, Saint-Ex le maîtrisait avec une force étonnante ; ce qui irritait suprêmement le Maure, guère habitué à semblable désinvolture à son endroit. Bark pour sa part s'était mis à trembler, car il craignait des représailles encore plus sévères de son maître.

« Je veux vous proposer une affaire », expliqua Saint-Ex, et comme pour donner le ton aux négociations, il soufflait sa fumée dans le visage du Maure qui, à la fin, était impressionné par cette assurance.

« Une affaire ?

– Oui, je veux vous racheter Bark ! »

Et il abandonna enfin la main du Maure.

« En avez-vous les moyens ? J'en demande 20 000 francs.

– 20 000 francs ? Vous rêvez. Il est déjà vieux. Dans un an ou deux, il ne vaudra plus rien. »

Sofia, qui était témoin de cette étonnante conversation, arrondissait les yeux : elle ignorait que, en 1944, on faisait encore le commerce des êtres humains.

Le Maure réfléchit, et agacé par la témérité de l'aviateur, proposa :

« 10 000 francs ! »

– Avez-vous déjà pensé faire de la comédie ? Vous feriez un tabac. Je vous offre 1000 francs, et c'est un excellent prix !

– 3000.

– 2000 et c'est mon dernier prix. »

Après une hésitation, le Maure céda :

« Entendu ! »

Aussitôt, Bark, les larmes aux yeux, se précipita vers Saint-Exupéry devant lequel il s'agenouilla. Il lui prit la main et la lui embrassa avec effusion. « Maître, maître, répétait-il, comment pourrai-je un jour vous remercier ?

– En cessant de m'appeler maître.

– Mais je ne comprends pas.

– J'ai racheté ta liberté. Et cette liberté, je te la donne, tu es un homme libre !

– Oh ! maître, maître, je vous serai éternellement reconnaissant ! »

Saint-Ex se tourna vers Sofia en levant les yeux vers le ciel : il faudrait que le pauvre Bark se déshabitue à être un esclave ou plutôt s'habitue à être un homme libre, ce qui n'est pas tout à fait la même chose.

« Lève-toi, Bark, lève-toi ! Désormais tout l'argent que tu gagnes ici est à toi. »

Bark se leva enfin, et le Maure fit :

« Est-ce que je peux avoir mon argent ?

– Oui. Dans une heure. Ici. »

L'argent, Saint-Exupéry ne l'avait pas.

Mais il avait un éditeur.

Qui lui en avait.

« Il faut que j'appelle Gaston ! » laissa-t-il tomber en se tournant vers Sofia.

– Gaston ? »

Gaston, c'était bien sûr le célèbre Gaston Gallimard, fondateur de la maison du même nom. Qui le dépannait toujours. Parce que c'était un de ses meilleurs auteurs.

Il lui passa aussitôt un coup de fil.

Une demi-heure plus tard, les deux mille francs étaient disponibles, à la banque de Saint-Ex, Gallimard ayant illico téléphoné l'avance sur droits d'auteur.

Et Saint-Ex pouvait régler le Maure à l'heure convenue.

La cérémonie officielle de manumission, par laquelle un esclave est rendu officiellement libre, fut brève.

Et émouvante.

Bark pleurait.

Sofia aussi.

À qui ça rappelait que sa liberté, elle se l'était donnée en fuyant son mari et Venise qu'elle aimait.

Saint-Ex était ému lui aussi, mais il se retenait, pour ne pas que le Maure ne changeât d'idée avant de signer les papiers et lui réclamât plus d'argent.

La cérémonie achevée, qui le rendait officiellement libre, fou de joie et de fierté, Bark cria : « Je suis Mohammed ben Lhaoussin ! » comme un ascète crie souvent, une fois atteinte l'improbable illumination : « Je suis Dieu ! *Hamsa ! I am That !* »

Oui, car pour lui être un homme libre, c'était comme connaître Dieu !

Mais comme rien ne semblait parfaitement gratuit en ce monde, Saint-Exupéry dit :

« J'ai un service à te demander.

– Tout ce que vous voudrez, maître !

– Je t'ai dit de ne plus m'appeler maître, sinon je te revends à ton ancien propriétaire. C'est ce que tu veux ?

– Non, maî…

– Maintenant, ton propriétaire, c'est toi. Tu t'appartiens, est-ce clair ?

– Oui.

– J'ai donc un service à te demander, mon cher Bark.

– Tout ce que vous voudrez.

– Venez, Sofia ! »

Et il marcha d'un pas décidé vers la porte du café, suivi de Sofia, sa fille et Mohammed ben Lhaoussin, l'esclave nouvellement affranchi.

Le sinistre et pourtant séduisant officier allemand Helmut Gobbel en était d'ailleurs sorti, car il n'était plus visible au bar ni à une table.

Avait-il *in extremis* aperçu Eva Stein quitter précipitamment le *Café Américain* en compagnie des deux faux jumeaux ?

Et les avait-il suivis, dans le but de se venger d'avoir été ridiculisé ?

Eva Stein et Sofia logeaient dans un minuscule appartement, à proximité du *Café Américain*.

On s'y rendait en quelques minutes de marche, si du moins on parvenait à résister aux offres des innombrables marchands de la Casbah, ce qui n'était pas une sinécure, surtout avec la petite Tatiana qui ne cessait de crier à sa mère, exaltée : « Regarde, maman, comme c'est beau !

– Oui, mais on n'a pas le temps ! » répétait-elle.

En plus, évidemment, elle ne nageait pas dans l'argent.

Et, de surcroît, Saint-Ex, à qui elle avait donné son adresse, les entraînait tous d'un pas quasi militaire à travers la foule bigarrée qui s'attardait devant les échoppes des marchands.

En face de la vieille porte de bois rose et dépeinte de ,
l'appartement, le jeune soldat allemand faisait le guet, attendant
on ne savait quoi, en grillant une cigarette.

Personne ne le remarqua.

À l'appartement, Sofia fut heureuse de retrouver Eva, les
deux frères Rosenberg. Elle présenta Saint-Ex à Eva, qui n'avait
jamais entendu parler de lui si bien qu'elle ne fit pas de ronds
de jambes, et ne lui demanda pas d'autographe, ce dont il ne
se plaignit certes pas. Saint-Ex de toute manière expliquait,
maître de lui, comme s'il parlait à ses compagnons de vol, à son
mécanicien :

« Sofia et moi partons ce soir pour l'Égypte. Enfin si on se
trouve un taxi, mais j'ai confiance.

– Tatiana, maman veut que tu prépares ta valise tout de
suite.

– Pourquoi ?

– Bien parce que tu pars avec nous !

– Je ne veux pas, je veux rester avec Isaac et David.

– Mais non, voyons, c'est impossible. Il faut que tu viennes
avec nous, je ne peux pas te laisser seule ici.

– Ce n'est pas juste, protesta Tatiana. Parce que je suis un
enfant, je n'ai pas les mêmes droits que les grandes personnes.
Puis l'avion je n'aime pas ça, j'ai peur. »

Sofia hésitait.

« Je peux la garder, si tu veux », proposa timidement Eva,
tandis que Saint-Ex préférait ne pas s'en mêler, observait plutôt
la scène comme un romancier en quête de six personnages ou
d'un décor (modeste) pour un roman à venir.

Avant que Sofia n'eut le temps de répondre, Isaac applaudissait, s'approchait de Tatiana, la serrait dans ses bras.

« C'est vrai, tu vas rester avec nous ? »

Et elle regardait sa mère avec de grands yeux suppliants.

Au départ, certes, l'idée de laisser sa fille derrière elle, surtout en temps de guerre, lui avait paru insupportable.

Mais au fond, c'était peut-être moins dangereux que de partir vers l'inconnu, surtout en plein désert…

Et puis, sur le paquebot, elle s'était tout de suite entendue à merveille avec Eva. Rapidement, les deux femmes étaient devenues très proches l'une de l'autre, presque des sœurs, ce qui ne s'expliquait pas juste par leurs affinités naturelles et leur amour des enfants : la guerre – ou les désastres – sert souvent de catalyseur à l'amitié.

Pourtant, elle demeurait indécise.

Ce serait la première fois de sa vie qu'elle laisserait sa fille, alors, forcément, ça la stressait. Elle se tourna vers Saint-Ex pour lui poser une question dont la réponse lui permettrait peut-être d'arriver à une décision.

« Est-ce qu'on va être partis longtemps ?

– Non, on va juste faire l'aller-retour, on va être revenus demain, ou après-demain au plus tard. »

Bon, voilà qui était rassurant !

« Alors d'accord », fit enfin Sofia.

Tatiana trépignait. Isaac aussi. Mais pas David qui, au contraire, avait une tout autre idée dont il ne tarda pas à s'ouvrir :

« Si Tatiana a le droit de rester ici, moi j'ai le droit de partir avec vous ! » décréta-t-il comme si ce n'était pas négociable.

Cela prit un peu tout le monde par surprise, mais de toute évidence ne déplut pas à Saint-Ex : la ressemblance entre le petit prince et David était si grande.

« Euh, je ne sais pas si c'est ta place », objecta timidement Eva qui se tournait alternativement vers Saint-Ex et Sofia, comme pour obtenir leur approbation.

Ce fut Saint-Ex qui trancha.

«D'accord, mon petit homme, tu peux venir avec nous!»

David alla spontanément l'embrasser. Saint-Ex ébouriffa affectueusement ses cheveux blonds. Isaac le regarda comme s'il l'enviait tout à coup. Ou aurait aimé partir avec lui. Puis il regarda Tatiana. Il avait peut-être un petit béguin pour elle. Ou la peur de l'avion, va savoir. De toute manière, il préférait rester à Casablanca. Il adorait cette ville.

«Quant à toi, Bark, expliqua l'aviateur, tu restes ici avec eux pour les protéger en notre absence.

– Avec plaisir!»

Quelques heures plus tard, Sofia et sa fille se faisaient leurs adieux, et pleuraient à chaudes larmes, mais Isaac venait consoler sa nouvelle amie, qui lui lisait gentiment ses passages préférés du *Petit Prince*.

Vers neuf heures du soir, grâce à la complicité du chef de l'aéroport, qui le connaissait de réputation et bien entendu admirait ses exploits, Saint-Ex, accompagné de Sofia et David, partait en avion vers Dakhla, après avoir obtenu le feu vert du mécanicien, qui le regarda partir avec un sourire ambigu.

Un autre qui souriait, mais de manière moins ambiguë, c'était Helmut Gobbel qui, tapi à la porte d'un des hangars, vit leur avion prendre son vol, et ne put réprimer un petit ricanement vindicatif.

Ne restait plus qu'à s'occuper du sort de l'autre faux jumeau.

Il s'alluma une cigarette en pensant que ce serait… un jeu d'enfant!

# 17

Une cabine de pilotage, c'est étroit.

Du moins, ce l'était à l'époque de Saint-Ex, avec le modèle d'avion qu'il pilotait en général.

Mais ça l'était infiniment moins, aux yeux du célèbre auteur, qu'un bureau, comme celui où il avait dû croupir à ses débuts : il était fait pour les grands espaces, pour l'altitude, pour l'aventure !

Oui, chaque fois qu'il retrouvait un volant, Saint-Ex se sentait libre, respirait mieux, revivait, malgré ses nombreux accidents, sa santé déclinante, l'absurdité de la guerre.

Du reste, il avait tiré de ses premières expériences de pilote une logique du bonheur qui se résumait grosso modo à ceci : même seul dans le ciel il se sentait moins seul, et par conséquent plus heureux que dans un bureau peuplé. Ou dit autrement : même ne pas être seul dans un endroit qu'on exècre, c'est être seul !

Dans la joie de sa mission de pilote de l'Aéropostale – où il avait fait ses débuts – ou de jardinier ou d'instituteur, on n'est jamais seul, car on est enthousiaste, et par conséquent, étymologiquement, Dieu est en nous : c'est le meilleur et probablement seul véritable remède contre la solitude. Mais il y a aussi l'amour, je sais, quand on est vraiment ensemble.

Le gérant de l'aéroport lui avait prêté – c'était un peu cavalier de sa part, faut-il préciser ! – un magnifique Caudron Simoun C. 635, en sa belle livrée bleue, car il avait d'abord appartenu à la compagnie *Air Bleu*, avant d'être racheté par un richissime Monégasque qui ne volait que trois fois par année, et jamais l'été. Saint-Ex avait déjà piloté ce modèle dans le passé, une bête magnifique, qui lui rappelait de bons souvenirs.

C'était un quatre places, mais David, dont c'était le baptême de l'air, voulait être aux premières loges.

Il insista même pour que ce soit lui, pilote en herbe s'il en était, qui tienne le volant pour le décollage. L'aviateur accepta et posa ses larges mains sur les mains fragiles et tremblantes de David.

Dès que l'avion quitta le sol, le garçonnet éclata de rire, comme s'il assistait à un miracle, à un miracle par lui provoqué, de surcroît.

Puis il connut une sorte d'ivresse lorsque l'avion prit de l'altitude, que tout devint magiquement petit sous lui, et il se mit à pousser des cris de joie!

Il volait!

Il pilotait un avion!

Comme malgré lui, Saint-Ex pensa à la bicyclette à voile qu'il avait inventée au château de son enfance, et qui n'avait jamais pris son envol sauf dans sa folle imagination. Mais avec un vent de dos, l'effort sur les pédales était moindre, et parfois nul, et il pouvait commodément poser les pieds sur le guidon, siffloter comme un génie de l'aéronautique, et ça faisait rire ses sœurs, cette locomotion assistée par Éole, dieu des vents!

Comme était loin tout ce temps!

Oui, ce temps, à Saint-Maurice-de-Rémens, dans le Midi, où sa mère, Marie Boyer, devenue veuve à vingt-neuf ans et obligée de tout faire, de tout inventer, de tout prévoir, véritable fée de son enfance, avait été la probable artisane de son génie, lui enseignant la poésie, le théâtre, la vie d'artiste, en somme.

Sofia ressentait aussi une exaltation singulière, car elle s'envolait avec cet homme qu'elle admirait et dont elle était peut-être déjà amoureuse. Mais elle avait aussi, comme l'inévitable revers de cette trop magnifique médaille, un serrement au cœur: elle aurait aimé que sa fille Tatiana fût à ses côtés avec le petit David.

Le petit David qui, malgré sa folle exaltation, s'assoupit bientôt, il était tard pour lui. En le voyant fermer les yeux en dépit d'un ultime effort pour goûter chaque seconde de cette expérience pour lui fabuleuse, Antoine sourit avec attendrissement.

Puis il regarda en direction de Sofia, qui résistait tant bien que mal à la tentation du sommeil, réprimant des bâillements de plus en plus rapprochés. Elle comprit tout de suite ce que souhaitait son bel aviateur.

Elle prit délicatement David dans ses bras, l'assit et le sangla sur un siège puis revint s'asseoir, sourit à nouveau, puis la tête lui tomba : elle dormait. Saint-Ex sourit. Elle était belle, cette femme. Vraiment. Et intrépide. Et peut-être amoureuse. Car à peine quelques heures après avoir fait sa connaissance, elle était prête à partir avec lui au bout du monde au presque, vers une lointaine oasis du Sahara. N'est-ce pas la plus simple, la plus véridique et en tout cas la plus romantique définition de l'amour ?

Saint-Exupéry regarda devant lui.

À nouveau pilote de nuit.

Comme à ses débuts.

Il était seul.

Car veiller lorsque les autres dorment autour de nous, c'est être seul : si vous en doutez, pensez à Jésus au jardin de Gethsémani !

Avec ses disciples incapables de prier à ses côtés malgré son exigence, qui vaut encore aujourd'hui.

Seul.

Mais au volant de son magnifique avion.

Ému par la beauté de la nuit étoilée.

Et, bizarrement, malgré l'horreur de la guerre, son absurdité infinie, toutes ces bombes, tous ces morts, ces jeunes soldats tués, qui avaient une mère, un père, des frères, des sœurs, mal-gré tous ces morts, soldats ou civils, à Paris, Londres, Varsovie et Auschwitz, bien sûr, partout en somme, oui, bizarrement, malgré tous ces empêchements de joie, cette horreur érigée en système, Antoine de Saint-Exupéry qui avait souvent failli payer de sa vie son dévouement infini à son pays, esquissa un sourire.

Peut-être par dérision, il est vrai, comme quelqu'un qui est revenu de tout, ça s'est vu! Surtout en temps de guerre, quand la raison du plus fort est toujours la meilleure, que le plus fort est un idiot, un artiste raté, un impuissant, un mégalomane.

On aurait dit que celui qui n'avait jamais voulu devenir une grande personne (et il avait de bonnes raisons, surtout pendant la guerre!) était redevenu pour un temps un enfant, et croyait à nouveau en la Vie, en tout cas en cet instant précis.

Après, il verrait bien : il ne faut pas bouder son plaisir, ni les lueurs, même fugaces, de son espoir!

Mais le sourire inattendu de Saint-Exupéry se transforma quelques heures plus tard en grimace.

D'étonnement d'abord, puis d'incompréhension, et enfin d'effarement!

# 18

Il venait de réaliser que l'aiguille de la jauge à essence était au plus bas.

« Merde de merde de merde! fit-il en frappant le volant. C'est impossible! Nous volons depuis à peine trois heures!»

Or l'avion avait une portée de cinq ou six heures, donc largement suffisante pour atteindre Dakhla.

*Dans dix ou quinze kilomètres tout au plus*, pensa Saint-Exupéry, *donc, à leur vitesse, dans quelques minutes à peine, ce serait la panne!*

Comment avait-il pu négliger, au départ, pareille vérification?

Et comment se faisait-il que le mécanicien n'avait pas fait le plein, opération pourtant de routine avant chaque départ?

*Inutile de spéculer*, songea-t-il.

Ce serait sans fin et stérile.

Il lui fallait régler son problème, et le régler tout de suite.

Il n'avait plus d'autre choix : il devait faire un atterrissage forcé.

À sept mille mètres d'altitude, ce n'était pas nécessairement une bonne nouvelle.

Surtout que, en plein désert, l'atterrissage serait peut-être fatal.

Alors, dans un mouvement d'une audace infinie, Saint-Ex coupa le gaz.

Et amorça sa descente.

Le triple juron avait éveillé Sofia.

Elle regarda tout de suite Saint-Exupéry, vit l'angoisse dans ses yeux, et à ce moment-là seulement se rendit compte que l'avion était parfaitement silencieux, et que…

Elle vit que les hélices étaient immobiles, ou presque, laissa tomber, affolée :

« Est-ce qu'on va s'en sortir?

— Oui, je vais redémarrer le moteur juste avant qu'on se pose.

— Ah bon, je… »

Elle n'était pas trop sûre de comprendre, mais qu'importait. Sans savoir pourquoi, elle se fiait à lui. C'était lui, l'aviateur, pas elle. Et il dégageait une sorte d'assurance tranquille.

Qui était peut-être juste une folle témérité.

Mais elle ne le savait pas.

Elle ne le connaissait pas encore, lui donnait le bénéfice du doute.

Au même instant, comme malgré lui, Saint-Exupéry pensa à la prédiction de madame Destinée qui, dans sa stupide boule de cristal, l'avait vu mourir en mer : il était en plein désert ! Curieusement, mais non sans une certaine logique, ça lui donna une sorte d'espoir.

Malgré son assurance, l'aviateur, qui avait des gouttelettes de sueur sur le front, se mit à penser aux accidents qu'il avait eus précédemment, et auxquels il avait forcément survécu, avec une chance chaque fois insolente, quasi inexplicable, à telle enseigne que, après avoir réussi miraculeusement à poser, en 1921, un poétique *Sopwith Camel* à doubles ailes dont le plancher était en flammes, le commandant Garde lui avait prophétisé : « Vous ne vous tuerez jamais en avion, sinon ce serait déjà fait. »

Mais là, au beau milieu de la nuit, et même si évidemment le désert figurait une piste d'atterrissage moins incertaine que les Pyrénées ou la Cordillère des Andes qu'il avait tant de fois survolées, et où la panne était en général fatale, l'atterrissage forcé était tout sauf facile. Ils volaient à six mille mètres maintenant, perdaient rapidement de l'altitude.

À trois mille mètres, Saint-Ex tenta de redémarrer le moteur.

Inutile effort !

Il fronça le front. Que se passait-il ?

Il durcit la mâchoire, fit encore tourner la clé dans le démarreur.

Rien. Sofia blêmit.

« Qu'est-ce qui se passe ? Le moteur... »

Il s'obstina à redémarrer l'avion, et dans son échec, fulmina si bruyamment qu'il réveilla le petit David.

L'enfant ne comprit pas que l'avion piquait, et, se frottant les yeux, un sourire ravi aux lèvres :

« On est déjà arrivés ?

– Pas tout à fait », préféra répondre Saint-Ex.

Et, se tournant vers Sofia, il ajouta :

« Vérifiez sa ceinture ! L'atterrissage va être sportif.

– D'accord ! »

La tâche accomplie, elle regagna son siège, consulta fébrilement l'altimètre, pensa à Tatiana qu'elle avait laissée derrière elle, et que peut-être elle ne reverrait jamais, et ce serait la plus stupide, la plus grande erreur de sa vie.

L'avion avait encore perdu de l'altitude et maintenant ne se trouvait plus qu'à mille mètres.

Sofia questionna Saint-Ex :

« Est-ce que nous allons… »

Nous écraser, ou mourir voulait-elle sans doute dire.

Mais il y avait David.

Qui, lui, trépignait, impatient de voir l'avion se poser, et leur aventure véritablement débuter, peu importe ce qu'elle serait ! Car Sofia s'était montrée plutôt vague à ce sujet, s'était contentée de parler d'une expédition dans le désert.

Saint-Exupéry ne répondit rien. À la place, il fit une ultime tentative, le front en sueur.

Le moteur redémarra enfin !

Les hélices se remirent à tourner !

Saint-Ex, radieux, plus excité qu'un enfant, s'abandonnant même à un fou rire, amorça enfin la véritable descente, tentant de repérer le meilleur site, la meilleure dune.

David ne contenait plus sa joie, applaudissait.

Sofia regardait avec fierté Saint-Ex. Quel homme!

Plus que sept cents mètres maintenant…

Cinq cents mètres…

Malgré la nuit, comme il n'y avait pour ainsi dire jamais de nuages dans le Sahara, on pouvait distinguer les dunes, roses sous la lune. Il y avait aussi parfois un revêtement de cailloux ronds et noirs, qui permettrait sûrement un meilleur atterrissage forcé.

Le désert était à leurs pieds maintenant, et Saint-Exupéry, hypertendu, tenait son volant, les doigts croisés, espérant que la chance, la *baraka*, en arabe, serait de leur côté.

Il calculait.

Pensait.

Pensait très fort.

Pour réussir cet atterrissage forcé.

Pour éviter la mort, surtout.

La sienne, mais aussi, mais surtout celle de ses passagers, de jeunes et belles vies, dont il se sentait tout à fait responsable.

Trois cents mètres…

Deux cents mètres…

Plus que quelques secondes maintenant…

Il serra le volant, serra les dents.

Sofia priait, David exultait.

*In extremis*, Saint-Ex repéra une dune parfaite.

S'il pouvait se poser une trentaine de mètres avant elle, il s'en servirait comme tremplin.

S'envolerait à nouveau.

Quelques précieuses secondes.

Ce qui lui permettrait de sauver son avion.

Peut-être même son train d'atterrissage.

Il donna un coup de volant, et redressa habilement l'avion juste avant de toucher la dune.

Cinq secondes plus tard, l'avion bondissait à nouveau dans le ciel.

Comme Saint-Ex l'avait habilement planifié.

David n'en revenait pas, tapait des mains à tout rompre, criait comme si c'était ainsi que les choses se passaient normalement, en somme que c'était tout sauf un atterrissage forcé.

«Bravo! Bravo! Est-ce qu'on peut encore sauter dans les airs?»

Il se croyait à bord d'un manège.

Saint-Ex ne lui répondit pas. Il fixait le désert, se préparait au nouveau contact.

Qui ne tarda pas.

Cette fois-ci sur des pierres noires et rondes qui formaient un tarmac fort acceptable.

Au bout de trois cents mètres, l'avion s'immobilisa enfin, comme par miracle.

Et le moteur cessa de tourner... sans que Saint-Ex ne l'éteignît! Il leva alors les yeux vers le ciel. Il avait pris la bonne décision en coupant les moteurs en plein vol. Sinon, il aurait assurément manqué d'essence avant de toucher le sol, et alors l'atterrisage aurait été catastrophique.

Peut-être y avait-il un Dieu, au fond.

Ou alors c'était son incroyable sang-froid, son sens de l'improvisation.

«Ah! c'est déjà fini!» déplora David.

Au lieu de lui répondre, Saint-Ex regarda Sofia.

Ils étaient tous deux incrédules, éblouis.

Ils étaient surtout... sains et saufs!

Sofia se mit à pleurer de joie.

Elle reverrait Tatiana.

Ses belles joues baignées de larmes, elle sourit à Saint-Exupéry : non seulement avait-il du génie dans ses écrits, mais aussi dans la vie.

Et au volant d'un avion, rare combinaison.

Ça la porta à croire qu'elle avait eu raison.

De se donner tout de suite en pensée à lui.

Pour une femme, c'est comme se jeter dans le lit d'un homme.

Malgré son âge et les quelques kilos qui avaient épaissi sa taille jadis athlétique, il sauta comme un chat du cockpit et s'empressa de vérifier le train d'atterrissage.

Il ne semblait pas trop endommagé : ils pourraient repartir, aussitôt le plein refait.

Sofia et David l'avaient suivi hors de l'avion, excités par ce premier contact, même nocturne, même accidentel, avec le Sahara. Tous deux en étaient à leur première véritable expérience du désert, malgré quelques jours passés à Casablanca : ça ne comptait pas vraiment.

« On fait le plein et on repart ! décréta Saint-Ex triomphalement.

– On n'est pas encore arrivés ? » s'étonna le jeune David, qui ne se formalisait pas qu'il n'y eût autour d'eux strictement rien : pas d'oasis de Dakhla ou autre, en tout cas certainement pas de ville, juste des dunes, du sable, des pierres rondes et luisantes et noires.

« Non, il nous reste au moins deux heures de vol.

– Ah ! » fit avec dépit David qui, comme pour se consoler de cette mauvaise nouvelle, se mit à éplucher une des deux oranges qu'il avait apportées de Casablanca.

Son crucial examen du train d'atterrissage accompli, Saint-Ex ne perdit pas une seconde, remonta dans l'avion, marcha vers l'arrière de la cabine, prit d'une main ferme deux bidons d'essence.

Mais lorsqu'il ouvrit le premier pour faire le plein, la plus désagréable, la plus terrifiante surprise du monde l'attendait pour un pilote d'avion perdu au beau milieu du Sahara !

# 19

Ça lui sauta tout de suite aux yeux.

Ou pour mieux dire au nez.

Il ne respira pas l'odeur caractéristique – poétique pour un pilote, surtout un pilote en panne –, de l'essence.

Ça ne sentait pour ainsi dire rien !

Étrange !

Certes, Saint-Ex faisait encore de la fièvre, et était sans doute enrhumé, mais de là à…

À ne pas reconnaître l'odeur banale du carburant !

Avec une inquiétude grandissante, il se colla le nez contre l'ouverture du bidon : ça ne sentait pas l'essence, mais l'eau, en fait l'eau de mer !

Il en versa une infime quantité dans le creux de sa main, la goûta : c'était effectivement de l'eau salée ! Il grimaça, jeta l'eau, mais pensa aussitôt que ça devait être une erreur, que les autres bidons contenaient assurément de l'essence.

Il les ouvrit à toute vitesse, les respira.

De l'eau !

Ils contenaient tous de l'eau de mer !

Du premier au dernier !

Saint-Exupéry semblait atterré. Sofia l'avait suivi vers l'arrière de l'avion, voyait sa panique :

« Que se passe-t-il ?

– Ce n'est pas de l'essence, mais de l'eau !

– Qui a bien pu nous jouer ce sale tour ? »

Au moment précis où elle lui posait cette question, Saint-Exupéry revit à nouveau, dans un éclair, le sourire ambigu du mécanicien qui, à l'aéroport, lui avait donné le feu vert.

« Le mécano à l'aéroport, trancha-t-il.

– Le mécano ? s'étonna Sofia. Mais pourquoi ?

– Quelqu'un a dû le payer. Un confrère jaloux de mes tirages.

– Un confrère jaloux de vos tirages ?

– Non, je plaisante.

– Alors qui ?

– Peut-être un Allemand. »

Il avait raison et, en même temps, il avait tort.

C'était un Allemand, mais pas pour les motifs qu'il croyait. Helmut Gobbel avait payé et surtout menacé à la pointe de son *Luger* le mécano d'abord réticent pour qu'il sabotât l'avion dès qu'il avait su, après avoir suivi Saint-Exupéry et ses deux passagers de l'appartement jusqu'à l'aéroport, que c'est le magnifique Caudron Simoun C. 635 qui les emporterait – ou pas ! – vers Dakhla.

« Un Allemand ?

– Ils n'aiment pas mes livres, c'est une des raisons pour lesquelles je suis allé vivre deux ans à New York. Je dois avoir plus d'ennemis que je pense, et pas seulement dans Paris occupé.

– Mais qu'est-ce qu'on va faire ?

– Je n'en ai aucune idée. »

Un homme d'idées comme Saint-Exupéry, qui n'avait aucune idée, ce n'était pas exactement réjouissant comme nouvelle! Sofia blêmit, pensa à nouveau à sa fille, et se sentit affreusement coupable de l'avoir laissée derrière elle. Comme bien des femmes, elle cultivait la culpabilité comme un jardinier cultive les radis!

Elle se consola pourtant à la pensée que c'était sans doute mieux: sa fille deviendrait orpheline, certes, mais au moins elle vivrait.

Mince consolation! Elle la perdrait quand même.

Non, ce qu'il aurait fallu, c'est qu'elle reste avec elle à Casablanca. Mais elle avait tellement le sentiment qu'elle devait partir avec le bel aviateur de génie, comme si son destin passait par lui et par lui seul…

Saint-Ex et elle restèrent un moment silencieux, se regardant, visiblement découragés. Puis Sofia, dont l'instinct maternel reprenait le dessus, même en l'absence de Tatiana, demanda:

«Où est David?»

Le bel enfant était resté dehors et admirait le ciel magnifiquement étoilé en dégustant son orange. Il adorait ce fruit, nouveau pour lui, et dans sa petite tête, il l'avait comparé à un soleil portatif et sucré. À Paris, surtout en temps de guerre, les oranges étaient aussi rares que de la merde de pape, et comme en plus son papa était toujours fauché même s'il était un génie.

À un moment, pour la première fois de sa vie, il avait aperçu une étoile filante.

Émerveillé, et, croyant que Sofia et le monsieur qui avait écrit le livre de Tatiana étaient restés hors de l'avion avec lui, il se tourna, pour les inviter à partager avec lui ce spectacle inouï.

Mais au lieu de les voir, il découvrit le reptile le plus redoutable du désert: un varan!

Le plus grand, le plus terrible, le plus carnivore des reptiles du Sahara, qui s'avançait vers lui, agitant sa longue queue, sa langue bifide comme en une impatiente anticipation du facile festin à venir !

David, qui n'avait jamais vu de varans, ni même de reptiles, sauf dans des livres, souriait, curieux et ravi : il croyait s'être fait un nouvel ami.

Il détacha un quartier de son orange, qu'il tendit au varan en se penchant vers lui.

Lorsque, à travers le hublot, Sofia vit le varan du désert qui mesurait au moins un mètre de long, et dont la langue ne cessait de siffler hors de son horrible bouche, elle crut mourir de peur, et laissa échapper un cri, les yeux arrondis par la terreur.

# 20

Nadia avait apporté une rose rouge à sa vieille grand-mère, toujours hospitalisée, toujours magnifique et noble en son peignoir noir avec le palmier et l'adorable fennec aux grandes oreilles sur sa poche mouchoir, gardien attentif de son incertaine mémoire. Et tout de suite, la vénérable Sofia lui avait demandé, vraiment férue de la science des fleurs, abandonnant *Terre des hommes*, qu'elle lisait comme si c'était sa bible :

« Tu as rencontré quelqu'un ?

– Mais pourquoi me demandes-tu ça, grand-maman ? » fit Nadia, non sans une légère contrariété.

Car personne n'aime qu'on lise en lui comme dans un livre ouvert, sauf si c'est son voyant et qu'on l'a payé pour la chose, justement.

« Bien, une rose rouge, c'est l'amour ! »

Nadia n'osa pas contredire sa grand-mère.

Ni lui mentir.

Car lorsqu'elle avait compris, chez *Cartier,* éblouie par l'étoile du petit prince enfin exprimée de sa gaine, que sa grand-mère ne délirait pas complètement au sujet de son passé, elle avait tout de suite pensé : *elle a peut-être eu raison au sujet de mon A-V-E-N-I-R !*

Amoureux.

Le seul qui l'intéressait vraiment en cette période, ce passage à vide, ces limbes de sa vie.

Même, ça l'avait exaltée, cette prescience de sa grand-mère, car c'était peut-être le remède de cette maladie, de cette calamité de se dire : *Personne ne me veut, personne ne me désire, tout le monde au fond se moque de ce que je dis, de ce que je pense, de ce que je vis : je suis seule.*

Aussi, même si elle pleurait chaque fois qu'elle revoyait *Casablanca,* Nadia s'était docilement rendue au célèbre *Rick's Café Américain.* Pourtant, pour se protéger contre une possible fausse joie (ou peut-être craignait-elle, en même temps qu'elle le recherchait, le grand amour), elle ne portait aucun bijou, n'avait pas une trace de mascara ou de rouge. Et elle avait évité tout décolleté qui eût pu donner d'elle un sentiment de frivolité – ou un banal vertige à un homme – avait banni toute robe courte qui eût fait la publicité de ses jambes magnifiques.

Toutefois, après une petite heure qui lui avait paru une éternité et au cours de laquelle elle avait éloigné trois ennuyeux, dont un qu'elle avait dû gifler, car il était titré (un comte ou un marquis) et se croyait tout permis ; au moment de tirer sa révérence, contre toute attente, un homme l'avait accostée.

Un peu trop beau.

Un peu trop jeune.

Un peu trop riche.

Même si elle avait éprouvé pour lui un émoi rare depuis des ans : elle ne se souvenait même plus quand !

Il lui avait fait la cour la plus éperdue, lui avait même offert son trousseau de clés garni en bagnoles et autres propriétés en assurant :

«Tout cela est à toi, si tu dis simplement oui !»

Elle n'avait pas pris les clés, mais plutôt, sourire aux lèvres, l'avait tendrement souffleté sur la joue gauche en lui disant :

«Tu es drôle, toi ! Tu as déjà pensé faire du cinéma ?»

Sans se décourager de cette première rebuffade, il lui avait offert du champagne.

Elle n'avait pas dit non.

Avait plutôt dit *sicuro,* ce qui veut dire «bien sûr» en italien.

Mais elle n'avait pas dit oui quand il lui avait demandé, après deux magnums de Cristal, de le suivre chez lui.

Ou plutôt à l'hôtel, car il habitait Monaco, où il était banquier, et faisait des affaires d'or. C'est du moins ce qu'il disait. Mais dans un bar, dans un bar fréquenté par bien des désespérés, des voyageurs ou des noceurs, comment savoir avec un homme, même sapé dans un costume Zegna, avec une cravate de soie ?

«Alors, tu as rencontré quelqu'un, oui ou non ? insista la grand-mère de Nadia.

— Euh oui, admit-elle, une rougeur honteuse aux joues.

— Au *Café Américain* ?

— Oui.

— Et il s'appelle comment ? demanda la grand-mère.

— Marc Antoine.

— Ah !» fit-elle avec déception.

Puis tout de suite, son mouvement de contrariété passé, elle triompha :

«Comme je pensais !

– Mais tu m'avais dit que je rencontrerais un homme qui s'appellerait César.

– Marc Antoine lui aussi a été empereur, comme César, je me suis juste trompée de quelques années, c'était son successeur.

– Ah! d'accord!» admit Nadia avec complaisance.

Elle n'avait pas pensé à ce détail historique, d'ailleurs, l'histoire ancienne, elle s'en moquait, la seule chose qui l'intéressait c'était sa propre histoire.

Du reste elle pensa que c'était quand même un peu tiré par les cheveux, cette histoire de César ou Marc Antoine.

«Il est trop jeune pour moi, grand-maman. Il a seulement trente-deux ans.

– Même s'il avait le même âge que toi, s'il ne t'aime pas vraiment, il va te quitter quand ce qui est sous tes jupons ne le fera plus rêver. La plupart des hommes sont comme ça, ils cherchent juste la nouveauté. Alors même s'il est plus jeune que toi, s'il t'aime d'amour vrai, tu as quoi à perdre?

– Tu as sans doute raison, grand-maman. Je vais y penser.

– N'y pense pas trop longtemps! Des hommes comme lui, jeune, riche et beau, et surtout, SURTOUT, amoureux fou de toi, tu n'en rencontreras pas tous les jours.

– C'est vrai.

– Mais tu aimes peut-être plus la plate solitude que la vie à deux. Il y a des femmes comme ça. Avant il y avait des couvents. Maintenant, il n'y en a plus, mais il y a beaucoup de célibataires.»

Nadia ne commenta pas, préféra faire une diversion:

«Ce que j'aimerais surtout savoir, grand-maman, c'est la suite de ce que tu m'as raconté, hier soir, au sujet du petit David.»

La veille, en effet, sa grand-mère avait dû interrompre son palpitant récit lorsque l'infirmière était venue lui faire sa piqûre pour la nuit. Tout de suite après, l'octogénaire s'était endormie : l'hôpital ne lésinait pas avec les doses, vu le personnel réduit.

« Est-ce que le varan…

– Le varan ? Il y en avait trois.

– Trois quoi ? fit Nadia avec affolement.

– Trois varans, je viens de te le dire. »

La jeune femme poussa un cri d'effroi : le petit David n'avait aucune chance !

# 21

Tous les sens en alerte, Saint-Ex se pressa de sortir de l'avion, puis s'avança à pas de loup vers David, pendant que Sofia, restée dans la cabine, son bel œil bleu rivé contre le hublot, priait tous les saints du ciel que rien ne lui arrivât.

L'enfant, tout sourire, s'était penché vers le varan et lui tendait un quartier d'orange. Le reptile s'approchait, mais au lieu de regarder le fruit, fixait plutôt le pied de David, nu dans sa sandale.

Oui, le reptile qui lançait sans discontinuer sa langue bifide, semblait surtout s'intéresser à la frêle cheville de l'enfant.

« David », dit d'une voix très douce Saint-Ex, qui ne voulait surtout pas irriter le varan, le provoquer, le pousser à une attaque précipitée, « tu vas reculer lentement vers moi.

– Mais pourquoi ? » demanda David en se tournant vers le pilote.

« Parce que c'est un reptile très dangereux qui n'a peut-être pas mangé depuis cinq jours.

– Bien, c'est pour ça que je veux lui donner une orange.

– David, je te dis de… »

Mais l'enfant, faisant fi de l'avertissement, posait le quartier d'orange sur les cailloux ronds et noirs. Le varan fit un pas rapide vers l'avant et happa le morceau, l'avala sans même le mâcher, comme il eût fait avec un petit rat, une vipère à cornes, un scarabée, son menu habituel, rien de très végétarien, puisqu'il est essentiellement insectivore et carnivore, avec de rares exceptions, comme celle-là, étonnante, inquiétante.

« David, je t'en supplie ! Viens, maintenant… », fit Saint-Ex, cependant que Sofia, depuis l'avion, préférait fermer les yeux pour ne pas voir ce qui arriverait.

Son visage était aussi infiniment déformé par l'inquiétude que si ç'avait été sa fille Tatiana qui avait été là, innocente, inconsciente, devant ce reptile aussi affreux que dangereux.

« Non, il a encore faim ! » s'obstinait David, qui détacha un autre quartier d'orange de son fruit, et cette fois-ci, plus audacieux encore ou plus follement téméraire, le tendit directement vers la gueule du varan qui, comme s'il appréciait l'offrande, fit sortir sa langue, dont il effleura le fruit, toucha même la main de l'enfant comme pour en apprécier à l'avance la tendreté.

« David ! »

Et alors, comme surgis de nulle part, deux autres varans apparurent dans la nuit, et ils se déplaçaient à une vitesse surprenante.

« David, viens, viens !

– Mais non, c'est son papa et sa maman qui arrivent pour manger avec lui ! »

L'enfant entretint cette dangereuse illusion pendant quelques secondes, mais lorsque le « papa » et la « maman », qui faisaient aisément un mètre cinquante de long, ouvrirent largement la gueule et se mirent à siffler de manière terrifiante, David comprit.

Que peut-être c'est à lui qu'on en voulait !

Et les dommages collatéraux seraient effroyables.

Mais la compréhension d'une chose parfois ne suffit pas à l'action. Souvent, à la place, on fige. Comme le fit David.

Saint-Ex, avec sa force herculéenne, décuplée par le danger, prit l'enfant dans ses bras et courut à toute vitesse vers l'avion en espérant échapper aux varans ulcérés – et à une mort horrible !

# 22

« Les hommes ne savent pas ce qu'est une orange… » Je me dis aussi : « Nous sommes condamnés et encore une fois cette certitude ne me frustre pas de mon plaisir. Cette demi-orange que je serre dans la main m'apporte une des plus grandes joies de ma vie… Je m'allonge sur le dos, je suce mon fruit, je compte les étoiles filantes. Me voici, pour une minute, infiniment heureux. »

Ce passage émouvant, que toute femme, que tout homme blasé et insatisfait de son sort devrait lire *ad nauseam* ou plutôt jusqu'à ce que le bonheur jaillisse en son cœur comme l'eau d'un puits du désert qu'on a cru condamné, c'est Antoine de Saint-Exupéry qui l'a écrit, évoquant son accident au désert de Libye, après que son mécano Prévot eut découvert, dans les débris de leur avion, une orange miraculeuse.

Qu'ils avaient partagée.

Saint-Ex y pensait en cet instant.

Dans son avion en panne, alors que tout près de lui dormaient paisiblement David et Sofia, la tête de l'enfant confortablement posée sur la poitrine de la Vénitienne, et c'était pour lui une couche royale, ces seins d'une vraie reine.

Saint-Exupéry avait réussi à échapper aux redoutables varans, montant *in extremis* dans l'avion (il y avait littéralement jeté l'enfant), et Sofia avait longuement serré David dans ses bras, comme s'il avait été Tatiana, et pleuré de soulagement et de joie, puis elle avait fait sa toute naturelle enquête : qu'est-ce qui va nous arriver ?

Antoine avait simplement répliqué, pour se montrer rassurant, et plus probablement parce qu'il ne connaissait pas la réponse :

« Dormons ! La nuit porte conseil. »

Sofia et l'enfant avaient obtempéré. Lui s'était allumé une Camel, exquise en la circonstance, n'avait pas omis de regarder, avec nostalgie, l'enfant dans la jambe du chameau du Sahara.

*Il ferait quoi, le lendemain ?*

Chacun, à certains moments de sa vie, se questionne sur son avenir.

Mais, dans pareille situation, les réponses étaient urgentes.

Car c'était bien entendu une question de vie ou de mort.

Quand Antoine, beau et noble en sa réflexion, s'endormit enfin, au petit matin, il n'avait pas encore trouvé la solution.

Lorsqu'il se réveilla, Sofia dormait encore à ses côtés, fraîche comme une rose, mais David avait disparu !

Saint-Ex se leva d'un bond, regarda vers le fond de l'avion.

Pas de David…

Alors où pouvait-il être passé ?

Il sortit de l'avion, vit tout de suite le petit garçon.

Qui, appuyé contre une des roues, dormait à poings fermés.

À moins que…

À moins que ce ne fût d'un sommeil éternel !

Et alors il était mort et froid malgré la chaleur déjà considérable, à sept heures du matin, ça donnait déjà dans les 40 degrés ou presque !

Car il y avait autour de l'angélique David, terribles, effroyables, épouvantables, les traces en « S » que laisse derrière elle – et autour de ses victimes – la mortelle vipère des sables !

# 23

Le cœur battant, Saint-Ex s'empressa de secouer le bras de l'enfant.

David se réveilla aussitôt, esquissa un large sourire, l'œil clair, comme seuls l'ont les enfants ou les fous de Dieu, et évidemment quelques rares artistes, qui sont les deux.

Saint-Ex respira mieux.

L'enfant était vivant.

« Pourquoi es-tu sorti de l'avion ? » lui demanda Saint-Ex sur un ton de reproche, mais sans excès, car il était surtout content qu'il fût vivant, ce qui était le principal.

« Il faisait trop chaud. »

C'était vrai.

Incontestable.

La cabine de l'avion en panne avait agi à la manière d'une bouilloire sous le soleil matinal.

D'ailleurs, c'est sans doute ce qui avait réveillé Saint-Ex, qui avait de grosses gouttes de sueur au front, et dont la chemise était détrempée lorsqu'il avait ouvert l'œil.

Rien de bien prometteur pour la journée, car le jour, dans l'été saharien, le thermomètre pouvait grimper bien au-delà de 50 degrés.

« Tu te sens bien ? Tu n'as mal nulle part ?

– Oui, je me sens bien.

– Tu es sûr ? Aucun engourdissement au bras ou ailleurs ?

– Non. Pourquoi me demandez-vous ça ?

– Pour rien. »

Et Saint-Ex respirait déjà beaucoup mieux : les angoisses que parfois les enfants nous procurent, bien involontairement !

« On arrive quand ? » demanda David avec enthousiasme.

« Euh, je ne sais pas… Je… Il faut que j'établisse une communication radio…

– Je vais pouvoir parler à la radio ? » fit David qui frappait des mains par anticipation de ce plaisir inattendu, une autre première pour lui, comme l'avion !

« Oui, peut-être que je… »

L'homme et l'enfant réintégrèrent l'avion.

Saint-Ex tenta d'établir la communication radio. Ça ne marchait pas.

La radio avait été sabotée !

Comme les réservoirs d'essence…

Comme…

Une pensée effroyable venait de traverser l'esprit de Saint-Exupéry, et tout son visage s'était décomposé.

Il se précipita vers sa gourde, en dévissa prestement le bouchon, goûta l'eau !

Qu'il recracha aussitôt !

« Qu'est-ce qu'il y a ? demanda l'enfant. Pourquoi vous crachez l'eau ?

– Pourquoi vous crachez l'eau ? » demanda comme en écho Sofia, qui s'éveillait, et dont le beau front était traversé par une ride aussi inhabituelle que profonde, car elle venait d'assister à ce geste aussi incompréhensible que disgracieux.

« Est-ce que je peux boire ? J'ai soif ! annonça David.

– Non, pas tout de suite, tu… »

Saint-Ex fouilla leurs sacs à dos : ils étaient uniquement lourds parce qu'on y avait remplacé leurs provisions par des pierres !

Il prit à part Sofia, demanda à voir sa gourde, dont l'eau douce, bizarrement, avait aussi été troquée contre de l'eau de mer !

De l'eau tout à fait imbuvable, qui demandait aux reins plus d'eau que ce qui en resterait et donc conduisait rapidement à la déshydratation, bientôt à la mort. Et à laquelle par conséquent il fallait absolument résister, malgré la plus grande soif.

« Ah ! conclut-il, infiniment abattu, il y a vraiment quelqu'un qui nous en veut ! »

Démocratique, Saint-Ex tint alors un conciliabule.

Car il fallait prendre une décision.

Une décision qui est toujours la plus difficile en cas de panne.

Surtout dans le désert.

Où le dilemme demeure invariablement le même : doit-on rester à bord de l'avion ou s'en éloigner, partir ?

Vers du secours, une oasis, une ville, une caravane peut-être.

Rester, c'est évidemment bénéficier de la protection – surtout nocturne – de l'avion.

C'est aussi, en tout cas dans le Sahara, jouir d'une certaine ombre.

Et c'est bien sûr courir la chance qu'on viendra vous secourir.

Seul ennui, Saint-Exupéry était non seulement parti de nuit, mais incognito.

Et de toute évidence, le mécano ne soulèverait pas le petit doigt pour leur envoyer du secours, même s'il avait prévu leur destin.

Autre argument de l'aviateur expérimenté pour ne pas rester dans l'avion : la ligne Casablanca-Caire était fréquentée, mais celle, beaucoup plus au Sud, qu'ils avaient empruntée vers Dakhla, ne l'était pour ainsi dire jamais, surtout à cette période de l'année, en plein été, où même les oasis n'étaient recherchées que par les habitants du désert, rarement sinon jamais par les touristes, surtout en temps de guerre.

Mais Saint-Exupéry, ayant estimé mentalement la distance parcourue depuis Casablanca, se réjouissait pourtant à l'idée que son avion s'était écrasé – ou plutôt avait fait un atterrissage forcé brillamment réussi ! – à environ cinquante kilomètres du trajet d'une caravane de marchands maures, si du moins sa mémoire du désert ne lui jouait pas de mauvais tours !

En marchant à quatre kilomètres à l'heure (il ne pouvait espérer progression bien plus rapide avec un jeune enfant de sept ans, qui serait bientôt assoiffé et affamé, et une jeune femme peu rompue à l'austérité du désert) ils atteindraient peut-être le trajet des caravaniers le lendemain, et seraient recueillis par des Bédouins amicaux – ou sensibles au négoce.

Il y en avait.

Mais certains étaient cruels.

Féroces.

Sans pitié.

« On ne peut pas rester ici, trancha Saint-Ex. Il faut partir.

– Ah ! Mais est-ce que je peux boire ?

– Non.

– Bon, alors, mangeons cette orange ! »

Comme un véritable magicien, David tira de la poche arrière de son pantalon une orange qu'il éplucha en un tourne-main sans couteau ni cuillère. Véritable Salomon qui s'ignore, il partagea le fruit en trois sections parfaitement identiques, et en offrit une à Sofia et l'autre à Saint-Ex.

Ce dernier agita la main, commettant un mensonge blanc.

Ou plutôt orange.

« Je n'aime pas les oranges. »

L'imitant noblement, Sofia refusa aussi l'offrande enfantine, expliqua :

« Je suis allergique aux oranges.

— Ça veut dire quoi, allergique ? vérifia David.

— Ça veut dire que je ne peux pas manger d'oranges.

— Moi, est-ce que je suis allergique ?

— Euh, non, je ne crois pas, Eva me l'aurait dit, fit Sofia en ébouriffant les cheveux de l'enfant. Mange, maintenant ! »

Elle échangea avec Saint-Ex un regard inquiet, pour ne pas dire affolé, car l'un et l'autre savaient que ce serait son seul repas. Probablement de toute la journée.

Et peut-être aussi, hélas, le dernier et fort frugal repas de sa vie !

# 24

L a première heure, ce fut comme un jeu.

Pour protéger l'équipée contre les redoutables rayons du soleil saharien, Sofia avait confectionné des burnous de fortune pour l'enfant, Saint-Exupéry et elle, à même des robes neuves (à preuve, elles portaient encore leur étiquette !) que le riche propriétaire de l'avion avait oubliées dans la soute et qui étaient peut-être destinées à sa femme, ou plus probablement à ses maîtresses, car les tailles en variaient de manière aussi considérable que suspecte.

Charmant dans son costume de Maure fait à partir d'une robe rouge originalement destinée à la plus menue des compagnes du riche et infidèle Monégasque, David découvrait la splendeur du désert, les dunes immenses, le vent dans le sable, la pureté du ciel sans nuages.

Et il marchait d'un bon pas, un sourire figé sur les lèvres, comme un petit aventurier qui n'était certes pas insensible à sa tenue nouvelle, une sorte de déguisement, ce qui est toujours excitant pour un enfant.

Mais au bout de deux heures, il commença à traîner les pieds.

Le soleil devenait plus ardent, la chaleur étouffante.

Il demanda :

« On mange quand ?

– Bientôt, bientôt… », fit Sofia, qui voulait faire à Saint-Ex l'économie d'un nouveau mensonge, et de surcroît ne pas trop décourager l'enfant.

« Et le puits, on y arrive quand ? »

Le puits, Saint-Ex lui avait expliqué, que souvent, dans le désert, il y en avait.

Seulement, il fallait être patient.

Comme en toutes choses dans la vie.

Sans lui préciser que, dans ce cas, c'était une question de… vie ou de mort, justement.

Et que si leur patience n'était pas bien vite couronnée de succès, ce serait…

Oui, il fallait se montrer patients, et surtout espérer que leur chance serait double, que non seulement elle leur permettrait de tomber sur un puits, mais qu'il ne serait pas tari.

Sofia, elle, aussi énergique en ses débuts, n'avait pas tardé à montrer des signes de fatigue.

Saint-Ex prit l'enfant sur ses épaules.

Même si déjà il portait une malle dans laquelle il avait fourré quelques objets qui pourraient leur être utiles au cours de leur expédition, et qu'il avait trouvés pour la plupart dans l'avion : une gamelle, des ustensiles, une lampe à l'huile, de la ficelle, un couteau, un jeu de cartes...

Et derechef, ce fut comme un jeu pour David, sur les épaules de ce géant, Saint-Ex.

Puis un nouveau jeu se produisit ou en tout cas, une source tout à fait inattendue de divertissement.

Car un criquet pèlerin, qu'on appelle aussi sauterelle du désert, vint se poser sur la main gauche de l'enfant.

La main gauche de l'enfant qui tenait le capuchon sur la tête de Saint-Ex, comme il se serait retenu à la crinière d'un cheval.

L'insecte de forte taille, car c'était une femelle et elles sont bien plus grosses que les mâles, ne semblait pas farouche pour cinq sous.

David put même l'admirer de plus près en approchant sa main de son visage.

Puis tout excité par la présence de l'insecte, il le montra à Saint-Ex.

Qui s'arrêta aussitôt de marcher.

David crut qu'il était ébloui par le charme, plutôt équivoque, de la sauterelle du désert.

Mais Saint-Ex était plutôt terrorisé.

«Qu'y a-t-il ?» demanda Sofia qui, lorsqu'elle avait noté que Saint-Ex ne marchait plus à ses côtés, s'était immobilisée et s'était tournée vers lui.

Pour toute réponse, il tendit le doigt devant eux.

Et ce fut au tour de Sofia de grimacer d'effroi !

# 25

Car il y avait à l'horizon un nuage sombre d'au moins cent mètres de haut qui progressait à vive allure en leur direction.

«On dirait qu'il va pleuvoir!» fit David tout excité.

Et aussitôt il rendit au criquet pèlerin sa liberté. Il prit sa gourde, que Saint-Ex n'avait eu d'autre choix que de vider, et la déboucha avec un empressement qui faisait plaisir à voir, et en même temps était triste. Un large sourire aux lèvres, il la tendit vers le ciel, comme si l'averse imminente allait commodément la remplir.

«On va enfin pouvoir boire!» annonça-t-il triomphalement à Sofia et Saint-Ex.

«Ce n'est pas un nuage de pluie, c'est une nuée de sauterelles! expliqua Saint-Ex.

– Ah!» fit David, sans grande réaction, et qui pourtant se résigna à revisser le bouchon sur sa gourde.

Sofia, elle, se rembrunissait, comprenait le terrible danger qui allait s'abattre sur eux.

Saint-Ex déposa aussitôt l'enfant, posa la malle sur le sable, l'ouvrit à toute vitesse, pour en faire un bouclier, – et un filet – contre la meurtrière nuée de sauterelles.

«Couchez-vous tout de suite derrière la malle!

– Pourquoi?» demanda David qui, comme bien des enfants, posait toujours des questions.

«Couchez-vous! Vite!»

La nuée de sauterelles se trouvait maintenant à quelques centaines de mètres d'eux. On entendait le terrifiant bourdonnement de leurs millions ou pour mieux dire de leur milliard d'ailes, car c'est l'importance fréquente de pareils essaims.

Sofia fut la première à se jeter derrière la malle, Saint-Ex le deuxième, et il fallut qu'il prît David par la manche de son burnous de fortune. Il le tira vers eux, car il était littéralement subjugué par la marée ailée qui maintenant n'était plus qu'à vingt pas d'eux, volant à une vitesse prodigieuse, augmentée, il est vrai, par un fort vent du désert.

Saint-Ex se tourna vers Sofia, croisa les doigts. Elle les croisa elle aussi.

David, qui croyait peut-être que c'était un code entre les grandes personnes, et qui ne voulait pas être en reste, les imita et croisa aussi les doigts.

Sofia le vit, esquissa un sourire amusé et indiqua du regard à Saint-Ex de se tourner vers l'enfant, qui était allongé à sa gauche, dans le sable brûlant, trop mignon dans son burnous écarlate qui le faisait ressembler à un Indiana Jones junior. L'aviateur se tourna vers lui, fut ému de sa naïveté, mais lui appuya pourtant aussitôt sur la tête, alarmé par le vrombissement maintenant assourdissant de la nuée de sauterelles et, ce faisant, ordonna :

« Reste couché, David ! Et surtout, n'ouvre pas la bouche ! »

La nuée de sauterelles arriva jusqu'à eux, qui générait un bruit vraiment infernal, comme celui de cent orchestres philharmoniques, de Berlin ou New York, dont chaque docile musicien aurait joué la même note, une note aiguë et quasi insupportable, stridente à l'excès, une sorte de prodigieux *cluster* qui vous menaçait le tympan de rupture fatale.

Il fallut bien trois ou quatre minutes au nuage de sauterelles pour survoler Saint-Ex et ses compagnons de fortune, tout le désert s'assombrit, devint pour ainsi dire nocturne, comme s'il s'agissait d'une éclipse totale.

Lorsque le bruit s'atténua enfin, et que la lumière solaire revint, qu'il n'y eut plus que quelques sauterelles retardataires dans les airs, Saint-Ex s'agenouilla et referma brutalement la malle.

« Qu'est-ce qu'il y a ? Pourquoi faites-vous ça ? » demanda Sofia, qui s'agenouillait à son tour dans le sable brûlant et était adorable en sa posture et sa charmante inquiétude.

Saint-Ex se contenta de répondre, un sourire suave aux lèvres.

« Madame est servie ! »

# 26

Une irrépressible moue de dégoût sur ses lèvres autrement remarquables, Sofia regardait fixement la sauterelle grillée que le célèbre aviateur tendait vers elle.

« Est-ce que… ? »

Il ne lui avait fallu que quelques secondes pour comprendre l'empressement, pour ne pas dire la précipitation de Saint-Ex à refermer la valise.

Elle ne lui avait pas seulement servi de bouclier, mais aussi, astucieusement, de piège improvisé, car il connaissait le désert et ses ressources insoupçonnées.

Il avait bien dû y attraper une centaine de sauterelles dont une bonne moitié s'échappa, mais dont les autres passèrent de vie à trépas sous une pluie de coups de poing et de tapes. Dont la première moitié avait été assurée par Saint-Ex, et l'autre par David qui, excité par l'étonnant exercice, assassina avec joie tout autant de criquets pèlerins.

Puis, sur la lampe à l'huile allumée avec un briquet commodément trouvé sur le cockpit de l'avion, Saint-Ex avait fièrement fait griller le produit de cette chasse improvisée.

« C'est bon, vraiment bon ! » assura Saint-Ex.

La jeune femme demeurait sceptique.

David, lui, en était en fait à son troisième criquet pèlerin, semblait enchanté de cette gastronomie saharienne.

« Est-ce que je dois aussi manger les pattes et les ailes ? » s'informa Sofia comme pour vaincre ses ultimes réticences.

« Non, bien sûr. Vous pouvez les arracher.

— Ah ! bon », fit-elle, à demi rassurée.

Mais l'opération lui paraissait périlleuse. D'ailleurs quand elle s'y attaqua, elle se piqua sur les aiguillons qui hérissent les pattes postérieures comme les épines les rosiers. Elle porta son doigt à sa bouche, pour en sucer le sang qui en avait aussitôt jailli. Saint-Ex afficha un air sincèrement désolé.

Sofia se reprit, parvint enfin à arracher la patte, mais elle vint avec une partie de l'abdomen, cuit à souhait, ce qui acheva de la dégoûter si bien qu'elle conclut :

« Finalement, je n'ai pas vraiment faim ! »

Et, les lèvres pincées, les narines plissées, elle remit l'insecte à Saint-Ex, qui le démembra et le croqua avant de lui offrir la tête en lui proposant :

« Un peu de cervelle, *bella* ? C'est plein de protéines ! »

Elle ne le prit pas vraiment bien. Pensa peut-être qu'il la trouvait sans cervelle – elle était jeune, et belle, pas Parisienne, mais Vénitienne ! En tout cas, elle se leva, visiblement ulcérée, et s'éloigna de quelques pas.

Comme si elle avait besoin de solitude pour bouder.

Ou méditer.

David et Saint-Exupéry se regardèrent comme deux vieux complices, levèrent en même temps les yeux au ciel, secouèrent la tête. Ils semblaient dire silencieusement, mais de concert, semblables à deux soldats qui auraient fait ensemble la guerre : *les bonnes femmes* !

Ensuite, David se régala d'une bonne dizaine de sauterelles, Saint-Ex se limita à trois ou quatre : trop de foie gras, de cognac et de champagne lui avaient défait l'estomac, sans compter ses nombreux accidents d'avion, jamais une très bonne nouvelle pour vos organes internes.

Il s'épongea le front, le soleil était de plomb. Il consulta sa montre-bracelet : il n'était même pas encore midi ! Il pensa qu'ils n'iraient pas bien loin, sans eau, sans véhicule, sans nourriture, et songea à sa panne d'avion dans le même désert, quelques années plus tôt, où il avait failli mourir de soif, mais avait été sauvé, au tout dernier moment, avec son mécano, par un Bédouin, probablement quelques heures à peine avant de mourir de soif.

Il se réfugia dans les volutes inquiètes d'une Camel méditative.

Insouciant, David, visiblement repu, ravi par son repas au menu inattendu, souriait. Et il sourit encore plus lorsque, contre toute attente, comme surgi de nulle part, un papillon vert vint voleter autour de sa belle tête blonde, comme si sa lumière l'avait irrésistiblement attiré.

« Oh ! s'exclama-t-il, regardez, un papillon vert ! »

Sofia, qui était revenue de son dégoût – ou de sa méditation – s'était approchée, et elle aussi sembla enchantée de voir cet insecte très certainement plus poétique qu'un criquet pèlerin et qu'on ne lui offrirait certainement pas grillé, comme déjeuner improvisé.

Saint-Ex, lui, était livide.

Et ses grands yeux bruns, que recouvrait une paupière alourdie par l'âge, regardaient vers l'horizon : un malheur n'arrive jamais seul !

# 27

Car il s'était immédiatement rappelé la dernière fois qu'il avait vu un papillon vert.

Accompagné de deux libellules.

Le trio annonçait... une redoutable tempête de sable !

Qui repoussait devant elle tous les insectes, les oiseaux.

Le problème est que la tempête pouvait durer un, deux, cinq ou même dix jours ! Si elle se prolongeait le moindrement, ils n'y survivraient pas.

Le sable entrerait dans leurs poumons à la fin, malgré toutes leurs précautions, leur burnous, et leur brûlerait les yeux. Ils ne pourraient aller nulle part, ce serait une éclipse du soleil encore plus complète et plus funeste qu'avec la nuée d'un milliard de sauterelles.

Saint-Ex scruta l'horizon, et il lui sembla que, à un kilomètre ou peut-être un peu davantage, un nuage noir qui partait du sol et s'élevait vers le ciel progressait en leur direction.

Mais c'était peut-être un mirage.

Un mirage né de son désespoir.

Ou du désert.

Comme il en avait parfois été victime dans le passé.

Mais normalement, c'était des choses rassurantes qu'il croyait voir.

Des palmiers, un puits.

Une lente caravane de Maures sur leurs chameaux indolents et lents.

Une oasis inespérée, même.

Là, c'était horrible...

Sofia, qui le devinait déjà, lui demanda :

« Qu'est-ce qu'il y a ? C'est une autre nuée de sauterelles ?

– Non… C'est… »

Et il préférait ne pas dire ce que c'était, mais son visage ne s'éclairait pas, bien au contraire.

Pourtant il fallait bien qu'il s'y résignât…

Et qu'il annonçât que, peut-être, mieux valait faire une prière à Dieu ou se faire ses adieux parce que là…

Mais alors, contre toute attente, la chose la plus inattendue du monde se produisit, comme si une fois de plus la chance – ou la Providence, divine ou pas – intervenait dans la vie de Saint-Exupéry.

# 28

Un fennec, infiniment mignon, était venu se planter devant David !

Il semblait surgi de nulle part.

De quelques dunes, de quelque terrier invisible, où il élevait peut-être sa famille, vivait avec sa compagne avec qui, romantiques à souhait, ceux de son espèce s'accouplent pour la vie.

Un peu plus menu que les habituels représentants de sa race, l'adorable *vulpes zerda*, au pelage presque blanc, pesait à peine un kilo, ce qui ne l'empêchait pas d'afficher de surprenantes oreilles qui dépassaient aisément dix centimètres de haut, véritables pavillons ou pour mieux dire radars sonores qui faisaient de lui, surtout la nuit, un redoutable chasseur.

Ce plus petit de tous les canidés de la terre, qui lui conférait avec justesse le surnom de renard de poche, était pourtant doté, selon toute apparence, d'un cerveau étonnant.

En tout cas, il faisait une véritable pantomime devant David, le regardait fixement, se tournait de manière intentionnelle vers sa gauche, comme pour lui indiquer le chemin à prendre.

«Oh! regardez, le petit renard! s'exclama l'enfant, ravi par la longueur de ses moustaches. Ce qu'il est beau! Est-ce que je peux jouer avec lui?»

Le premier réflexe de Saint-Exupéry aurait sans doute été de rabrouer l'enfant, car c'était tout sauf le temps de s'amuser, avec ou sans *vulpes zerda*, avec cette tempête de sable à l'horizon. Mais au fond, philosopha le bel aviateur, assagi par l'éminence de la mort, pourquoi ne pas s'amuser une dernière fois... avant de mourir? Y a-t-il meilleur usage à faire des derniers moments de sa vie, à part peut-être prier? Et alors, prier qui et pourquoi? Les horreurs de la guerre rendaient incrédule à ce délicat sujet.

«Pourquoi pas?» dit Saint-Ex. Et il fixa à nouveau l'horizon. Le sombre nuage s'avançait inexorablement vers eux, et maintenant nul doute ne pouvait subsister dans son esprit expérimenté: c'était bel et bien une tempête de sable!

Charmée par le renard des sables, Sofia s'était avancée vers David, souriait, oublieuse sans doute de ce nouveau danger que Saint-Ex ne lui avait d'ailleurs pas signalé, comme s'il ne voulait pas lui avouer qu'il fallait déjà se dire adieu, ce qui était un peu bête, un peu triste, un peu tragique même, à peine quelques heures après avoir fait sa romantique rencontre.

Comme s'il avait compris qu'il ne lui suffisait pas de regarder vers sa gauche pour que David le suivît, le petit renard fit quatre ou cinq pas en cette direction, puis regarda David, et attendit.

Comme David ne le suivait pas, il abaissa ses immenses oreilles, prit l'air le plus piteux du monde puis revint sur ses pas.

Arrivé près de David, il redressa ses oreilles surdimensionnées qui étaient plus grandes que sa face, comme pour lui envoyer un message d'optimisme, ou pour l'exciter, s'approcha cette fois-ci vraiment près de lui. On eût dit qu'il était apprivoisé ou surmontait sa peur naturelle des humains pour donner à l'enfant le message que lui avait confié on ne savait qui.

David ne put résister à la tentation de se pencher vers lui surtout que le renard des sables s'était assis et tendait sa patte droite. Devant un Saint-Ex émerveillé qu'un fennec sauvage fût si peu farouche et une Sofia qui s'émouvait de la tendresse de la scène, David tendit sa paume droite.

Le fennec y posa sa patte et David s'étonna de sa douceur, nota alors que son dessous était un véritable tapis de velours.

«Oh! s'émerveilla-t-il en se tournant vers Saint-Ex, il a du poil sous sa patte!

– C'est pour pouvoir mieux marcher sur le sable brûlant, mon enfant», expliqua Saint-Ex, savant en ces choses du désert.

Mais ce n'était sans doute pas pour ça que le fennec avait posé sa patte dans la main éblouie de David, car il la retira presque aussitôt, regarda à nouveau vers sa gauche, puis se mit à courir en cette direction, s'arrêta, regarda vers David, et comme ni lui, ni Saint-Ex, ni Sofia ne semblaient résolus à le suivre, il continua sa course vers le désert d'où il était venu.

Saint-Ex esquissa un sourire triste, puis regarda encore une fois en direction de la tempête de sable, qu'on pouvait maintenant distinguer avec plus de précision – et ce n'était pas un spectacle très réjouissant.

«Le renard veut qu'on le suive!» dit David.

Saint-Ex ne daigna pas répondre, Sofia voulut raisonner l'enfant :

«Il retourne probablement chez lui.

– Non, il veut qu'on le suive!» jeta avec détermination l'enfant, sûr de son fait.

Et sans demander l'avis des grandes personnes qui ne comprenaient décidément vraiment rien, il se mit à courir après le fennec.

« David ! cria Sofia. Qu'est-ce que tu fais ? Reviens tout de suite ici ! »

Mais David courait de plus belle, tentait de rattraper l'adorable renard de poche.

« David ! fit en écho Saint-Ex, qui s'étonnait de la désobéissance de l'enfant, reviens tout de suite ici ! »

David faisait fi de leurs ordres.

« On n'a pas le choix », fit Saint-Ex, avec un haussement d'épaules résigné.

Il fourra en vitesse la lampe qui leur avait permis de faire griller les sauterelles dans la malle, qu'il referma promptement et dit :

« Il faut le rattraper avant que la tempête de sable ne nous frappe.

— Une tempête de sable ? demanda avec affolement Sofia.

— Oui, si elle dure plus qu'une heure, on est... »

Il n'eut pas à dire ce qu'ils seraient. Sofia le devinait.

Ils se mirent tous deux à courir pour rattraper l'enfant qui, lui, tentait de rattraper le fennec blanc.

Au bout de cinq cents mètres à peine, déjà à bout de souffle, tout en sueur, vu la chaleur écrasante, ils s'immobilisèrent, incrédules, car le spectacle le plus inouï se présenta à leur vue.

# 29

Se dressait en effet devant eux, inattendu, inespéré, un fort de taille plutôt modeste qui avait été construit puis abandonné par les Italiens battus quelques années plus tôt par les Anglais, malgré la présence du célèbre Renard du désert, le général allemand Erwin Rommel. Sur son toit flottait, décoloré, déchiré, percé par le feu de l'artillerie ennemie, mais tout de même reconnaissable, le drapeau vert, blanc et rouge de l'Italie.

Ce fut un baume pour Sofia lorsqu'elle l'aperçut, et ça lui arracha un grand sourire, mais vite réprimé vu la tempête de sable. Elle y vit bien entendu un signe de la Vie, comme si l'Italie qu'elle aimait tant, et qui lui manquait déjà cruellement, malgré son mari, l'avait suivie au fond du désert. Car comme elle ne connaissait rien de l'Occupation nazie dans le nord de l'Afrique, la présence de la bannière tricolore avait quelque chose d'irréel, de magique.

Mais elle n'avait pas le temps bien sûr d'épiloguer sur cette coïncidence étrange, la tempête de sable les avait atteints maintenant, et c'était terrible. Il était difficile de voir trois mètres devant eux. Sofia ralentit. Le sable lui mordait les joues, lui piquait les yeux. Elle avait l'impression d'étouffer. «Voilez votre bouche comme ça», lui cria Saint-Ex.

Et il lui montra comment faire avec le tissu de son capuchon de fortune. Elle l'imita. Il prit sa main libre, ça la troubla, même si les circonstances étaient tout sauf romantiques. Mais elle se sentait protégée.

Par la large main de l'aviateur qui enveloppait la sienne, plutôt menue.

«Venez, vite!»

Elle se laissa entraîner.

Devant eux, David avait rejoint le charmant fennec, et ils arrivaient à la porte du fort. L'enfant voulut l'ouvrir. Mais elle était barrée. Ou en tout cas elle résista à sa menotte.

Ce que voyant, Antoine, sans poser de questions, l'enfonça d'un seul coup d'épaule après avoir abandonné la main de Sofia.

Le fennec, qui sans doute comprenait le terrible danger de la tempête de sable, fut le premier à se réfugier dans le fort, suivi de David et de Sofia.

Une fois entré, l'aviateur s'empressa de refermer la porte derrière lui.

Et il ne put s'empêcher de laisser échapper un soupir de soulagement et de penser que le petit David avait eu raison : le renard des sables avait *vraiment* voulu lui parler !

Et les avait sauvés d'une mort certaine. Et assurément personne n'aurait eu l'idée de tenter de les secourir au beau milieu d'une tempête de sable qui interdisait tout vol, et stoppait toute caravane, même la plus intrépide.

Le premier soin de Saint-Exupéry fut de fermer le plus vite qu'il put tous les volets du fort, ce qui le plongea dans une demi-obscurité. Mais pas assez grande pour ne pas apercevoir la plus touchante des scènes.

C'est que, malgré son intrépidité, le fennec s'était mis à trembler, et de l'eau lui montait aux yeux, qu'il écarquillait, comme s'il ressentait la peur à retardement, ce qui arrive, même aux plus braves des êtres, et qui est mieux que de l'éprouver avant d'agir, et en conséquence de ne jamais rien tenter, triste sort de la majorité !

David se pencha tout de suite vers le renard des sables, dont la fourrure en était d'ailleurs pleine et se mit à le flatter, en le rassurant :

« Pas besoin d'avoir peur ! Tu es avec moi, maintenant, mon petit loup ! »

C'était le nom qui lui était spontanément venu à l'esprit, et il lui allait comme un gant.

De renard blanc.

L'assurance fit effet, ou ce furent les caresses, car petit à petit le fennec cessa de trembler.

Attendrie, Sofia s'était approchée avec, comme par magie, un peigne à la main, tiré on ne savait d'où : les femmes ont toujours leurs petits secrets même au fin fond d'un désert !

Était-ce pour le renard des sables ?

Qui sûrement s'effaroucherait de ce traitement…

Non…

C'était pour la blonde chevelure de David, que Sofia voulait dégager de tout le sable qui l'avait envahie.

Il se laissa faire, sa mère lui manquait assurément.

Sa mère si belle, si tendre, qui était restée avec son père dans ce grand hôtel mystérieux.

À Auschwitz.

Où les enfants ne pouvaient pas toujours rester dans la même chambre que leurs parents.

C'est en tout cas ce que sa maman lui avait expliqué.

Il avait trouvé la chose triste, et légèrement inexplicable, mais son père, génie des mathématiques, lui avait assuré qu'il lui donnerait la solution, la clé de l'énigme.

En temps et lieu.

En temps et lieu, une expression de grandes personnes que l'innocent David n'était pas tout à fait sûr de comprendre. Mais comme c'était une explication de grandes personnes, elle devait bien vouloir dire quelque chose, à la fin !

Le peigne dans son abondante chevelure blonde faisait admirablement son travail, en extrayait patiemment le sable, grain après grain, comme autant de détestables poux dans une tête infestée.

Et Saint-Ex qui assistait à la scène émouvante, avait les larmes aux yeux, comme si…

Saint-Ex se ressaisit.

Il fallait faire un inventaire du fort.

Peut-être, avec un peu de chance, y avait-il quelque chose à manger. Il fallait bien évidemment que ce fût des aliments en conserve. Les garnisons en gardaient généralement parce que, dans le désert, le ravitaillement tardait souvent.

Il ouvrit chaque tiroir, chaque armoire, et à la fin découvrit une boîte de sardines.

Il en saliva.

Ça leur ferait un repas.

Modeste, mais mieux que les criquets pèlerins !

« J'ai trouvé quelque chose à manger ! » triompha-t-il, en brandissant la boîte.

Mais lorsqu'il l'ouvrit enfin, une odeur nauséabonde s'en exhala.

Tout le monde fut déçu.

Même le fennec, qui semblait tout comprendre sans qu'on n'ait rien à lui expliquer, ce qui est exactement le contraire de bien des grandes personnes, disparut bientôt par une anfractuosité dans un mur du fort, et revint à peine cinq minutes plus tard avec un gros scarabée. Qu'il laissa tomber, comme un serviteur docile, aux pieds de l'aviateur, éberlué par tant de ruse et d'efficacité !

« Vous en voulez, Sofia ? » vérifia-t-il, encore ébloui par l'étonnante intelligence du renard.

Pour toute réponse, Sofia grimaça.

« Son corps contient plus de 70 % d'eau », expliqua savamment Saint-Exupéry pour la convaincre.

Détail insuffisant pour déchaîner la gourmandise de l'exquise jeune femme.

Mais opératoire auprès de celle, immédiate, de l'enfant, qui arrondit les yeux et tendit la main.

Il démembra le scarabée et l'avala d'une seule bouchée, sourit avec ravissement.

« C'est pas aussi bon qu'un chocolat !

– Voilà qui est sage ! » le félicita pourtant l'aviateur.

L'enfant se pencha ensuite vers le fennec et lui murmura quelque chose à l'oreille.

Le petit renard disparut à nouveau, par la même fissure dans le mur.

« Qu'est-ce que tu lui as dit ? Que tu avais encore faim ? » le questionna Saint-Ex, intrigué.

« Je ne lui ai rien dit ! répliqua l'enfant.

– Je comprends, tu veux garder ton secret. »

David se contenta de sourire de manière énigmatique. Comme s'il était dans le secret des dieux. Ou d'un petit fennec blanc. Ce qui, en la circonstance, était peut-être mieux.

Saint-Ex pensa qu'il leur faudrait prendre leur mal en patience, espérer que la tempête de sable ne durât pas trop longtemps.

Dehors on entendait le sifflement du vent, sa longue complainte.

Dix minutes plus tard, le fennec, chasseur redoutable, revenait avec une nouvelle capture : une vipère à cornes !

David applaudissait, sautait de joie.

Saint-Exupéry était épaté.

Sofia, totalement dégoûtée.

« Cette fois-ci, il va falloir que vous mangiez ! insista l'aviateur.

– Moi, manger du serpent, jamais ! protesta-t-elle.

— C'est pas un serpent, c'est une vipère à cornes, expliqua Saint-Ex.

— Une vipère, en plus! Ouache!» fit la jeune femme en grimaçant, au bord du vomissement.

Parce que du serpent, c'était une chose, et fort répugnante, en tout cas pour les novices en la matière, mais une vipère, c'était trop. L'aviateur tenta sans grande conviction de la faire changer d'idée par un raisonnement drolatique:

«Bien, si vous fréquentez les salons littéraires, les vipères, vous devez avoir l'habitude de vous en taper!

— Justement, je ne les fréquente pas. Je viens de Venise, pas de Paris! En Italie, on a des musées, pas des salons!»

Il aurait certes pu rétorquer, non sans justesse: et le Louvre, ça ne compte pas? Mais, enchanté par le sens de la répartie de la jeune femme, il admit:

«Touché!»

Pourtant quelques minutes plus tard, lorsque Saint-Exupéry, qui semblait connaître tous les métiers, eut fileté et fait griller la vipère qu'il avait pris soin d'étêter, Sofia se laissa tenter. Elle se risqua à une première bouchée et dut admettre que ce n'était pas si mauvais, même si ça manquait visiblement de poivre noir et de moutarde de Dijon, dont elle aimait relever toutes ses grillades.

Elle réserva pourtant la dernière bouchée de son assiette au renard qui se tenait patiemment près de la table, tel un chien: après tout, il pouvait se targuer d'être un canidé, même s'il était le plus petit de tous!

Adorable en son immobilité, il attendait une maladresse d'un des dîneurs.

Ou une gentillesse.

À laquelle il croyait avoir droit: c'était lui et lui seul qui avait rapporté le repas, ou quoi?

Lorsque Sofia lui tendit discrètement le morceau, il s'empressa de l'emporter dans le coin le plus reculé de la pièce, au cas où elle changerait d'idée : les chiens font ça, les hommes aussi, à leur manière !

David, lui, avait absolument adoré la grillade improvisée et claironnait :

« Quand je vais dire à mon père que j'ai mangé du serpent, il ne me croira jamais ! »

Et se tournant vers Saint-Ex, il ajouta :

« Vous, monsieur le romancier, vous ne pourriez pas m'écrire un certificat ?

– Un certificat ?

– Oui, je veux dire, une petite lettre d'une page ou deux, avec votre signature bien sûr et votre titre de génie, pour prouver à mon père que je ne mens pas ?

– Oui », fit l'aviateur, charmé certes, mais qui devait tenter de dissimuler sa tristesse.

Sofia, elle, avait les yeux tout humides. Lorsque David s'en aperçut, il la questionna :

« Vous pleurez ?

– Non, c'est la moutarde qui me monte au nez. »

Elle avait dit ça sans doute parce que, justement, elle eût aimé sa moutarde de Dijon sur sa suspecte vipère à cornes !

« Quelle moutarde ?

– C'est juste une expression.

– C'est quoi, juste une expression ?

– Bien… »

Sofia manquait de mots, elle était encore jeune. Car octogénaire, elle soûlerait tout le monde de sa verve intarissable. Ou peut-être simplement était-elle lasse, ou encore trop accablée par la pathétique illusion de l'enfant au sujet de ses parents, qu'il croyait encore vivants ; si bien qu'elle se tournât en direction de Saint-Exupéry et lui fit une expression, justement, mais juste avec ses grands yeux bleus, qui donnait à tout homme digne de ce nom l'envie d'être heureux : c'était lui, le romancier, après tout !

Mais il n'eut pas à y aller de sa définition, car David haussa les épaules et dit :

« De toute façon, je le demanderai à ma maman. Elle lit tout. Elle a même tout lu *La Comédie des Humains* de Saint-Honoré. Il paraît que personne n'a réussi même s'il y en a qui le disent. »

Sofia et Saint-Ex sourirent, attendris. L'enfant parlait de *La Comédie humaine*, bien entendu. L'aviateur pensa qu'elle n'était pas très rigolote en cette époque, cette comédie, c'était plutôt une tragédie, n'en déplaise au grand Balzac qui avait pourtant connu les guerres napoléoniennes, et qui même avait voulu faire avec la plume ce que le célèbre général avait fait avec l'épée. Mais avec les nouvelles armes, les mitraillettes, les bombes, les camps de concentration, il ne restait plus rien du vieux sens de l'honneur qui avait caractérisé ces guerres même infiniment meurtrières.

Trop ému, Saint-Ex ne mangea que deux bouchées de vipère et abandonna le reste à David, qui raffolait de ce mets. L'aviateur le regarda se régaler en pensant que ce serait peut-être tout ce qu'il pourrait manger pendant longtemps.

Et il s'avisa que le fennec avait eu la main heureuse, si l'on peut dire, mais que plus la tempête de sable durerait, plus la chasse serait ardue, car tous les habitants du désert disparaissaient.

De toute manière, ce n'était pas ça qui comptait.

Ce qui comptait, c'était que la tempête de sable ne durât pas trop longtemps.

Puis évidemment, de trouver de… l'eau !

Ou de tomber par hasard – et le plus tôt possible – sur une caravane amicale !

Sinon…

« On arrive quand ? » demanda David après le repas qui était plus un goûter, vu qu'une vipère à trois, avec cornes ou pas, ça ne faisait guère un banquet, loin de là.

On aurait dit qu'il avait lu dans la pensée de l'aviateur.

« On va voir demain matin.

– Si mon père était là, il pourrait nous le dire, se vanta avec naïveté David.

– Vraiment ? questionna Saint-Ex.

– Oui, parce que mon père, c'est un professeur de mathématiques, il peut tout calculer. Tout.

– Ah ! c'est bien, les mathématiques. Moi aussi j'ai toujours adoré. »

Il échangea un autre regard entendu et triste avec Sofia.

Qui avait évidemment appris de la bouche d'Eva le terrible sort des parents de David.

Et elle en avait évidemment informé Saint-Ex.

« Tiens, je viens d'avoir une idée, fit le romancier, comme pour créer une diversion à sa propre tristesse, je vais te faire un tour de cartes. »

Il trouva le paquet de cartes dans la malle, et, assis à la table, il en fit un véritable éventail de ses mains de prestidigitateur, puis suggéra à David :

« Allez, choisis une carte ! »

Amusé, l'enfant en prit une, qu'il montra discrètement à Sofia, qui lui fit un clin d'œil.

C'était un roi de cœur.

Elle regarda Saint-Ex : il *était* son roi de cœur. Quelle jolie confirmation de la Vie !

Nous en avons constamment, mais les voyons rarement, car nous ne regardons pas à la bonne place.

« Regarde-la bien et remets-la dans le paquet ! »

David s'exécuta. Saint-Ex referma les cartes, en fit trois piles sur la table, puis deux, puis une seule, sous l'œil de Sofia.

« Maintenant, prends la carte sur le dessus du paquet ! »

L'enfant obéit, mais ne la regarda pas tout de suite, la serra plutôt contre sa poitrine, comme s'il voulait la cacher.

« Mais regarde-la ! »

David regarda enfin la carte : le roi de cœur !

Il poussa un cri de joie. Montra la carte à Sofia qui sourit, impressionnée, tandis que le petit renard, lui, tournait en rond dans la pièce, comme s'il cherchait une autre proie, ou avait flairé quelque danger.

« Encore ! fit l'enfant. Mais cette fois-ci, je vais choisir une carte plus difficile.

— Il va choisir une carte plus difficile », répéta l'aviateur, comme si la chose le terrorisait.

Sofia sourit, et Saint-Ex la trouva particulièrement belle en ce moment précis. Était-ce parce qu'il sentait un désespoir de plus en plus grand monter en lui et que c'est juste en ces instants qu'on voit vraiment la beauté des choses – et des êtres ?

David pigea cette fois-ci un quatre de trèfle, le remit dans le paquet et Saint-Ex parvint encore, malgré des manœuvres plus nombreuses et étourdissantes de dextérité, à lui tirer la bonne carte. L'enfant, qui n'en revenait pas, applaudit à tout rompre.

La jeune femme demanda :

« Est-ce que je peux tirer une carte, moi aussi ?

— Mais oui, pourquoi pas ? »

Elle toisa l'aviateur avec défiance, extrait de sa main aux longs doigts fins – ça faisait rêver un amateur de caresses ! –

une carte du paquet, la dame de cœur, qu'elle prit soin de montrer à David, pour avoir un témoin.

Elle la remit avec des précautions infinies dans le jeu et surveilla attentivement l'aviateur tandis qu'il accomplissait avec une dextérité éblouissante tous ses tours de passe-passe. On aurait dit qu'elle le soupçonnait de tricherie, ou plutôt était persuadée qu'elle pourrait détecter la manœuvre qui rendait possible l'illusion : l'aboutissement de la carte choisie sur le dessus du paquet, invariablement.

Enfin Saint-Ex forma un paquet unique devant la jeune femme, qui n'avait pas quitté ses belles mains magnétiques des yeux, l'invita à retourner la carte. Elle le fit aussitôt, triompha, comme si son attention maniaque avait déjoué Saint-Ex : ce n'était pas la dame de cœur, mais l'as de pique !

« J'avais pigé la dame de cœur ! » triompha-t-elle.

Mais l'« échec » ne parut pas débouter Saint-Ex le moins du monde, et, contre toute attente, il fit d'une voix emplie de reproches :

« David !

– Qu'est-ce que j'ai fait ? » protesta l'enfant.

Et au lieu de lui répondre, Saint-Ex tira de derrière l'oreille droite de l'enfant la fameuse dame de cœur et la remit à Sofia.

Elle était vraiment épatée. Elle esquissa une moue de contrariété, admit noblement sa défaite, tandis que David applaudissait à nouveau. Puis presque sans transition, il bâilla.

La journée avait été longue, épuisante, chargée d'émotions.

« Viens », fit Sofia, qui le prit par la main et le conduisit vers le lit unique de la pièce.

Elle le coucha, le borda.

« Tu ne te couches pas à côté de moi, comme ma maman ? »

Comment refuser ça à un enfant ?

Surtout à un enfant qui ne reverrait jamais plus sa maman !

« Mais oui, pourquoi pas ? céda-t-elle avec tendresse. Mais juste un peu, car il est trop tôt pour moi. »

Pourtant une fois que sa tête eut touché l'oreiller, Sofia bâilla elle aussi et cinq minutes plus tard, elle dormait à poings fermés !

Le petit fennec, dont la ronde avait été inutile, et qui ne semblait pas vouloir être en reste comme s'il était déjà apprivoisé, se joignit à eux et s'endormit aux pieds de David.

Saint-Ex, qui était un éternel oiseau de nuit, désert ou pas, les contempla affectueusement et s'alluma une Camel, après avoir compté non sans angoisse celles qui lui restaient dans son paquet : seulement cinq !

Il noircit une bonne dizaine de pages d'un cahier qu'il avait fourré dans sa malle avant de partir. Puis à la fin du dernier passage, juste pour s'accorder une pause, car il était cruellement privé de son stimulant coutumier, le café, il posa la tête sur la table, sur ses bras comme oreiller et ferma les yeux.

Juste pour apaiser provisoirement la brûlure légère de ses yeux.

Il fut réveillé par ce qu'il crut être un bruit de poulie.

Ou plutôt celui d'une pompe qu'on actionne.

Mais avait-il rêvé ?

Ou halluciné, phénomène banal au désert.

Il tendit l'oreille.

Rien.

Il abandonna sa chaise, comme prêt pour l'action, l'aventure, qui avait été une bonne moitié de sa vie et sans doute davantage, si on y regardait de plus près. Il s'alluma une autre cigarette, comme il faisait chaque matin, qu'il eût ou non passé une nuit blanche.

Il lui fallut plusieurs secondes.

Oui, il lui fallut plusieurs secondes pour se rendre compte que le fort était parfaitement silencieux.

Et le désert aussi !

Il arrondit les yeux, ahuri : ça voulait dire que…

Ça voulait dire que, contre toute attente, un miracle s'était produit : la tempête de sable, brève s'il en fut, avait cessé !

D'ailleurs, la preuve en était qu'une vive lumière perçait à travers les interstices des volets. Le soleil n'était plus masqué par le sable !

Saint-Ex se précipita vers la porte, mais quand il l'ouvrit, une avalanche de sable lui tomba dessus, entra dans le fort.

Il s'en moquait éperdument.

Il était trop excité, il ne tenait plus de joie !

Car le ciel était d'un bleu parfait, chose courante, en général, mais pas après une tempête de sable !

L'aviateur gravit la montagne de fortune, qui devait bien faire un mètre et demi de haut, en redescendit, fit quelques pas de côté, cigarette aux lèvres.

Il remarqua aussitôt qu'il faisait déjà au moins 35 degrés, peut-être plus : c'était l'été, c'était le Sahara.

Saint-Ex nota aussi un détail qui, la veille, lui avait échappé, ce qui était bien excusable, car il était arrivé en catastrophe au fort.

Ce détail qui n'en était peut-être pas un à la fin, est que le fort avait une cour. Arrière. Prudemment clôturée par une palissade de bois.

Saint-Ex haussa les sourcils comme si…

Comme si l'espoir luisait en lui, comme un brin de paille dans l'étable, aurait joliment dit Verlaine.

L'aviateur se rendit alors compte que peut-être il n'avait pas rêvé en entendant un bruit de pompe.

Un ange était peut-être venu l'actionner dans son rêve.

Car il y avait effectivement une pompe !

Ce qui voulait dire qu'il y avait un puits !

# 30

L'aviateur rentra à toute vitesse dans le fort, dont la porte, encombrée par le sable, était forcément restée ouverte. Il s'empara de la pelle qu'il avait repérée peu avant, mais, dans son enthousiasme, renversa la fourche et le râteau qui la côtoyaient, ce qui produisit un fracas tel que Sofia et David se réveillèrent en sursaut.

Saint-Ex n'en avait cure.

Pelle en main, qui pouvait être le banal et pourtant combien nécessaire instrument de son destin, il ressortit à toute vitesse.

David s'écria, en se frottant les yeux, infiniment charmant en son lapsus matinal :

« Papa s'en va où ? »

Sofia esquissa un sourire triste, David avait peut-être rêvé à son père : les morts rendent parfois mystérieusement visite à ceux qu'ils viennent de quitter et aiment, comme pour les rassurer, les instruire sur leur avenir, leur vie nouvelle, qui pour eux est juste un réveil.

Sofia, aussi belle le matin qu'à son coucher, car elle usait de peu de fard, si bien que le démaquillage ne la défigurait pas, ignorait où s'en allait « papa », mais elle ne tarderait pas à le savoir.

« Viens ! » dit-elle à David, et elle parvint à le tirer du lit, où il serait volontiers resté plus longtemps.

Le petit fennec s'était levé sur-le-champ et le regardait avec impatience, en redressant ses longues oreilles le plus haut qu'il pouvait ; alors ça lui donnait un encouragement.

Sofia, David et le petit fennec ne tardèrent pas à rejoindre Saint-Ex, en suivant ses pas dans le sable.

L'aviateur tentait avec l'énergie du désespoir de dégager la pompe du puits, pour pouvoir l'activer.

Enfin il y parvint.

Il jeta la pelle.

Se courba sur la pompe.

Appuya sur elle de tout son poids.

Une fois, deux fois, dix fois !

Pas la moindre goutte d'eau !

Rien !

*Nada.*

Le puits était mort. Sans doute depuis longtemps.

Depuis la fuite des soldats italiens. Et peut-être même avant. Ce qui n'était pas étonnant. Et pourtant l'aviateur s'était laissé berner par une lueur d'espoir.

Découragé, il se laissa tomber sur les genoux, se prit la tête à deux mains.

« Qu'est-ce qu'il fait ? » demanda David, que la scène intriguait.

Sofia bafouilla, même si elle savait parfaitement le drame qui venait de se passer :

« Euh, une prière…

– Ah ! comme ma maman ! Elle aussi croit au bon Dieu. Mon papa, lui, il croit juste aux chiffres. C'est parce que c'est un génie. Il dit que Dieu, on ne peut pas le comprendre. »

Sofia eut envie de dire : « Il a raison, ton papa. Dieu, on ne peut pas le comprendre. Sinon, il ne m'aurait pas fait rencontrer mon idiot de mari. Et il est probablement mort, pas mon mari, hélas, mais Dieu, tout comme ton petit papa de génie. »

Elle n'avait pas lu Nietzsche, qui avait décrété ce sacrilège : « Dieu est mort », auquel un étudiant inconnu, mais vite célèbre, en un graffiti non moins célèbre, avait spirituellement répliqué : « Nietzsche est mort : signé Dieu ! »

Mais fallait-il vraiment connaître l'auteur d'*Ainsi parlait Zarathoustra* pour aboutir à aussi déprimante conclusion ?

Aussi Sofia opta-t-elle pour le silence, du reste familier au désert, et qui souvent est le meilleur choix, même si on s'en rend parfois compte trop tard.

La jeune femme avait, faut-il ajouter, une angoisse amoureuse.

Pour cet homme qui venait d'entrer dans sa vie.

Pour un jour.

Dix jours.

Dix ans.

Pour la vie.

Comment savoir en pareille situation ?

Elle regardait Saint-Ex.

Qui regardait dans le vide.

Car il devait prendre une décision.

La même au fond que celle prise au sujet de l'avion.

Qu'il fallait ou non abandonner.

Pour tenter leur chance.

Dans le désert.

Redoutable.

Inconnu.

À nouveau, ils firent le choix du désert, ou plutôt dirent oui lorsque Saint-Ex décréta : « On ne peut rester ici, il faut tenter notre chance ! »

Sofia avait murmuré un oui timide et inquiet.

David avait sauté de joie.

Tandis que tous trois se préparaient au départ, survint un incident amusant.

En effet, alors que chacun mettait ses effets personnels dans la malle unique qui avait commodément servi de piège aux criquets pèlerins, curieusement, ne voulant visiblement pas être en reste, et surtout être abandonné, le fennec vint y déposer une médaille, sans doute oubliée par un soldat décoré, mais vaincu.

Puis le renard des sables s'assit près de la malle autour de laquelle tout le monde s'affairait. Les yeux pleins d'eau et arrondis par l'angoisse, ses longues oreilles abaissées de la manière la plus piteuse du monde, il se mit alors à trembler.

Et à implorer silencieusement, la seule manière qui lui était disponible.

David, qui vivait déjà en mystérieuse symbiose avec son grand petit ami comme avec son faux frère jumeau auquel il pensait constamment, le vit aussitôt, comprit sa requête silencieuse et tourna vers Saint-Ex ses grands yeux bleus.

L'aviateur vit le renard.

Et son émouvant tremblement et ses yeux baignés de larmes d'inquiétude.

Pour toute réponse, Saint-Ex esquissa un sourire ému et complaisant, et David, qui comprenait presque tout, comprit en tout cas ce consentement tacite :

« Bien sûr, petit loup peut venir avec nous ! »

David s'agenouilla et ouvrit les bras au fennec qui redressa joyeusement les oreilles et courut vers lui.

Attendris, Sofia et l'aviateur échangèrent un sourire.

Mais trois heures plus tard, plus personne ne souriait.

La marche dans le Sahara semblait ne mener nulle part.

Juste à la folie.

À la mort.

Le soleil était insupportable, la chaleur écrasante.

Trop épuisé pour porter David sur ses épaules, Saint-Ex dut le poser. Malgré son poids infime, David déposa à son tour le fennec qui marcha près d'eux sans difficulté, vraiment encore frais comme une rose.

« On dirait qu'il n'a pas soif, lui », observa David, visiblement perplexe.

Et Saint-Ex expliqua :

« C'est parce qu'il a des reins différents, adaptés à la sécheresse du désert. Il n'a besoin que de très peu d'eau pour que son urine élimine les déchets de son corps.

– Ah ! je vois », fit David, qui avait une mine de grande personne dans un salon, lorsqu'on lui parle d'une théorie qu'elle ne comprend pas ou dont elle n'a jamais entendu parler !

Sofia souriait, doublement admirative. La Nature était merveilleuse, inventant les reins économes du fennec.

Toute cette discussion était fort instructive, mais elle ne réglait pas leur problème, beaucoup s'en fallût.

L'enfant était en train de mourir de soif.

Saint-Ex s'alluma une Camel : *in nicotiana veritas* !

Peut-être pas exactement dans le tabac, la vérité, comme usuellement dans le vin, mais à proximité : dans l'illustration frontispice du paquet de cigarettes ! Car en repérant, comme presque chaque fois qu'il regardait le chameau du Sahara, le môme qui pisse, tapi en sa jambe postérieure gauche, il pensa à une astuce.

Dans la malle, il prit un gobelet de métal, qu'il remit à l'enfant, en disant :

« Fais pipi dedans !

– Hein ? » sourcilla David.

Par pudeur, l'enfant se détourna, ne garda pour témoin que le fennec qui inclinait la tête, intrigué par ces manières inhabituelles.

Mais le résultat ne fut guère concluant, car lorsqu'il remit le gobelet à Saint-Ex, il n'y avait même pas trois gouttes d'urine dedans. Pas de quoi étancher sa soif comme le faisaient souvent les êtres en détresse, perdus en mer ou au désert et qui avaient recours à leur propre urine pour survivre.

Saint-Ex aurait bien fait son «effort de guerre», mais le matin, en fumant sa première et incontournable cigarette, il avait pissé distraitement et comme il n'avait pas bu du reste de la journée, ni la veille à la vérité, et que de surcroît il avait transpiré à souhait, il était sec, surtout qu'il n'avait pas des reins de fennec!

Il tendit le gobelet à Sofia qui se contenta de dodeliner de la tête : elle était désolée! Tout aussi étourdie que Saint-Ex, elle avait fait son pipi matinal!

Alors, en désespoir de cause, l'aviateur fit quelque chose d'extrême, ce qu'on est souvent forcé de faire lorsque les circonstances l'exigent. Et parfois ça nous donne du génie – ou des idées de meurtre! C'est selon notre nature et les graines qu'on a semées, souvent étourdiment, dans notre oasis intérieure, depuis quelques centaines d'années et plus, et à laquelle on n'échappe jamais.

L'aviateur prit le petit canif suisse dont il se départait rarement et l'utilisa pour accomplir un geste étonnant.

# 31

D'abord, il observa l'intérieur de son poignet gauche, puis alternativement David et Sofia.

Il regarda à nouveau son poignet, eut une moue d'hésitation, serra les dents, et, enfin, avec la lame bien tranchante de son canif, y pratiqua une incision dont son ami médecin n'aurait pas rougi.

« Mais Antoine, qu'est-ce que vous faites ? » demanda la jeune femme, même si, bien entendu, elle voyait bien ce qu'il faisait. « Vous êtes fou ou quoi ?

– Je ne peux pas supporter l'idée de le perdre… »

Être optimiste était bien louable, mais au beau milieu du désert avec des températures qui atteindraient bientôt 50 degrés, sans eau, sans nourriture, c'était une question d'heures maintenant avant que la mort ne soit au rendez-vous. Ou sinon la mort, du moins cet assoupissement qui la précède : vous vous allongez dans le sable, vous attendez, vous vous endormez et ne vous réveillez jamais plus !

Le sang s'était mis aussitôt à couler.

L'aviateur plaça rapidement son poignet au-dessus du gobelet pour ne pas perdre une seule goutte du précieux liquide.

Sofia observait la curieuse opération avec un mélange d'admiration et de dégoût léger, car la vue du sang n'avait jamais été son spectacle préféré, beaucoup s'en fallût. Elle faillit tourner de l'œil.

« Ce n'est pas le temps de vous évanouir ! la prévint Saint-Exupéry, qui voyait son émoi, comme du reste il voyait presque tout, même si la plupart du temps il se taisait.

La jeune femme se fendit d'un sourire.

« Bien non, voyons ! »

Pourtant elle préféra prendre une grande respiration, ce qui n'était pas un luxe qu'elle se permettait souvent à Venise, vu les miasmes trop fréquents de la lagune, surtout par temps de canicule : dans le désert, en revanche, c'est parfaitement sécuritaire !

Et cependant que Sofia regardait le sang emplir le gobelet, qu'elle tenait de la main la plus assurée qu'elle pouvait, combattant le tremblement qui montait dans son bras, elle se disait que...

... Que Saint-Ex était un homme encore plus étonnant qu'elle avait cru. Il ne manquait vraiment pas d'imagination, de courage, et l'esprit de sacrifice qu'il venait de déployer était tout simplement admirable.

Et il devait VRAIMENT aimer le petit David.

Qui observait la scène en fronçant les sourcils : un autre truc de grandes personnes qu'il ne comprenait pas.

Aussitôt que le gobelet fut plein, Saint-Exupéry dit à Sofia : «Donnez-le à David !»

Après une hésitation, Sofia le tendit au gamin.

Qui accepta de le prendre certes, mais avec un air circonspect.

«Bois ! Ça va te faire du bien», fit l'aviateur.

Il referma la lame de son couteau suisse, le fourra dans sa poche dont il tira aussitôt un mouchoir qu'il tendit à Sofia pour qu'elle lui fît un pansement, car le sang continuait de couler, même si c'était à moins grosses gouttes.

Avec une grimace sur les lèvres, David se résigna à boire le sang. Puis il contempla le gobelet vide comme s'il était épaté de son exploit.

«C'est... ce n'est pas si mauvais que je pensais.»

Et il esquissa un sourire quasi ravi :

«En tout cas, ça brûle moins dans ma gorge.»

Sofia se réjouissait.

Saint-Ex esquissa un sourire qui n'était pas tout à fait dépourvu de tristesse, comme s'il demeurait persuadé que cette mesure restait seulement dilatoire, un remède qui ne guérirait pas vraiment le patient, mais retarderait juste son agonie.

Même si David semblait ragaillardi comme un petit vampire abreuvé à la fontaine de quelque cou, il voulut le ménager et le remit sur ses épaules.

Mais ce simple geste avait, semble-t-il, exigé de lui un trop grand effort, ou bien juste le fait de se pencher, car il éprouva un étourdissement.

Tomba.

L'enfant roula dans le sable, se releva, indemne.

«Tu ne t'es pas fait mal? vérifia Sofia.

— Non, non, ça va», l'assura-t-il cependant qu'il s'époussetait, comme si c'était fort important pour lui que ses vêtements fussent impeccables.

Rassurée, la jeune femme se précipita vers Saint-Exupéry, s'agenouilla à ses côtés.

«Ça va?

— Oui, oui, j'ai simplement trébuché.

— Évidemment, il y a beaucoup de pavés ici, presque autant qu'à Saint-Germain-des-Prés», laissa tomber avec ironie Sofia qui, visiblement, ne le croyait pas.

Du reste, il était pâle comme un drap, et sa voix n'avait plus sa belle sonorité habituelle. Il cherchait de toute évidence son souffle, comme si ce simple effort l'avait épuisé bien plus qu'il n'eût cru.

Elle l'aida à se relever, vérifia une fois de plus :

«Ça va?

— Oui, je suis comme neuf.»

Pourtant il éprouva un nouvel étourdissement qu'il ne parvint pas à cacher, car il chancela légèrement. Peut-être parce qu'il s'était relevé trop vite. Ou encore, la saignée improvisée l'avait affaibli.

«Vous êtes sûr que vous êtes OK?

– Oui, oui…»

Et comme s'il voulait prouver son parfait rétablissement, il se tourna vers l'enfant et lui dit:

«Viens, je vais te prendre sur mes épaules, maintenant.»

Mais David, avec finesse psychologique, ou parce qu'il redoutait une autre chute du haut des épaules de ce géant sympathique, mais amoindri, répliqua, d'une voix à demi convaincante, en poussant du col en une charmante comédie:

«Je préfère marcher, mon papa dit que c'est bon pour la santé.»

Et sans attendre le verdict de l'aviateur ou de la jeune femme, le petit David se remit hardiment en marche, suivi de son fidèle fennec.

Mais au bout de deux heures, il n'avait plus d'énergie.

Et nul endroit pour se mettre à l'abri.

Du soleil.

Qui n'en finissait plus de briller.

Et de brûler.

David s'assit.

Sofia et Saint-Ex trouvèrent spontanément que ce qu'un enfant veut, les grandes personnes le veulent aussi!

Parfois.

Aussi s'assirent-ils.

Le petit fennec les regarda en inclinant la tête pensivement, tentant de percer le secret de leur apparente démission.

Arrivé à une hâtive conclusion, il se mit à creuser un trou dans le sable.

Le mignon *vulpes zerda* croyait visiblement qu'ils souhaitaient se réfugier dans un abri de fortune comme lorsqu'il cherchait, lui, à échapper à un ennemi.

Ou à se préserver d'une tempête de sable.

«Qu'est-ce qu'il fait?

– Il veut qu'on se protège du soleil», expliqua l'aviateur qui connaissait le désert et ses us et coutumes.

Il avait raison. Car, déployant une industrie prodigieuse, le renard creusa en moins de deux un trou qui atteignait presque deux mètres de profondeur!

Lorsqu'il eut enfin achevé son abri, fier de son œuvre, il regarda ses trois amis désertiques, avec l'air de dire:

«On se cache ou quoi?»

Personne ne réagissait. Le fennec descendit dans le trou, en ressortit aussitôt, inclina la tête, les oreilles redressées de manière expectative, plein d'espoir.

Rien.

Alors il baissa pavillon, si on peut dire, c'est-à-dire qu'il laissa retomber ses longues oreilles, et afficha l'air le plus triste du monde.

Au bout de quelques minutes de pause, ils se remirent en marche.

Le fennec soutint leur valeureux effort en leur trouvant, on ne sait comment, trois autres scarabées bien juteux.

Cette fois-ci, malgré son dégoût, Sofia accepta d'en manger un.

C'était peu comme banquet, mais ils purent marcher jusqu'à ce que le soleil se couche.

Quel soulagement!

Ils s'arrêtèrent pour la nuit.

Sans doute leur dernière.

Faisant comme si de rien n'était, Saint-Ex montra à David et à Sofia trois étoiles filantes. L'enfant s'émerveilla. Sofia se remémora ce que madame Destinée lui avait dit au sujet de l'homme de sa vie et crut que c'était vrai : on ne voyait pas souvent trois étoiles filantes dans la nuit, désert du Sahara ou pas !

Saint-Ex pensa aux trois souhaits que naguère il avait énoncés par écrit, attachant en son romantisme :

1. que cette nuit dure mille ans…

2. que tout le monde m'écrive…

3. que toutes les femmes du monde soient tendres…

En cette nuit particulière, il ne pouvait faire autrement que d'en formuler un dernier, dont voici le libellé :

4. qu'un miracle se produise, et que nous sortions vivants de cette aventure !

Mais bientôt s'éleva, dans la nuit magnifiquement constellée, la symphonie moins somptueuse des cris et ricanements des hyènes.

Qui s'accouplaient.

Et qui ne tarderaient pas à les repérer, si ce n'était déjà fait !

Car leurs sinistres hurlements, leurs rires hideux se rapprochaient.

Plus jeune, Saint-Ex avait apprivoisé de jeunes hyènes, mais il connaissait leur férocité à l'état sauvage, et surtout une fois devenues adultes, d'autant que certaines, surtout les femelles, pouvaient atteindre jusqu'à quatre-vingts kilos, et, affamées, mangeaient parfois plus de quinze kilos de viande en un seul repas ! Et elles n'hésitaient pas, puisqu'elles chassent par bandes, à s'attaquer à d'énormes proies, des zèbres, des antilopes : alors trois humains affaiblis par la soif et la faim, avec pour toute arme un inoffensif canif suisse, ce serait des proies faciles !

Tous ces détails, Saint-Ex les connaissait de première main, si j'ose dire, vu sa longue fréquentation du désert. Pourtant, il s'abstint d'offrir cette déprimante leçon de zoologie saharienne à Sofia ou David.

Mais l'enfant et la belle Vénitienne le regardaient avec des yeux interrogateurs, comme s'ils voulaient obtenir de lui la réponse à leur sourde inquiétude : ces sinistres chasseurs nocturnes finiraient-ils par les attaquer dans leur sommeil ?

Saint-Ex les rassura :

« Dormez ! Je fais le guet. »

Et il brandit résolument son couteau suisse, comme s'il s'agissait d'un sabre turc, après en avoir fait lestement briller la lame plus idoine aux tâches domestiques qu'à la chasse, comme si ça suffirait à repousser la horde affamée d'hyènes.

Il savait pourtant que si les *crocuta crocuta* les trouvaient, ce serait un bain de sang, et ce ne serait pas le sang des terribles prédateurs qui maculerait le sable du désert : ce serait le leur !

Le fennec semblait avoir senti le danger et, les oreilles dressées, le museau arrogant, l'œil déterminé, scrutait le désert, comme une sentinelle prête à affronter et surtout à repousser, malgré sa taille diminutive, tout ennemi qui aurait la mauvaise idée de vouloir s'en prendre à lui ou à ses trois amis !

Saint-Ex resta éveillé quelques heures, priant que les hyènes trouvent ailleurs leur pitance, et comme leur hideux ricanement s'apaisait peu à peu dans la nuit, comme il n'avait ni cigarettes ni café, vers minuit, jetant un ultime regard vers l'étoile Polaire qu'il avait toujours aimée, il ferma enfin les yeux.

Son réveil fut horrible : ils étaient entourés par une horde d'hyènes !

Et de surcroît, il n'y avait plus que Sofia qui dormait à ses côtés : une énorme hyène femelle s'éloignait avec le petit David, qu'elle tirait par la gorge, ce qui laissait une traînée de sang dans le sable du matin !

# 32

Brandissant son couteau, l'aviateur se mit à la poursuite de l'hyène, parvint à l'attraper, et, bizarrement, elle lui abandonna aussitôt l'enfant sans lui opposer la moindre résistance.

L'aviateur s'agenouilla près de David, le prit dans ses bras, vit son cou, ses cheveux ensanglantés, prononça son nom, le cria même.

Les larmes aux yeux, sanglotant, il se mit à caresser son visage, ses cheveux, réalisant qu'il était trop tard.

Curieusement, une main invisible se mit à caresser ses propres cheveux. Était-ce l'ange gardien de l'enfant, venu lui faire ses adieux ? Il pensa confusément que c'était plus probablement l'Ange de la Mort, dont il sentait la glaciale présence. D'ailleurs, tout aussi curieusement, il ressentait une fraîcheur à la joue droite, un chatouillement, même.

L'aviateur ouvrit alors les yeux, vit une dune.

Il comprit qu'il avait simplement fait un horrible cauchemar. David dormait encore près de lui, Sofia, qui avait été réveillée par ses sanglots, son agitation, ses cris, lui flattait maternellement les cheveux, ou plutôt ce qui lui en restait, vu sa calvitie galopante. Elle s'appliquait à le réveiller le plus doucement du monde, comme elle faisait parfois avec sa fille Tatiana. Le renard des sables, qui ne voulait jamais être en reste, qui souhaitait être dans le coup, peut-être parce que, ayant perdu, on ne savait comment, sa compagne de vie, il se cherchait une nouvelle famille, même si ses membres étaient affublés d'oreilles ridiculement petites, léchait la joue de l'aviateur, tout sauf un messager de l'Ange de la Mort !

« Ah ! j'ai fait un rêve horrible ! » avoua non sans surprise l'aviateur.

« Oui ? Quoi ? »

Et il regarda subrepticement l'enfant.

« C'est au sujet de David ? fit à voix basse Sofia.

– Oui… mais… »

Il préféra ne pas lui donner de détails. Elle comprit, respecta sa dérobade. Et, comme si elle avait mystérieusement deviné l'horrible cauchemar de l'aviateur, elle eut le réflexe de serrer David dans ses bras.

Saint-Ex reprenait peu à peu une contenance.

La vision de sa petite famille intacte avait été un soulagement infini pour lui.

Mais l'habitude est une seconde nature, aussi, malgré cette émotion prodigieuse, il éprouva ensuite une irrépressible envie de café.

Avec trois sucres et un croissant, comme à Paris à l'époque des jours faciles.

Ç'aurait été la joie, ce banal petit déjeuner.

Mais pas de bistrot en ces dunes magnifiques, mais solitaires, pas de cafetière.

Juste le désert.

Et la chaleur déjà accablante.

Il se leva, s'étira, vérifia, en touchant toutes ses poches de ses mains de magicien, s'il n'avait pas oublié, dans sa distraction proverbiale, un vieux paquet de cigarettes, même avec une seule cigarette en son taxi de papier, qui la menait vers les lèvres de ses habitués.

Oui, même avec une seule cigarette, oubliée, négligée, tordue et sèche comme une mal-aimée ! Il n'aurait pas élevé la moindre protestation, bien au contraire. Ça lui aurait suffi, ç'aurait fait son bonheur, sans doute autant que la gâterie simple que Dostoïevski réclamait en avouant candidement ou à peu près : «Que le monde entier périsse pourvu qu'on me serve ma tasse de thé!»

Mais non : ballet stérile des mains magnétiques de l'aviateur !

Rien.

Trois fois rien !

Il repasserait pour la fête de fumée blonde – ou brune : il n'aurait pas fait la fine bouche !

Il esquissa une moue dépitée, qui se transforma bientôt en grimace de stupeur.

Car à trente mètres du lieu où, avec David et Sofia, il avait dormi ou tenté de dormir – et abondamment cauchemardé à l'aube – le sable, que la totale absence de vent nocturne avait laissé parfaitement immobile, racontait le plus effrayant des récits.

# 33

Il y avait en effet, en des cercles de plus en plus étroits autour d'eux, des centaines de traces de pas.

Et c'était, celles, caractéristiques, des hyènes – aisément reconnaissables par l'aviateur aguerri – qui avaient hurlé et ricané lugubrement la veille autour de leur campement de fortune.

Saint-Ex écarquilla les yeux, ahuri.

Comment diable avaient-ils été épargnés d'une attaque qui les aurait de toute évidence fait passer de vie à trépas ?

Les voies de Dieu parfois sont mystérieuses, et le messager qu'il envoie en réponse à nos prières sincères porte souvent un masque qu'on ne reconnaît pas, beaucoup s'en faudrait.

Ce messager improbable et mystérieux, l'aviateur ne tarda pas à en découvrir la nature : c'était un varan !

Les hyènes, même par bandes, même par bandes de cinquante, ce qui était en général leur *modus operandi* de grande chasse nocturne, respectaient ce reptile redoutable, qui pouvait d'un seul coup de griffe irritée faire taire leur rire hideux.

Elles avaient préféré s'éloigner.

Et pour tout le reste de la nuit.

Mais pourquoi, ensuite, le varan ne les avait-il pas attaqués ? Et surtout, pourquoi ne s'en était-il pas pris au petit David, proie facile, s'il en était, d'autant qu'il dormait profondément, chair innocente et tendre qu'il aurait pu aisément emporter dans sa tanière ?

Dieu seul le savait, c'est le cas de le dire. Mais peut-être le varan, ou plutôt LES varans étaient-ils véritablement gentils avec les humains, comme l'avait prétendu un peu naïvement David. Ça fit un instant réfléchir le romancier, comme tout ce qui était inhabituel, car, poète, il voyait des questions, des mystères, même là où les esprits rétrécis voyaient commodément des certitudes : elles vous changent moins de vos petites habitudes !

L'aviateur, plus pratique, ne s'ouvrit pas de sa troublante découverte à ses compagnons. Inutile de les effrayer davantage. Et puis, le danger était passé, non ?

De toute manière, comme si la journée, à peine entamée, n'était pas assez fertile en rebondissements de toutes sortes – on n'était pourtant pas dans un roman de Dumas, juste au Sahara, pensa Saint-Ex, étourdi par l'invention infinie de la Vie ! – il fut témoin, au loin, au sommet d'une immense dune blonde et rose, du plus invraisemblable des spectacles.

# 34

L'aviateur avait aperçu… une caravane!

Oui, une miraculeuse, une inespérée caravane, comme surgie de nulle part.

Ils étaient sauvés!

Sauvés!

*In extremis*!

Comme dans les meilleurs – ou les pires! – romans.

Pourtant un doute traversa bientôt l'esprit de l'aviateur, qui avait été pilote de guerre, et par conséquent…

N'était-il pas, comme la chose lui était arrivée au cours de sa première panne au Sahara, la marionnette d'un mirage?

Il plissa les yeux, tendit le cou, scruta l'horizon.

Il parvint vite à une réjouissante conclusion: il n'était pas victime de ses sens, ou de son épuisement.

La caravane était bien réelle, qui, selon une rapide estimation, était formée de sept chameaux transportant, de leur pas nonchalant et lent, tout autant de Maures, coiffés invariablement d'un bleu turban.

En plus, certains semblaient fumer: mais à cette distance, c'était peut-être juste un rêve de fumeur au désespoir: sans cigarettes, du moins pour un fumeur digne de ce nom, tout le reste n'est que littérature, même pour un romancier!

Saint-Ex se mit à courir dans la providentielle direction de la caravane: il agitait frénétiquement les deux mains pour qu'on le voie, criait, pas en arabe certes, mais un cri est un cri, surtout dans le désert! Intrépide, et encore plein de sa juvénile énergie, le fennec le suivit, et bientôt le devança sans peine.

« Qu'est-ce qu'il fait ? » demanda le petit David, qui s'était immobilisé, intrigué. « Pourquoi il court comme ça ?

— Euh, je ne sais vraiment pas », admit Sofia tout aussi étonnée par semblables agissements.

Elle se demandait surtout pourquoi l'aviateur gesticulait et criait ainsi, comme si, de toute évidence, il avait vu quelque chose que ni elle ni l'enfant n'avaient aperçu, et pourtant, à leur âge, autant elle que lui devaient avoir de bons yeux.

Mais peut-être était-il devenu…

Elle n'osait pas s'avouer la chose : fou.

L'aviateur courait toujours, porté par l'espoir.

Bientôt, toujours aisément précédé par le vaillant fennec dont la vélocité était absolument étonnante, si on considérait sa taille lilliputienne, l'aviateur eût franchi mille mètres, en un temps record pour lui, tout en continuant à s'époumoner ; bientôt au bord de l'épuisement, vu ses kilos de trop, ses blondes Camel, ses accidents d'avion, toutes les insomnies attribuables à ses romans à genèse nocturne et, bien entendu, le simple fait qu'il n'avait pas mangé depuis des heures, ni bu, et il avait donné un gobelet de son sang.

Car comme chacun sait, si on peut survivre environ quarante jours sans manger, au bout de deux ou trois jours sans eau, c'est en général la mort qui vous délivre de la soif. Et au désert, elle vous en libère encore plus vite, vu la chaleur et la transpiration.

Soudain, sans que ni Sofia ni David ne puissent comprendre pourquoi, l'aviateur s'arrêta, le *vulpes zerda* aussi, qui ne comprenait pas sa subite volte-face et se tourna vers lui, les oreilles d'abord dressées, puis bien vite inclinées, devant son air dépité.

Ce n'était qu'un mirage !

Il n'y avait pas de caravane miraculeuse, pas de chameaux au pas lent, pas de Maures avec d'envoûtantes cigarettes au bec !

Saint-Ex scruta une dernière fois la dune maintenant moins lointaine comme pour être bien certain que ce n'était pas un mirage. Dont il avait été si souvent la victime, et pas juste dans le désert.

Mais aussi avec des amis – surtout littéraires.

Et aussi quelques femmes, et pas juste des Américaines fortunées.

Déplorable vérification faite, ce n'était que des illusions du désert. Il rebroussa chemin, l'air honteux, traînant le pas, comme si cette course folle, cette déception infinie lui avaient enlevé tout ce qui lui restait d'énergie.

Pour sa part, le fennec, qui le suivait, avait redressé les oreilles : il se réjouissait de retrouver son nouvel et déjà grand ami David qui lui ouvrait les bras.

« Qu'est-ce qui... Pourquoi couriez-vous ainsi ? » osa le questionner Sofia, même si elle devinait la réponse.

« Un mirage, admit platement l'aviateur.

– Pourtant après tant d'années de mariage, vous devriez avoir l'habitude des mirages ! » osa-t-elle.

Il éclata de rire, lui lança :

« Pourquoi êtes-vous arrivée si tard dans ma vie ?

– Quelle heure est-il ? » plaisanta-t-elle en consultant sa montre.

Il ne dit rien, mais il n'en pensa pas moins pour autant.

Il n'en pensa pas moins que cette jeune femme était vraiment drôle (il aurait aussi ajouté *cool* à notre époque) surtout dans une situation qui ne prêtait pas à rire, mais alors là vraiment pas.

« Tu l'as attrapé ? » demanda naïvement David, qui le croyait parti à la chasse de quelque gibier inattendu, ou d'il ne savait quoi.

« Non », fit avec résignation l'aviateur même s'il ne savait pas ce qu'il aurait dû ou non attraper.

Ils marchèrent encore une heure et demie, peut-être deux.

Dans la bonne direction.

Du moins selon les estimations de l'aviateur chevronné, qui établissait évidemment ses calculs, erronés ou pas, en vertu de la position du soleil.

Qui les tuait de ses inévitables rayons, de son éblouissement constant.

Le soleil.

Dieu de la Vie.

Mais aussi de la Mort.

Oui, Saint-Ex conduisait Sofia, David et le petit fennec – qui marchait toujours d'un bon pas, protégé de la brûlure du sable par la fourrure sous ses pattes – selon la carte du Sahara.

Qu'il avait en tête.

Ou peut-être plus tout à fait !

Le soleil saharien vous détraquait si facilement surtout lorsque, de surcroît, vous n'aviez pas mangé depuis des lunes.

Ou plutôt des soleils !

Surtout lorsque vous n'aviez pas bu.

Leurs lèvres, leur langue se desséchaient dans leur bouche, et leur gorge, privée de salive suffisante, commençait à se serrer, à leur faire vraiment mal.

Bientôt, ils furent non pas à Dakhla, mais… au bout de leurs forces !

« Je ne suis pas fatigué, expliqua David, mais c'est mes pieds qui le sont, ils ne veulent plus avancer. »

Il aurait pu parler pour tout le monde.

« Les miens, non plus », admit aimablement Saint-Ex, pour ne pas accabler l'enfant de reproches. « Faisons un vote !

– Un vote ? C'est quoi ? questionna l'enfant.

– C'est un truc de grandes personnes qui fait croire que c'est tout le monde qui décide alors que c'est toujours l'argent. »

Sofia dodelina de la tête tout en esquissant un sourire, persuadée que le petit David ne comprendrait rien à semblable ironie.

« Alors je suis d'accord ! » fit effectivement l'enfant, absolument ravi.

« Je propose qu'on s'assoie ! » fit l'aviateur.

Une pause et il ajoutait :

« Que tous ceux qui sont d'accord lèvent la main pour le vote ! »

David s'empressa de lever sa main droite.

Avec une moue, Sofia leva la sienne.

« L'affaire est entendue ! » proclama Saint-Ex.

Et il s'épongea le front, car il suait à grosses gouttes maintenant, autant de précieuses gouttes qui le rapprochaient de la déshydratation complète et donc de la mort.

Il avisa une dune, une dune lisse et généreuse et invitante comme la hanche d'une femme.

Ils s'y assirent.

Saint-Ex voulait soigner leur départ, s'asseoir aux premières loges. D'où ils pourraient peut-être apercevoir une caravane, ou un puits, ou une oasis !

Pourtant l'aviateur savait bien, en son for intérieur, que cette sieste imaginaire était juste une manière discrète… d'attendre la mort !

Au bout de dix minutes à peine, David s'allongea, alléguant naïvement :

« J'ai envie de rêver un peu.

– Mais oui, pourquoi pas… fit l'aviateur.

– Je vais rêver à mon papa et à ma maman, et je vais leur raconter notre aventure, le tour en avion, le varan, les sauterelles, et bien sûr mon petit renard… »

Son petit renard qui, sentant peut-être sa fin proche, était monté sur sa poitrine, se tenait à deux doigts de son visage. Malgré sa faiblesse infinie, l'enfant parvint à esquisser un demi-sourire, trouva la force de flatter une dernière fois petit loup.

Puis il ferma les yeux et s'endormit.

Le fennec se mit alors à couiner, ou peut-être même à pleurnicher, comme s'il avait compris ce qui se passait. Il s'approcha encore, lécha le menton de David. Pour lui dire adieu ? Pour le réveiller ?

Comme c'était sans effet, il cessa et se remit à gémir.

Sofia qui bien entendu avait assisté à toute la scène, porta la main à sa bouche, et les yeux terrifiés, demanda à l'aviateur :

« Est-ce qu'il va… »

Elle n'osa proférer le terrible mot.

Saint-Ex s'approcha d'elle, mit sa main autour de son épaule, puis contre toute attente, se mit à détacher les boutons de sa propre chemise.

« Mais qu'est-ce que vous faites ? » s'enquit Sofia.

Il enleva sa chemise avant de lui répondre.

« Assoyez-vous de l'autre côté de lui, on va lui faire un peu d'ombre avec ma chemise.

– Mais vous allez brûler !

– Je le suis depuis longtemps. »

Elle se plia à sa demande, et ils tinrent sa chemise au-dessus de l'enfant, formant une tente de fortune qui plut tout de suite au fennec, car il s'y abrita commodément.

Mais combien de temps gagneraient-ils ainsi ?

Une heure ?

Quinze minutes ?

Moins encore ?

Mais surtout, parviendraient-ils à sauver l'enfant ?

«Je ne pourrais pas supporter de le perdre lui aussi…», gémit bientôt l'aviateur en regardant le petit David, qui ne rouvrirait peut-être plus jamais les yeux.

«Lui aussi ?» questionna Sofia.

L'aviateur la regarda avec une hésitation dans les yeux, puis s'ouvrit à elle, de toute manière, elle et lui seraient probablement morts dans quelques heures :

«Madame Destinée a dit vrai.

– Je… je ne suis pas sûre de comprendre.

– *Le Petit Prince*, ce n'est pas un conte, c'est l'histoire un peu mal fagotée du fils que j'ai eu avec Nelly.

Sofia pensa spontanément à un passage du *Petit Prince* : «*Je n'aime pas qu'on lise mon livre à la légère. J'éprouve tant de chagrin à raconter ces souvenirs. Il y a six ans que mon ami s'en est allé avec son mouton. Si j'essaie ici de le décrire, c'est afin de ne pas l'oublier.*»

Revenue de sa surprise et de son émoi, elle questionna : «Nelly ?

– Oui, Nelly de Vogüé, ma maîtresse de longue date.

– Ah ! vous avez une maîtresse !

– Oui. Ça arrive à certains hommes, surtout quand ils sont mariés», trouva-t-il la force de plaisanter, malgré les circonstances.

«Oui, le mariage est une des principales causes de divorce, je sais.

– Elle était mariée. À un aristocrate.

– Ouille…

– J'aurais dû lui dire : "Je quitte ma femme, on part ensemble, on recommence à zéro avec notre fils, le sang de notre sang, qui a ta beauté et mon génie, désolé pour la modestie!" Mais les hommes, l'expression de leurs sentiments, ce n'est pas leur sport préféré.

– Non, hélas. »

Et il pensait : *le petit prince.*

*Mon roi.*

*En exil.*

*À Dakhla peut-être.*

*Si madame Destinée n'avait pas parlé à travers son chapeau.*

*Ou plutôt à travers son turban!*

*Comme elle devait le faire neuf fois sur dix, son gros faux diamant aidant!*

Saint-Ex poursuivit sa confession :

« Avoir un enfant, pour moi, ce n'était pas évident. Je volais encore souvent à l'époque, j'étais presque toujours parti. Il y avait ma carrière, et ma femme, Consuelo, évidemment. Ça l'aurait tuée, je crois, si elle avait su. »

Une pause pendant laquelle l'aviateur vérifia la condition de David, que semblait toujours veiller patiemment le petit fennec, puis il continua :

« Nelly a accouché dans un hôpital de Casablanca pour ne pas que le Tout-Paris, et surtout que son mari l'apprennent. On a décidé d'un commun accord qu'on ne pouvait pas garder notre enfant, ç'aurait été trop compliqué, Nelly appartenait à la haute société. Avoir un bâtard d'un auteur fauché, ce n'était pas la gloire. Et elle avait des enfants. En plus, elle était à la tête de l'entreprise que son père lui a léguée. Alors on a confié notre fils à une jeune femme, une Marocaine magnifique appelée Lydia. »

Il avait un sourire émerveillé lorsqu'il reprit :

« Vous auriez dû le voir, il avait les yeux bleus et les che-veux blonds de sa mère, pas pour rien qu'on la surnommait

La Grande Blonde. Mais je crois qu'il avait hérité de ma poésie, si vous me passez cette coupable vanité de père. »

Une pause, puis il disait encore, rêveur et triste :

« Les premières années, tout allait bien, je donnais de l'argent à Lydia chaque fois que je la voyais, ou je lui en postais. Nelly aussi était généreuse. On avait convenu, Lydia et moi, qu'on ne dirait pas à mon fils que j'étais son père. Mais je crois qu'il l'avait deviné. Ce n'était pas un enfant ordinaire, il ne riait presque jamais, se contentait de sourire, et encore, pas souvent, des fois je me dis que c'est parce que... »

Il ne compléta pas sa phrase, et la jeune femme ne lui demanda pas de le faire, car elle pensa, et c'était embarrassant : *peut-être cet enfant ne rit-il pas parce qu'il n'a pas de père...*

Ça doit quand même faire drôle, pour un enfant, quand il comprend, subtil comme le petit prince ou pas, que son papa n'est pas là pour lui, même s'il a de formidables circonstances atténuantes (qui n'en a pas ?) : une vie, des amours, une carrière d'homme de lettres et d'aviateur, célèbre de surcroît...

Rassemblant son courage, l'aviateur expliqua :

« Puis une fois, il y a six ou sept ans de ça, alors que je voulais rendre visite à mon fils, j'ai trouvé l'appartement de Lydia vide. Elle m'avait laissé une lettre. Une lettre d'adieu. Pour m'apprendre qu'elle avait rencontré un Égyptien, qu'elle l'aimait et qu'elle partait vivre avec lui. Elle ne m'a pas dit où, elle voulait recommencer à zéro, je ne peux rien lui reprocher, je... je comprenais, mais je me suis quand même senti comme Bogart sur le quai de la gare, quand Sam lui a apporté la lettre d'Ilsa, qui lui précisait qu'elle l'aimait, mais qu'elle ne pourrait pas partir avec lui. »

Saint-Ex avait vu le film à New York, peu après sa sortie, en 1942.

« C'est... », balbutia Sofia, submergée par l'émotion.

Saint-Ex ne lui laissa pas le loisir de dire ce que c'était, mais poursuivit son soliloque :

«Au début, je pensais que je m'y ferais, que c'était mieux pour mon fils, que ça lui ferait une vraie famille, et j'ai pensé que je l'oublierais avec le temps, j'ai écrit *Le Petit Prince*. Mais ça n'a pas marché, ça me rend fou de l'avoir perdu… De savoir qu'il grandit sans moi, il doit avoir treize ans maintenant… Il avait sept ans la dernière fois que je l'ai vu…»

À ces mots, Sofia se leva d'un bond.

«Hein? Qu'est-ce que vous faites?» demanda Saint-Ex.

Pour toute réponse, elle pointa du doigt vers l'horizon, en décrétant avec assurance :

«Une caravane!

– C'est juste un mirage!» la rabroua sans grande énergie Saint-Ex qui pourtant, sa curiosité piquée, daigna regarder au loin.

Mais il ne vit rien. Ou ce qu'il entrevit ne le convainquit pas que c'était autre chose que ce qu'il venait de déclarer : une illusion.

Il était un génie certes, et Sofia l'adulait, mais elle devait croire ses propres yeux.

Qui avaient bel et bien vu… une caravane!

Le fennec aussi, selon toute apparence, car il s'était mis à courir en sa direction, s'arrêtant tous les dix pas et se tournant vers David pour voir s'il le suivait.

Mais l'enfant dormait, était même déjà entré dans une sorte de torpeur qui n'avait rien de prometteur.

Sofia courut puis s'arrêta enfin, ravie : c'était bel et bien une caravane, composée de sept Maures portant des turbans bleus!

Exactement le mirage que l'aviateur, véritable devin, avait vu, peu avant, comme s'il avait lu dans l'avenir, amande cachée dans l'écaille du présent!

Sauf qu'il y avait un huitième chameau qui était sans passager, et fermait la caravane.

Sofia se tourna vers Saint-Ex, et se mit à crier, tout en gesticulant.

Encore sceptique, l'aviateur se leva, remit sa chemise, tenta de réveiller David. Peine perdue. Malgré ses forces déclinantes, le romancier parvint à prendre l'enfant dans ses bras, marcha péniblement en direction de Sofia.

Il la rejoignit enfin, et ils se dirigèrent tous deux vers la caravane qui, les apercevant, s'immobilisa presque aussitôt. Son chef, un quadragénaire au regard aussi bleu que sévère, les examina.

Son verdict ne parut guère favorable.

Il donna aux caravaniers derrière lui des ordres en *najdi*.

Malgré sa longue habitude du désert, Saint-Ex ne parlait ni cette langue, ni le *hassaniya,* ni le *bédawi*. Mais il connaissait assez les hommes – et assez les Maures – pour comprendre qu'ils n'avaient pas suscité leur clémence.

Il se rappela alors, comme s'il avait besoin d'une confirmation de cette inquiétante certitude, une lettre écrite à sa mère, dans laquelle il déplorait, revenu de ses illusions humanitaires, que les Maures fussent voleurs, menteurs, bandits et cruels. « Ils tuent un homme comme un poulet, déplorait-il, consterné, mais ils déposent leurs poux par terre ! »

Quelle attention délicate !

Quel respect attendrissant de la vie !

S'ils en avaient eu la force, Sofia et lui se seraient très certainement enfuis en courant.

Mais là… on aurait dit qu'ils préféraient se résigner au terrible sort qui semblait les attendre. Ils échangèrent un regard ému, quasi amoureux.

Obéissant aux ordres de leur chef, les Maures avaient tiré leur carabine de leur fourreau, lentement de surcroît, comme s'ils voulaient savourer cette exécution inattendue d'étrangers stupidement égarés à au moins cinquante kilomètres de la plus proche oasis, l'Oasis Intérieure, la belle, la mystérieuse et millénaire Dakhla, perle du désert!

Ensuite, ils les dépouilleraient méthodiquement de tout objet de valeur et poursuivraient paisiblement leur route, comme si rien de spécial n'était arrivé en cette journée, comme si seulement la *baraka*, la chance, leur avait souri et les avait un peu enrichis. Le soir, en buvant leur thé, ils en riraient, un homme aurait peut-être dénudé et touché le sein de Sofia, l'aurait investie, et il raconterait en plaisantant cette bizarre luxure!

Saint-Ex ne pouvait parlementer, car il ne connaissait pas la langue, et les intentions des Maures semblaient bien arrêtées, alors il se tourna, l'air accablé, vers Sofia.

Elle aussi comprenait ce qui se passait, et elle dit, le regard catastrophé :

«Ce fut un plaisir de vous rencontrer!

– Tout le plaisir fut pour moi!»

Sofia sentit des larmes lui monter aux yeux.

Elle avait le pressentiment que...

Que c'était la dernière fois qu'ils se verraient, que tout était fini!

Et évidemment elle pensa à sa fille, Tatiana, l'amour de sa vie, avec qui elle avait fui l'Italie, et se dit : *Je ne la reverrai jamais, elle deviendra orpheline! Je n'aurais pas dû accepter de la laisser derrière moi! Je suis un monstre, je suis une mauvaise mère!*

Si la culpabilité avait pu tuer une femme, sans doute serait-elle morte sur place!

Le fennec, pour sa part, dressait ses longues oreilles, comme s'il n'était pas le moins du monde impressionné par les Maures, malgré son infinie petitesse.

Pendant que les caravaniers miraient calmement leurs victimes avec leur carabine, Saint-Exupéry retira le capuchon de David pour mieux voir son visage une dernière fois, comme si c'était celui de son propre enfant, le grand, le beau, le petit prince.

Il voulait aussi l'embrasser une dernière fois sur le front.

Ce geste qui, comme bien des petits gestes, même dans l'Histoire avec un grand H, semblait anodin, sans importance, fit figure de véritable événement, du moins dans la vie compromise des aventuriers.

Car pendant que l'aviateur, résigné, et qui du reste était prêt depuis longtemps à mourir, embrassait tendrement le front de David et contemplait une dernière fois sa blonde chevelure, qui lui rappelait tant celle, adorée, du petit prince, le vent de la Chance souffla de manière étonnante en sa faveur !

# 35

En apercevant la belle tête solaire de David, le chef maure écarquilla les yeux, stupéfait, s'empressa de se tourner vers ses hommes et de lever le bras pour leur ordonner de retenir leur tir.

Ils sourcillèrent, contrariés et surpris de cette soudaine volte-face, qui n'était certainement pas due à un brusque élan de clémence de sa part.

Ce n'était pas sa tasse de thé, loin de là !

Car il avait la réputation d'être le plus cruel des chefs – et c'est sans doute pour cette raison qu'il régnait depuis des années !

Il fournit sans tarder à ses hommes la raison de son geste :

« C'est le fils d'Am Ra Ra An ! »

En entendant ce nom, les Maures eurent un mouvement de recul, puis échangèrent des regards inquiets : c'était le nom de l'Égyptien (qui était célèbre dans la région) avec qui Lydia était partie vivre !

À Dakhla ou ailleurs.

Le Maure, comme les autres caravaniers, le connaissait pour l'avoir croisé quelques fois et le respectait infiniment. À la vérité, il le craignait. C'est que la rumeur prétendait qu'il était un homme de Dieu, qu'il parlait et donnait des ordres aux animaux, même les plus féroces, comme les lions et les varans, que, même, les nuages et les vents lui obéissaient, qu'il avait de surcroît accompli des guérisons miraculeuses, sur des malades dits incurables, même des lépreux.

Toucher à un cheveu de son fils adoptif aurait été une faute grave qui leur aurait assurément apporté des malédictions, à eux, leurs proches et tous leurs descendants.

Il y a parfois ainsi dans la vie des méprises qui nous favorisent : la ressemblance étonnante entre le petit prince et David venait de sauver la vie des trois aventuriers perdus au fin fond du Sahara !

Les Maures rengainèrent leur arme, soulagés d'avoir évité ce terrible faux pas.

« Ils… ils ne nous… ? » balbutia la jeune femme, qui avait peine à réprimer un tremblement.

Elle n'acheva pas sa phrase. David était encore dans les bras de l'aviateur, elle voulait épargner ses oreilles, même si, probablement, il dormait.

Saint-Ex, qui avait évidemment compris ce qu'elle avait voulu lui dire à demi-mot, laissa tomber, encore éberlué par la tournure inattendue des événements :

« Il faut croire que non. »

Mais ce qu'il aurait vraiment aimé, au fond, en cet état d'âme tout naturel de tout fumeur invétéré trop longtemps privé de l'instrument de son vice, c'était…

C'était que ces trois Maures nonchalants – et qui ne connaissaient pas leur chance, car ils s'allumaient distraitement une cigarette, que ces trois Maures daignent lui faire l'aumône de…

Il rêvait !

Le chef maure leur fit signe de s'approcher.

Sofia regarda Saint-Ex.

« Qu'est-ce qu'on fait ?

– Est-ce qu'on a vraiment le choix ? »

Après s'être consultés une dernière fois du regard, ils marchèrent vers la caravane aussi vite que leur épuisement le leur permettait.

Impassible, le chef lança en leur direction une de ses gourdes, comme si c'était un devoir, certainement pas une joie.

Saint-Ex l'attrapa, et son premier soin fut évidemment de tenter de faire boire David.

Mais l'enfant ne réagissait pas, dormait encore.

« David ! » dit d'une voix forte Saint-Ex.

L'enfant entrouvrit les yeux, il n'avait vraiment pas l'air bien.

Sofia lui ouvrit délicatement la bouche, l'aviateur y versa de l'eau.

Mais elle déborda : l'enfant ne buvait pas !

Sofia et Saint-Ex se regardèrent, désespérés : était-il trop tard ?

# 36

Sofia tapota la joue gauche de l'enfant dans l'espoir de le tirer de sa torpeur, mais son effort s'avéra inutile.

« Ouvrez-lui encore la bouche ! » suggéra l'aviateur.

Les caravaniers, attentifs à ce spectacle, affichaient des mines inquiètes.

Que se passerait-il si le fils d'Am Ra Ra An mourait devant eux ?

L'homme de Dieu ne leur en tiendrait-il pas rigueur ?

Le Maure qui se trouvait immédiatement derrière le chef, suggéra en *najdi* :

« Peut-être vaut-il mieux les tuer et les enterrer ici. »

Cette phrase parut enchanter le caravanier qui le suivait immédiatement, car il esquissa un sourire, et posa la main sur sa carabine, prêt à se plier à l'ordre qui ne tarderait sans doute pas de venir, car la suggestion lui paraissait excellente.

« Idiot ! le rabroua le chef. Am Ra Ra An lit dans les âmes. Personne n'a de secret pour lui. Quand il nous verra, il saura tout de suite qu'on a tué son fils. Tu veux être transformé en porc ou qu'un démon vienne habiter dans ta cervelle stupide ?

– Non, je… »

Et il baissa les yeux, cependant que, derrière lui, le caravanier esquissait une moue de déception : pas d'exécution.

Pour se consoler, il s'alluma une cigarette. Saint-Ex le vit et ce fut une torture nouvelle, même si toutes ses pensées allaient vers cet enfant dans ses bras qui s'obstinait à ne pas boire.

Sofia repoussa à nouveau le menton de l'enfant pour que l'aviateur pût verser de l'eau dans sa bouche, tout en lui intimant, d'une voix forte :

« Bois, bois, mon enfant ! Je t'en supplie. »

David entendit-il sa prière ?

Ou ce fut un simple réflexe, l'instinct de survie qui à la fin triompha.

Toujours est-il que, contre toute attente, la bouche de l'enfant s'anima enfin. Il avait senti la fraîcheur providentielle de l'eau. Il se mit à boire. Saint-Ex et Sofia échangèrent un regard soulagé.

À un moment, Saint-Ex voulut retirer la gourde. Mais l'enfant s'en empara aussitôt pour qu'elle restât près de ses lèvres. Sa vigueur fit sourire l'homme et la femme.

« Je pense qu'il est hors de danger ! commenta Saint-Ex.

– Oui… », fit avec émotion Sofia.

Le chef maure parut soulagé, de même que le caravanier avec qui il avait eu un bref échange : le fils de l'homme de Dieu était sauvé.

Grâce à eux !

Autant de richesse déposée dans le coffre au trésor de leur destin !

David ouvrit enfin les yeux, des yeux bleus plus égarés que d'habitude comme s'il ignorait ce qui venait de se passer, et aussitôt il aperçut la caravane, s'excita et demanda :

« Est-ce qu'on va faire un tour de chameau ?

– Tu aimerais ça ? demanda Saint-Ex.

– Oui !

– Alors je leur demande ! » fit l'aviateur avec une assurance infinie même si, en son for intérieur, il ne savait trop ce qui se passait, ni surtout ce qui adviendrait de cette bizarre et inquiétante rencontre.

Mais avant, il tendit la gourde à Sofia qui, touchée de son élégance, but une grande gorgée.

Elle la tendit ensuite à Saint-Ex, qui la lui remit après avoir bu une rapide gorgée, et, malgré sa faiblesse, avec David toujours dans ses bras, marcha aussitôt vers les Maures.

Vers les Maures qui fumaient.

Mais personne ne voulut lui offrir la moindre cigarette!

Et ce n'était pas parce qu'aucun des caravaniers ne comprenait sa complainte de fumeur désespéré : la pantomime devant sa bouche, de son index et de son majeur singeant frénétiquement le geste de fumer, était assez éloquente!

Suprêmement chiches, les Maures ne daignaient même pas hocher la tête pour lui opposer un plat refus.

Il faut dire qu'il n'avait rien à leur donner en échange, et comme ils avaient le commerce dans le sang.

« Merde! dit-il à Sofia, qui l'avait rejoint. Ils sont bizarres, ces Maures! Ils nous sauvent, nous donnent de l'eau, le bien le plus précieux au désert, et ils ne sont même pas foutus de me refiler une cigarette, une seule cigarette!»

Il n'en revenait pas, visiblement.

« Vous voulez que j'essaie de leur en demander une?

– Pas la peine!»

Elle essaya quand même, faisant le même geste que lui avec son majeur et son index réunis, assorti de sourires entendus comme si elle était prête à accorder ses faveurs à ses donateurs, ce qui n'était pas le cas.

Mais le mieux qu'elle obtint d'eux fut un haussement d'épaules, et deux éclats de rire. Elle pouvait remballer sa camelote : personne ne lui abandonnerait une cigarette, malgré son charme.

Ce n'était pas si grave à la vérité.

Le chef des Maures leur avait offert un chameau sans passager, le dernier de la caravane et Sofia, Saint-Ex et David y montèrent, encore incertains de comprendre la raison de leur incroyable chance.

David, qui était assis devant, et qui avait repris un peu de sa vigueur – et tous ses esprits ! – était on ne peut plus excité et répétait, comme s'il s'agissait du plus brillant exploit :

« Quand je vais dire à mon père que j'ai fait un tour de chameau, il ne me croira pas ! »

En plus, il avait mis le fennec dans sa poche, et ce dernier, museau bien tendu, semblait ravi de voir le désert de si haut, lui si habitué à vivre dans son terrier, dont il sortait surtout la nuit pour chasser.

Ni Saint-Ex ni Sofia ne le contredirent.

Elle était assise devant l'aviateur, si bien qu'il put lui murmurer à l'oreille une histoire incroyable, un de ses lointains souvenirs.

# 37

« Ils sont si orgueilleux, si imprévisibles, ces Maures. Ce n'est pas la première fois que j'ai affaire à eux ! »

Et pendant que la caravane s'ébranlait vers ils ne savaient où, l'aviateur raconta à Sofia ce qu'il avait naguère évoqué, ou à peu près, dans *Terre des hommes* :

« Nous étions là-bas en contact avec des Maures insoumis. […] Nous tentions, à leur passage, d'apprivoiser quelques-uns d'entre eux. Quand il s'agissait de chefs influents, nous les chargions parfois à bord de notre avion, d'accord avec la direction des lignes, afin de leur montrer le monde. Il s'agissait d'éteindre leur orgueil, car c'était par mépris, plus encore que par haine, qu'ils assassinaient les prisonniers. S'ils nous croisaient aux abords des fortins, ils ne nous injuriaient même pas. Ils se détournaient de nous et crachaient. Et cet orgueil, ils le tiraient de l'illusion de leur puissance.»

– Certains Vénitiens sont aussi comme ça, surtout quand ils ont des sous ou viennent d'une famille noble, en tout cas mon mari avait cet orgueil insupportable», commenta Sofia.

Saint-Ex esquissa un sourire et poursuivit: «Nous les promenions donc, et il se fit que trois d'entre eux visitèrent ainsi cette France inconnue. Ils étaient de la race de ceux qui, m'ayant une fois accompagné au Sénégal, pleurèrent de découvrir des arbres. Quelques semaines auparavant, on les promenait en Savoie. Leur guide les a conduits en face d'une lourde cascade, une sorte de colonne tressée, et qui grondait:

«Goûtez, leur a-t-il dit. Et c'était de l'eau douce. L'eau! Combien faut-il de jours de marche, ici, pour atteindre le puits le plus proche?

– Celui que nous avons atteint était sec, fit Sofia.

– Et, si on le trouve, combien d'heures pour creuser le sable dont il est rempli, jusqu'à une boue mêlée d'urine de chameau! L'eau! À Cap Juby, à Cisneros, à Port-Étienne, les petits des Maures ne quêtent pas l'argent, mais, une boîte de conserve en main, ils quêtent l'eau.

– Ah… soupira Sofia, c'est triste quand même.

– On ne se rend pas compte de notre chance.

– Surtout nous qui sommes Vénitiens, même si l'eau de Venise, ce n'est pas tout à fait un parfum, surtout en juin!

– En Savoie, le guide disait aux Maures, immobilisés devant la chute: "Repartons!" Mais ils ne bougeaient pas: "Laisse-nous encore…" Ils se taisaient, ils assistaient, graves, muets, à ce déroulement d'un mystère solennel. Ce qui coulait ainsi, hors du ventre de la montagne, c'était la vie, c'était le sang même des hommes. Dieu ici se manifestait: on ne pouvait pas lui tourner le dos. Dieu ouvrait ses écluses et montrait sa puissance : les trois Maures demeuraient immobiles. "Que verrez-vous de plus ? Venez, faisait le guide." – Il faut attendre.

– Attendre quoi ?

– La fin.

– La fin de quoi ? demanda Sofia, éberluée par l'anecdote.

– Ils voulaient attendre l'heure où Dieu se fatiguerait de sa folie. Le guide leur a expliqué que cette eau coulait depuis mille ans, mais il n'y avait rien à faire. Ils ne comprenaient pas. Pas tout de suite. C'était trop nouveau, trop différent, trop inhabituel, trop contraire à ce qu'ils avaient vécu depuis toujours. »

Sofia était amusée et émue.

La caravane poursuivait sa route.

Quand vint l'heure du repas, les Maures, plus généreux qu'avec les cigarettes, leur offrirent à manger, surtout à David à qui ils servirent la plus généreuse portion – presque le double de celle des grandes personnes qui l'accompagnaient ! – comme pour être certain de ne pas déplaire à Am Ra Ra An, son mystérieux et puissant père adoptif.

Saint-Ex avait prévenu Sofia de manger tout ce qu'elle trouverait dans son assiette, même si ça la répugnait, car ça insulterait leurs hôtes de fortune et risquait même de compromettre leur vie.

Elle obtempéra, mais utilisa quand même le petit fennec pour se débarrasser discrètement de certains morceaux qui lui levaient carrément le cœur, comme des sauterelles grillées : elle avait déjà donné ! Le *vulpes zerda* ne demandait pas mieux, car on ne lui avait rien servi, lui réservant sans doute les restes, qui furent inexistants, comme si sa taille minuscule ne justifiait le sacrifice d'aucune précieuse provision.

Après le repas, leur premier depuis deux jours, Saint-Ex souriait d'aise, et il espérait une cigarette, ayant distribué abondamment des sourires à ses hôtes, non sans une idée bien précise derrière la tête. Il dut se contenter de l'odeur suave de la cigarette des Maures, car personne ne daigna lui en offrir une ! Mais, se consola-t-il, les Maures leur avaient sauvé la vie !

Il ne pouvait exiger une cigarette, en plus…

Même si ç'aurait été tellement bon. Il prendrait son mal en patience. La seule chose qui comptait, au fond, est qu'ils arriveraient bientôt à Dakhla, où s'arrêterait assurément la caravane, car pendant le repas l'aviateur avait prononcé le mot : Dakhla, et le chef, homme de peu de mots – et de toute manière il ne parlait pas le français – avait acquiescé d'un simple hochement de la tête.

Dakhla, la belle, la mystérieuse Oasis Intérieure…

# 38

Ils y arrivèrent lorsque le soleil se couchait sur la magnifique ville d'Al-Qasr, cité ottomane construite au douzième siècle, la plus importante, avec Mut, de la magnifique oasis.

Saint-Ex éprouva une émotion extraordinaire.

En arrière-plan, s'élevaient des collines de pierre et de sable rose qui mettaient en évidence la splendeur de la perle du désert.

Il y avait aussi, bien sûr, le célèbre minaret, également rose, de la mosquée de *Nasr el-Din*.

Puis, plus modestes, plus banals, et pourtant infiniment émouvants en cette circonstance : les palmiers…

Oui, les simples palmiers !

Mais ce qu'ils voulaient dire, par leur présence, par leurs palmes abondantes et vertes, était qu'il y avait là… de l'eau !

Oui, de l'eau, miraculeuse, inespérée, merveilleuse : symbole et soutien de la vie en somme !

En fait, cette oasis, même si elle s'élevait à plus de cent vingt mètres au-dessus du niveau de la mer, pouvait paradoxalement se targuer de posséder plus de cinq cents sources, dont plusieurs d'eau chaude, de nombreux étangs aussi, ce qui, depuis des siècles, en avait assuré la réputation et la popularité auprès des caravaniers.

« Ah ! que c'est beau ! ne put s'empêcher de s'exclamer Sofia qui, pour la première fois de sa vie, voyait une oasis et ce n'était pas la moindre puisque, contrairement à certaines gloires surfaites, elle portait parfaitement son nom de perle du désert.

Encore sous le coup de son trouble, l'aviateur ne répliqua pas tout de suite.

Car lui était revenu, puisqu'il le savait pour ainsi dire par cœur comme presque toutes les pages importantes de ses livres qu'il écrivait et réécrivait sans fin, jusqu'à l'étourdissement, des passages capitaux du deuxième chapitre de *Lettre à un otage*, où il confiait sa passion du désert.

Ses yeux s'étaient arrondis, il rêvait.

Comme un enfant.

Comme l'enfant qu'il n'avait jamais cessé d'être.

« J'ai vécu trois années dans le Sahara. J'ai rêvé, moi aussi, après tant d'autres, sur sa magie. Quiconque a connu la vie saharienne, où tout, en apparence, n'est que solitude et dénuement, pleure cependant ces années-là comme les plus belles qu'il ait vécues. [...] Comme le désert n'offre aucune richesse tangible, comme il n'est rien à voir ni à entendre dans le désert, on est bien contraint de reconnaître, puisque la vie intérieure, loin de s'y endormir, s'y fortifie, que l'homme est animé d'abord par des sollicitations invisibles. L'homme est gouverné par l'Esprit. Je vaux, dans le désert, ce que valent mes divinités. »

Le romancier célébré avait écrit ça. Et il le croyait. Comme tout ce qu'il avait écrit, car il écrivait invariablement à partir de sa propre expérience.

Mais il avait commis ces lignes magnifiques avant la découverte éblouie de Dakhla, pourtant survenue en les circonstances probablement les pires, ou presque : mais cela ne conférait-il pas à l'oasis une beauté encore plus grande ?

L'aviateur s'avisa que, désormais, même s'il avait vu et vécu en d'autres oasis, il lui faudrait préciser que le désert contenait des richesses tangibles, car la beauté n'est-elle pas, avec l'amour, une des grandes richesses de ce monde, déplorable musée de tant de laideurs ?

« Tu ne trouves pas ça beau, ces collines roses, ce minaret ? » renchérit la jeune femme, qui s'étonnait du silence de son bel aviateur dont elle ignorait qu'il fût infiniment ému ?

« Au contraire, je… »

La vue de l'oasis le troublait au-delà des mots – quel embarras pour un prosateur de sa trempe ! – comme s'il avait le mystérieux sentiment qu'il y avait déjà vécu, en des temps anciens, même s'il se gaudissait des déclarations de tant de voyantes ou diseuses de bonne aventure qui tentaient de se rendre intéressantes – et de justifier leur juteux cachet – en vous inventant justement un passé intéressant, comme saint Pierre, Marco Polo, ou Rockefeller, mais jamais valet, jamais servante, jamais assassin !

« C'est une des choses les plus poétiques que j'aie vues de toute ma vie ! » finit-il par avouer.

Lorsque la caravane arriva enfin aux portes de la mystérieuse et belle cité ottomane, sans doute érigée sur les restes d'une ville romaine bien plus ancienne, le chef maure fit comprendre à Saint-Ex qu'il était temps pour lui et ses amis de descendre du chameau qui leur avait commodément servi de taxi.

Les caravaniers, comprit l'aviateur, établiraient leur campement de nuit juste à l'entrée de Dakhla.

Il sauta aussitôt du chameau, avec une aisance que lui eût enviée tout quadragénaire, en tout cas tout quadragénaire aussi accidenté que lui. Et aussitôt après, il aida Sofia à en descendre.

Quant au petit David, il refusa son aide. En fait, l'aviateur n'eut pas le temps de la lui offrir, car, avec le renard toujours dans sa poche, il se laissa glisser du chameau avec une facilité déconcertante, comme s'il avait fait ça toute sa vie.

Incapable de dire un traître mot de *najdi*, Saint-Ex, vite imité par Sofia et David, mit ses deux mains sur sa poitrine en signe de prière et s'inclina respectueusement.

Le fennec, qui ne voulait pas demeurer en reste, se mit à couiner joliment, comme il faisait en signe d'affection, ou pour démontrer sa joie. David le tira de sa poche, s'empara de sa patte droite et le fit saluer les Maures.

Qui restèrent de marbre devant ces différents hommages.

Pourtant, assez inexplicablement, le chef lança alors une cigarette à Saint-Ex. Regrettait-il sa mesquinerie ? Ou savait-il que l'aviateur pourrait trouver sous peu une cigarette, et que, par conséquent, sa cruauté n'était plus aussi amusante ?

L'aviateur ne se perdit pas en vaines gloses au sujet de la générosité inattendue du Maure.

Lui donnant le bénéfice du doute, comme sans doute on devrait toujours faire, il trouva simplement que c'était là un geste de fraternité entre les hommes, même étrangers. Un geste d'autant plus touchant qu'ils ne se reverraient vraisemblablement jamais plus.

L'étonnante cigarette était tombée aux pieds du romancier. Il s'empressa de la ramasser. Un instant, comme s'il croyait rêver, il examina en tremblant le magnifique objet.

Ce n'était pas une Camel.

Mais à chameau, je veux dire à cheval donné, on ne regarde pas la bride !

Saint-Ex alluma rapidement cette clope tombée du ciel – ou d'un chameau ! – prit une longue bouffée, puis une deuxième, puis une troisième, et, enfin, dit silencieusement au Maure, en esquissant un sourire empli de reconnaissance, plus sincère peut-être qu'il ne l'avait jamais été, sauf sans doute lorsque, quelques années plus tôt, un autre Maure l'avait sauvé d'une mort certaine après sa panne d'avion au désert avec son mécano Prévot :

« Merci ! »

Oui, merci !

Pas juste pour la cigarette, au fond.

Pour tout.

L'eau, bien sûr.

Le transport à dos de chameau jusqu'à Dakhla.

Le repas.

Le Maure sourit-il, devant pareille expression de sincère gratitude ?

Difficile à dire.

Peut-être, à la fin, ses minces lèvres, qui ne contribuaient pas peu à l'expression de sa cruauté, comme son nez mince tel le fil d'une lame, se plissèrent-elles en une vague ébauche de sourire, mais juste brièvement.

Enfin, l'homme descendit de son chameau, et les autres caravaniers l'imitèrent, pour dresser leur campement.

« Allons ! fit Saint-Ex, comme s'il n'était pas tout à fait certain que les Maures ne changeraient pas d'idée et, finalement, ne s'en prendraient pas à eux malgré la proximité de l'oasis.

Il ne vint à l'esprit ni de Sofia ni de David de protester, et ils suivirent Saint-Ex qui, comme rajeuni par sa cigarette inespérée, marchait d'un pas vif vers la vieille ville, encore fort animée à cette heure.

Il y avait des marchands qui défaisaient leurs tables, des clients attardés.

Dans la lumière du couchant, avec tous les murs des vieilles maisons roses, c'était vraiment, comme l'avaient noté Sofia et Saint-Ex, d'une beauté à couper le souffle, une sorte d'image du paradis. Très certainement en tout cas pour ces involontaires aventuriers du désert : un homme qui croyait pouvoir y retrouver son fils, une femme qui tentait de résoudre l'énigme d'un coup de foudre peut-être absurde – ou de s'en guérir, pour sauver sa peau : ne faut-il pas toujours se méfier du grand amour qui, loterie cruelle, fait plus de victimes que de gagnants ?

Dans l'éblouissement de Dakhla, Sofia pensa tout naturellement à Venise, avec ses ruelles aussi étroites, les façades de ses maisons roses, mais aussi bleues et jaunes et ocre. La principale différence, évidemment, est que la Sérénissime était construite sur l'eau, l'Oasis Intérieure en plein milieu du désert !

Mais il y avait une compensation, romantique, s'il en fut : avec son mari, sa vie était un désert, avec Saint-Ex, c'était Venise !

Elle trouva pourtant la ressemblance amusante, et elle allait s'ouvrir à Saint-Ex de son émoi de voyageuse, lorsque le fennec aperçut une souris. Il sauta aussitôt des mains de David, incapable de résister à la tentation de la prendre illico en chasse.

« Petit loup ! Où vas-tu ? » demanda l'enfant qui n'avait pas aperçu la souris.

Et sans consulter Sofia ou Saint-Ex, il partit spontanément à ses trousses.

« David ! Qu'est-ce que tu fais ? Reviens tout de suite ici ! » le tança l'aviateur.

Sofia bien sûr se joignit au concert de remontrances. Mais trop absorbé dans sa poursuite, l'enfant fit la sourde oreille, ou ne les entendit même pas.

Il courait comme un fou après le fennec.

Qui courait comme un fou après la souris.

Qui courait comme une folle pour sa vie !

L'aviateur prit une dernière bouffée de sa précieuse cigarette dont il fuma presque le filtre, l'écrasa sous son pied résigné, puis regarda Sofia, souleva les épaules.

Et ils se mirent à courir derrière l'enfant qui courait derrière le renard des sables, qui courait derrière la souris.

Mais dans cette course au début juste embêtante – et épuisante – pour l'aviateur et Sofia, la chose la plus inattendue se produisit.

Ce fut, pour être plus précis, une série de choses, toutes plus horribles les unes que les autres.

D'abord, dans la foule des promeneurs du marché, ils perdirent rapidement David de vue. Ils eurent beau crier à tue-tête son nom, l'enfant ne leur revenait pas.

L'angoisse la plus noire monta bientôt en eux.

« Il est là ! » fit Sofia, en tendant le doigt.

Elle avait cru apercevoir David qui s'engageait dans une ruelle.

Elle et Saint-Ex, qui, en fumeur invétéré, s'essoufflait rapidement, partirent dans cette direction.

Mais la ruelle était déserte.

# 39

L'aviateur et Sofia s'engagèrent dans la ruelle, arrivèrent à un embranchement, pensèrent un instant se séparer, mais se ravisèrent aussitôt : ils ne parlaient ni l'arabe ni le *najdi*, s'ils se perdaient, ils ne seraient pas plus avancés.

Ils tirèrent à pile ou face, le sort désigna la ruelle de gauche : elle conduisait, hélas, à un cul-de-sac, où ne se trouvaient ni David ni le fennec.

Constatation horrible.

« Où peut-il bien être passé ? » demanda Sofia, suprêmement angoissée, comme si c'était Tatiana qu'elle venait de perdre dans la vieille ville.

« Je ne sais pas, mais il ne peut pas être bien loin, répliqua Saint-Ex pour se faire rassurant. Venez ! »

Ils rebroussèrent chemin, marchèrent du pas le plus rapide que l'essoufflement grandissant de l'aviateur le permettait, foncèrent dans l'autre ruelle. Elle menait vers une place, encore assez fréquentée à cette heure, d'ailleurs prisée par les habitants de l'oasis, car l'air du désert y était forcément plus frais.

Plusieurs rues ou plutôt ruelles venaient y mourir.

Ce qui ne simplifiait pas le problème des deux voyageurs.

À la vérité, Saint-Ex commençait déjà à perdre espoir comme si ce qui leur arrivait était un signe du destin.

Sofia et lui scrutèrent la place dans toutes les directions.

Puis la jeune femme, qui réfléchissait à voix haute :

« Il est peut-être revenu à l'entrée de la ville, quand il a vu qu'il nous avait perdus ! »

L'aviateur se frappa le front.

« Bien oui ! C'est évident. »

Ils se hâtèrent vers le lieu de leur arrivée.

Pas de David.

Pas de fennec.

Alors, ils ne surent plus, pensèrent, dans leur désespoir, que le mieux serait de retourner à cette sorte de place publique.

Peut-être par des gestes, par leur mine désespérée, ils pourraient expliquer aux gens leur détresse.

Mais ils ne retrouvèrent pas David, et personne ne comprit leur expression pathétique.

Combien de temps tournèrent-ils en rond sur la place publique?

Une heure?

Deux heures?

La nuit en tout cas était tout à fait tombée depuis long-temps, et eux tombaient de fatigue, avaient peine.à garder les yeux ouverts lorsqu'une femme, assez âgée, assez ridée, vint les trouver, et leur montra simplement l'enseigne d'un établis-sement. Qui était ou avait été une auberge – ou un hôtel – avant la guerre.

Sofia et Saint-Ex se regardèrent en haussant les épaules, puis levèrent des paumes intriguées vers le ciel.

La vieille femme sourit et pointa avec insistance son index précocement crochu par l'arthrite vers l'enseigne bleue avec, en lettres d'or, le simple mot: *Baraka*, qui veut dire chance.

Chance…

Les voyageurs en avaient bien besoin en ce moment.

Mais pas pour trouver un hôtel, pour retrouver le petit David!

« Je crois qu'elle nous propose son hôtel! fit Sofia.

– Je n'en ai rien à foutre, de son hôtel. Il faut d'abord retrouver David.

– Je sais, je sais… »

Et cependant que Sain-Ex continuait de scruter désespérément la place publique, Sofia refusa l'aimable – ou intéressée – proposition de la vieille femme d'un simple signe de la tête.

Cette dernière n'insista pas, tourna les talons et s'éloigna en direction de l'hôtel *Baraka*, l'hôtel de la chance.

Censément.

Saint-Ex pensa qu'il aurait sans doute dû y descendre plus tôt, et plus souvent. Car sa vie n'avait pas été exactement une succession de chances, de hasards favorables. Pendant des années, il avait dû subir la prison étouffante de son petit emploi de fonctionnaire, puis, dès son premier livre, qui avait aussi été son premier succès, et éblouissant, il avait essuyé le mépris et la jalousie des hommes de lettres qui, souvent, sont au fond des hommes de chiffres. Et il y avait eu ses accidents d'avion et surtout, oui, surtout, son erreur, la grande erreur de sa vie, de ne pas reconnaître le fils qu'il avait eu avec Madame de B, de l'avoir laissé partir il ne savait où, comme s'il avait été un parfait étranger alors que – mais il s'en rendait compte un peu tard –, il était toute sa vie, toute sa vie.

«Venez, on va refaire le tour de la ville», dit Saint-Ex.

Et comme pour se rassurer, il ajouta :

«Il ne peut pas aller bien loin, on est au beau milieu du désert !

– Vous avez raison.»

Ils reprirent leurs recherches. La petite ville s'apaisait, peu à peu les gens rentraient dormir.

«Il faut absolument le retrouver avant que...

– Avant que quoi ? demanda Sofia, alarmée.

– David peut...

– Il peut quoi ?»

L'aviateur hésita un instant à aller au bout de sa pensée, qui était horrible, car il ne voulait pas affoler davantage Sofia, qui était déjà dans tous ses états. Mais il fallait bien qu'il lui dise la vérité, à la fin :

« Il peut se faire enlever par un Maure et être vendu comme esclave comme c'est arrivé à ce pauvre Bark. Alors on ne le retrouvera jamais. »

Le beau visage de Sofia se décomposa. Elle n'avait évidemment pas pensé à aussi effroyable possibilité.

« Il est peut-être déjà parti en caravane vers Le Caire ou Alexandrie », poursuivit l'aviateur.

Sofia ne savait quoi dire.

Ils continuèrent leurs recherches dans les ruelles de la cité ottomane, qui maintenant dormait.

Vers deux heures du matin, ou peut-être trois, Saint-Exupéry, qui était complètement épuisé, trébucha sur il ne savait quoi, sans doute un simple caillou, et s'affala de tout son long. Sofia l'aida à se relever.

« On devrait peut-être aller se reposer une heure ou deux à l'hôtel, suggéra-t-elle délicatement. On reprendra les recherches demain matin à la première heure.

– Non, il faut continuer, chaque minute compte. »

Mais cinq minutes plus tard, juste au moment où, au sortir d'une ruelle d'une obscurité inquiétante, ils étaient revenus, sans s'en rendre compte, à leur point de départ, c'est-à-dire la place publique, l'aviateur, vraiment au bout de ses forces, trébucha à nouveau. Et cette fois-ci il ne se hérissa pas lorsque Sofia le conduisit, en le soutenant, vers l'ironique hôtel de la Chance.

Pourtant, comme s'il parlait tout seul, l'aviateur répétait :

« J'ai perdu David, j'ai perdu le petit prince, j'ai tout perdu, j'ai tout raté ! »

Comme le succès, littéraire ou autre, pèse peu dans la vraie balance de la vie, quand enfin on a pu départager le bon grain de l'ivraie, lorsque, en somme, on fait les comptes, et on constate qu'on a oublié, pour le voyage, l'essentiel, n'emportant que le superflu.

«Ne dites pas ça, ne dites pas ça!» protesta la jeune femme, qui le trouvait de plus en plus lourd dans la nuit, car il s'appuyait maintenant tout à fait contre elle pour pouvoir marcher, «on va reprendre les recherches demain matin, et je suis sûre qu'on va le retrouver. Il ne peut pas être allé bien loin.

– Non pas bien loin, juste au Caire, ou au fond du désert avec des Maures.»

Même s'il était fort tard, et qu'elle fut tirée de son sommeil, la vieille femme de l'hôtel fut heureuse d'accueillir l'aviateur et Sofia qui le supportait de son mieux.

Dans la chambre proprette que la tenancière leur proposa pour la nuit, aussitôt la porte grinçante refermée, Saint-Ex se précipita vers la fenêtre dont il ouvrit les volets. Il avait deviné qu'elle donnait sur la place publique qu'il scruta attentivement dans l'ultime espoir d'y apercevoir David. Ou au moins le petit renard, qui pourrait sans doute les conduire vers son jeune maître écervelé.

Mais ni l'animal ni l'enfant n'y étaient.

Ce fut comme un dernier coup pour son espoir: il se mit à sangloter. Sofia s'approcha de lui, le prit par la main, l'aida à s'allonger sur le lit.

Elle prit place à ses côtés, essuya les larmes sur ses joues.

Ils se regardèrent dans les yeux. Sofia s'approcha de lui, l'embrassa. Pas tant par désir, bien sûr, que pour établir une passerelle entre leurs deux détresses.

Il ne la repoussa pas, comme s'il espérait oublier son désespoir infini, ne fût-ce que le temps d'un baiser.

Bientôt, il se perdit en elle, et elle se perdit en lui: la mesure de l'amour c'est d'aimer sans mesure.

# 40

« Ce fut vraiment merveilleux ! » avoua la vieille Sofia S. à sa petite-fille Nadia, soixante ans plus tard lors de sa visite suivante, à l'hôpital de Casablanca.

L'octogénaire poursuivait son évocation émue :

« On volait dans un avion plus beau que son Caudron. Je croyais que j'avais déjà fait l'amour. Avec mon premier amant. Puis avec mon mari. Mais ce n'était rien en comparaison. Soudain, je te jure, je me suis retrouvée à Venise, cet hôtel minable de Dakhla valait mieux que le Danieli. Quand il était en moi, parfois il riait, parfois il pleurait, à cause de David, que nous avions stupidement perdu et qui était peut-être parti pour toujours dans une caravane, ou mort. Il me disait : « Pourquoi ne vous ai-je pas connue avant, pourquoi ? » Je lui disais : « Mais je suis là, vous êtes encore jeune ! » Il souriait tristement, déplorait : « Si vous saviez l'âge que j'ai, si vous saviez ce que des milliers d'heures de vol font au cœur d'un homme, à son corps, à son cerveau… » Je lui répliquais : « Tout ce que vous dites, ce ne sont pour moi que des mots, romancier de génie ou pas, vous êtes beau, vous êtes beau, vous êtes beau, trois fois beau et je crois que je vous aime, Antoine de Saint-Exupéry !

« Son seul nom me grisait, là, alors que mes jambes étaient épuisées et comblées, sur ce mauvais lit au matelas dur, dans cette chambre pitoyable.

« Mais avec le coup de foudre, on ne se rend pas compte des commodités de l'amour : l'émoi vrai n'a pas besoin de draps de satin. En plus, comme il ne pouvait fumer après l'amour, malgré sa lassitude infinie, malgré sa tristesse, il m'a récité *La Mort des Amants* de Baudelaire, son poème préféré. Alors j'ai bien vu que jamais je n'avais vraiment aimé, que jamais je n'avais fait l'amour, c'était juste une comédie, et mal jouée en plus, avec la pire des distributions. Quand tu n'es pas avec l'homme de ta vie, c'est toujours une mauvaise distribution même si on se fait accroire que non, pour ne pas se jeter en bas du pont des Soupirs, à Venise ou ailleurs, c'est toujours la même histoire, le même mensonge. Je ne sais pas si tu vois ce que je veux dire ? »

Est-ce que Nadia voyait ce que voulait dire sa grand-mère ?

Oui.

Elle le voyait.

Dans la lumière la plus douloureuse qui fût.

Elle réalisait que, même à trente-neuf ans, et après une collection tout de même raisonnable d'amants, elle n'avait jamais éprouvé, ni de près ni de loin, pareil sentiment, pareille extase dans les bras d'un homme : il faut dire que certains ne daignaient même plus ramasser l'addition, après sa reddition, sous douteux prétexte d'égalité des sexes !

Mais c'était là sujet qu'il était préférable de ne pas aborder avec sa grand-mère : elle en aurait pour toute la journée !

Et, justement, elle n'avait pas toute la journée !

Pour ne pas trahir la vie amoureuse qu'elle vivait – ou ne vivait pas –, elle avait apporté à sa grand-mère un bouquet de fleurs sauvages.

Pas d'imprudentes roses rouges – ou blanches –, que la vieille dame pouvait déchiffrer aussi aisément que Freud les rêves de ses patientes – surtout quand il les aimait !

Non, un énigmatique, un silencieux bouquet de fleurs des champs, duquel était prudemment bannie toute rose.

Mais l'octogénaire avait plus d'un tour dans son sac, ou bien elle avait véritablement des dons psychiques, comme le lui avait annoncé, tandis qu'elle était jeune, la singulière madame Destinée. Car une fois évoqué le lointain souvenir de sa nuit follement romantique avec Saint-Exupéry, malgré les circonstances bizarres et douloureuses, la disparition de David… –, Sofia S. demanda, mais ce n'était pas vraiment une question, plus une affirmation :

« Il y a du nouveau dans ta vie, Nadia ?

– Pourquoi me demandes-tu ça ?

– Bien, à cause des fleurs sauvages, c'est évident ! »

Nadia esquissa une moue agacée : décidément, elle ne s'en sortirait donc jamais avec sa grand-mère ! La prochaine fois, elle lui apporterait des chocolats. Mais là, lui demanderait-elle si elle était enceinte ?

« Non, rien de nouveau… »

Il y avait du nouveau. Peut-être. Avec le trop riche et trop beau et trop amoureux pour être sincère Monégasque. Mais c'était encore trop tôt pour le dire. Et trop compliqué à expliquer. De toute manière, ce que Nadia voulait vraiment savoir, c'est la suite du récit de sa grand-mère, et surtout si, avec Antoine de Saint-Exupéry, elle avait fini par retrouver David, et bien sûr, le petit prince, ce qui était au fond l'objet de leur voyage.

Sa grand-mère, elle, avait d'autres curiosités, et comme c'était elle qui détenait les clés de son passé, il fallait bien lui complaire.

« Qu'est-ce qui arrive avec Marc Antoine ?

– Il arrive qu'il est beaucoup trop jeune pour moi, je te l'ai dit, grand-maman, il a seulement trente-deux ans.

– Montre-moi ta main.

– Pourquoi ?

– J'ai dit : montre-moi ta main ! »

Elle la lui abandonna, résignée. C'était comme avec certains mecs : moins long de faire l'amour avec eux que de leur expliquer pourquoi elle n'en avait pas envie ce soir-là ; je veux dire les trois fois qu'elle avait vraiment été en couple, les autres fois elle tirait simplement sa révérence, en cas d'intempestive insistance.

«Il est amoureux fou de toi. Et il est sérieux», conclut la vieille dame après un examen expéditif de sa ligne de cœur, forcément.

Nadia rougit. Ne voulut pas avouer à sa grand-mère toutes les extravagances hâtives du beau Monégasque, les fleurs, le champagne, les restaurants chics, les promesses de faire ensemble la belle vie, avec, à la clé, la possibilité de laisser tomber un travail qui lui pesait depuis des années.

Tentant.

Très tentant.

Mais effrayant.

«Peut-être, grand-maman, admit enfin Nadia, mais il habite Monaco, moi, Casablanca. Les amours à distance, ça ne fonctionne jamais. Je ne suis pas pilote d'avion comme Saint-Ex et même si je l'étais, je n'ai pas de Caudron Simoun à ma disposition.

– Vrai», fit la vieille Sofia avec résignation.

Ou alors elle avait perdu le fil de ses idées.

Nadia en profita pour «récupérer» sa main.

Sa grand-mère, décidément douée malgré son Alzheimer galopant, y avait lu trop aisément, indiscrétion qui n'était pas la plus agréable sensation du monde.

«Mais dis-moi, grand-maman, il faut que je sache : il est arrivé quoi, avec le petit David?

– Le petit David?

– Oui, est-ce que Saint-Ex et toi l'avez retrouvé?

– Pourquoi l'aurait-on retrouvé?»

Nadia eut un plissement imperceptible des lèvres : la maladie de sa grand-mère faisait à nouveau des siennes. Ou alors l'octogénaire voulait la torturer, comme certains conteurs qui repoussent infiniment la conclusion de leur drame, la précèdent d'innombrables péripéties.

«Bien, parce que vous l'aviez perdu! Rappelle-toi, le soir… Vous vous êtes retrouvés dans un petit hôtel, à Dakhla…

– Un petit hôtel…»

Décidément, sa mémoire lui jouait des tours. Ou elle était fatiguée. Ou les deux.

Pourtant, tout à coup, contre toute attente, ses yeux s'éclairèrent à nouveau, et elle se mit à sourire, comme si…

# 41

Ce fut l'odeur du café qui réveilla l'aviateur, comme une baguette magique agitée au-dessus de son nez retroussé.

Il ouvrit l'œil et contempla un instant Sofia encore tout endormie, près de lui. Mais immédiatement après sa pensée alla vers David.

Où avait-il passé la nuit?

Était-il encore à Dakhla?

D'ailleurs était-il encore vivant?

Saint-Ex descendit à pas de loup dans la salle à manger de l'hôtel où il était le seul voyageur, en tout cas à cette heure fort matinale, car il était à peine six heures.

Il avait seulement dormi – ou tenté de dormir! – trois petites heures.

Comme si l'hôtesse avait connu son goût extrême pour le café, elle lui en servit tout de suite une grosse tasse, lui proposa non pas de la crème, mais du lait de chèvre: on n'était pas aux

*Deux Magots,* à Saint-Germain-des-Prés, mais à Dakhla, en plein Sahara! Quant à ses trois sucres habituels, il se limita à un seul, même si le café était infiniment amer, car le sucre était brun.

Il mima le geste de fumer. La vieille femme lui trouva un paquet de cigarettes turques. Ce n'était pas ses préférées, mais il lui embrassa néanmoins les mains en signe de reconnaissance.

Elle sourit, il lui tendit quelques francs. Elle les refusa obstinément. Il les laissa quand même sur la table. Il expédia rapidement sa première tasse de café, puis, de sa *Parker 51,* écrivit un mot à l'intention de Sofia, et fit un signe à la vieille dame pour qu'elle comprenne à qui il était destiné.

Comme il n'était pas tout à fait certain de s'être fait comprendre, il s'empressa de portraiturer la jeune Sofia.

La ressemblance était saisissante, malgré la rapidité du trait. L'hôtesse esquissa un large sourire, tourna les yeux vers la chambre où ils avaient dormi...

Sa deuxième tasse de café expédiée, refusant poliment le pain et le fromage de chèvre que la tenancière lui proposait, Saint-Ex sortit. Il n'avait pas d'appétit.

Pendant l'heure qui suivit, il arpenta fébrilement les ruelles et les rues d'Al-Qasr, ignorant ses beautés, tout occupé par sa quête désespérée.

David demeurait introuvable.

Le petit prince non plus n'était pas visible.

Mais évidemment, Dakhla est une oasis bien plus grande que sa seule ville ottomane.

Pourtant la logique la plus élémentaire conduisait invariablement à la même conclusion : le soir précédent, le fennec avait sans doute dû attraper la souris bien avant qu'elle ne pût ressortir de la ville vers un autre village de l'oasis.

David était entré dans Al-Qasr en courant après le fennec.

Mais peut-être lui avait-on offert l'hospitalité, après qu'il eut rattrapé le renard de poche et eut été incapable de retrouver ses compagnons de voyage.

Ou peut-être, comme il l'avait pensé avec horreur, la veille, avait-il été enlevé et avait-il passé la nuit à dos de chameau, ou pire encore dans une cage! Car c'était le sort que les Maures réservaient parfois aux jeunes esclaves : ils les enfermaient dans une cage étroite pour leur faire oublier leurs idées de grandeur, leur sentiment de liberté!

Après des heures de recherches, singulièrement abattu, l'aviateur retourna à l'hôtel et y trouva une Sofia fort inquiète, même si elle avait vu le dessin et le mot qu'il lui avait laissés.

Son absence de quelques heures lui avait paru une éternité.

Et Saint-Ex avait l'air désespéré.

Et était seul.

«Qu'est-ce qu'on va faire? dit-elle.

– Je ne sais pas, je ne sais vraiment pas… Peut-être dort-il chez un bon samaritain. Il est encore tôt.»

L'hôtesse apportait un nouveau café à Saint-Ex, qu'il ne refusa évidemment pas.

«Avez-vous mangé? demanda-t-il à Sofia.

– Non, je n'ai vraiment pas d'appétit, mais j'ai bu cinq tasses de café. Je n'ai pas l'habitude.»

Et comme pour le prouver, elle tendit la main droite, qui tremblait.

«Je vous fais faire des choses que vous n'êtes pas habituée de faire», dit Saint-Ex.

Malgré le drame épouvantable qu'ils vivaient, Sofia plissa les lèvres de manière coquine, et regarda vers la chambre en commentant finement :

«Ça c'est vrai!»

Il sourit. Elle avait de l'esprit. Du caractère. Et évidemment de la beauté. Elle lui plaisait follement. Et il se demanda à nouveau pourquoi diable elle était arrivée si tard dans sa vie.

Comme pour chasser cette pensée par trop déprimante, il alluma une autre cigarette. C'était peut-être déjà la septième ou la huitième de la journée. Il lui semblait, même si c'était probablement une illusion, qu'il pensait mieux à travers des volutes de fumée.

« Vous ne parlez pas arabe, évidemment ? » vérifia-t-il auprès de Sofia.

C'était visiblement la langue maternelle de leur hôtesse.

Sofia fit un signe de dénégation : elle parlait l'italien, forcément, le français, et délicieusement du reste, se débrouillait fort bien en anglais, savait quelques mots d'allemand.

Pourtant elle fit, ingénieuse, déterminée, comme depuis l'instant où Saint-Ex l'avait rencontrée, et il ne l'en trouvait que plus admirable, des tentatives de conversation avec la vieille femme, dans toutes les langues qu'elle connaissait. L'hôtesse, hélas, n'était pas polyglotte, apparemment.

L'aviateur pensa que c'était exaspérant à la fin.

Puis une idée lui vint, qui réglerait peut-être leur problème.

Il s'empara de sa plume *Parker 51*, qu'il aimait peut-être parce qu'elle portait en son nom un chiffre et qu'il était fou de mathématiques. Il trouva du papier et se mit à dessiner le petit prince avec une célérité et une virtuosité qui éblouirent Sofia. C'est une chose de voir les dessins, même brillants, de quelqu'un : c'en est une autre de le voir les faire naître devant nos yeux fascinés. C'est le talent en action et c'est toujours un peu mystérieux.

Sofia souriait, aurait presque applaudi, n'eût été les circonstances dramatiques, et l'hôtesse s'approcha, curieuse de ce qui avait pu provoquer semblable réaction chez la jeune femme. Mais à peine avait-il expédié son dessin – il avait revêtu le petit prince de son long manteau avec une étoile d'or à chaque épaule –, qu'il se frappa le front, et, avec une moue contrariée, il se flagella :

« Je suis con comme la lune ! Mon fils doit avoir treize ans maintenant, et je l'ai dessiné comme lorsqu'il avait sept ans !

– Ah ! évidemment… », convint Sofia à qui l'objection n'était pas spontanément venue.

Encore irrité par sa propre étourderie, l'aviateur froissa le dessin, le jeta sur la table. Il réfléchissait à ce que son fils pouvait bien ressembler maintenant, ce n'était pas évident, et il s'en ouvrit à Sofia.

« Il n'a peut-être plus ses longs cheveux blonds, il s'est peut-être rasé la tête comme plusieurs garçons du désert. »

Mais Sofia n'eut pas le temps de répondre, car l'hôtesse, le front traversé d'une large ride, s'était emparée du dessin, le défroissait. Dès qu'elle aperçut le petit prince, son visage s'éclaira d'un large sourire.

« Pourquoi sourit-elle ainsi ? fit Sofia.

– Je ne sais pas. »

La femme âgée fit alors une pantomime d'une simplicité parfaite, qui répondait à leur interrogation.

Elle pointa du doigt le petit prince, puis tapota sa poitrine, et enfin toucha sa tempe en inclinant la tête.

« Elle sait où se trouve le petit prince ! s'écria l'aviateur.

– Ça me paraît évident, en effet ! »

Saint-Ex sautait de joie. Il fouilla dans ses poches, prit un paquet de billets, les tendit à la vieille femme. Elle refusa. Il insista. Enfin elle les prit, les empocha, fit un signe du doigt, qui voulait simplement dire : suivez-moi !

Aussi la suivirent-ils docilement. Elle les entraîna dans les rues d'Al-Qasr, vers un lieu dont il ne soupçonnait pas l'existence ni même la possibilité dans le désert, mais Dakhla était l'Oasis Intérieure : une magnifique roseraie qui comptait des centaines, en fait des milliers de roses, cinq mille pour être plus précis, exactement comme dans la roseraie du *Petit Prince*!

L'aviateur éprouva une émotion extraordinaire.

Car tout naturellement il s'était souvenu de la roseraie dans son récit qui ferait le tour du monde.

Sofia aussi était émue, puisqu'elle s'exclama :

«Comme dans votre histoire!

– Oui», acquiesça Saint-Ex dont la joie pourtant fut de courte durée, car il n'y avait pas de petit prince, et par conséquent, il ne comprenait pas l'empressement de la vieille femme à les conduire dans la magnifique roseraie.

Béate d'admiration devant le talent de dessinateur de l'aviateur, Sofia avait récupéré discrètement le dessin du petit prince, même s'il était froissé.

Comme elle partageait la même déception, la même interrogation que Saint-Ex, elle le montra à la vieille femme, qui comprit tout de suite. Elle montra le soleil du doigt, puis fit un signe qui indiquait le chiffre trois.

Enfin, elle désigna un vieux banc de pierre à l'entrée de la roseraie.

Puis elle se sépara de Sofia et de Saint-Ex, pour vaquer à ses affaires.

«Elle a voulu dire à trois heures ou dans trois heures, vous pensez?» demanda Sofia.

L'aviateur consulta sa montre avant de répondre.

«Il est neuf heures, dans trois heures, il sera midi. C'est une heure qu'il aimait, pas juste pour manger, mais parce qu'il a toujours aimé la lumière, et c'est peut-être pour ça qu'il est né blond. Il faut être patients.

– Avec vous, je ne suis jamais obligée d'être patiente.

– Ah! fit Saint-Ex, je pense que c'est le plus beau compliment qu'une femme m'ait jamais fait.

– Parce que ce n'est pas un compliment.

– Ah! c'est là un compliment encore plus grand. Je croyais que c'était moi le génie, vous le faites exprès ou quoi pour dire des choses si fines?»

Un sourire de Sofia, et son explication:

«Je vous aime. Et je croise les doigts. Pour nous et le petit prince.»

La chaleur commençait à être intense, mais heureusement le vieux banc était commodément placé à l'ombre.

Ils s'y assirent.

Attendirent.

De plus en plus anxieusement.

Même s'ils se tenaient par la main.

Comme deux adolescents.

Incertains de leur avenir.

Et parfois ils s'embrassaient.

Comme deux adolescents.

Entre deux baisers, l'aviateur fumait. Sofia tentait de le calmer, de lui donner espoir.

Midi vint enfin.

Pas de petit prince.

Saint-Ex maintenant était au plus profond du désespoir.

«Elle n'a pas dû nous comprendre, où elle a dit n'importe quoi», laissa-t-il tomber.

Il se leva, et allait quitter la roseraie pour rentrer à l'hôtel ou se remettre à chercher le petit David, lorsque contre toute attente, ce dernier apparut dans l'allée, marchant calmement, un demi-sourire aux lèvres.

Mais ce qui était encore plus curieux, c'est qu'il n'était plus du tout habillé comme la veille, mais portait le long manteau du petit prince, avec les étoiles dorées sur les épaules, comme Saint-Ex l'avait rapidement dessiné trois heures plus tôt sur la table de la salle à manger!

Intrigué au plus haut point, l'aviateur regarda Sofia qui elle aussi sourcillait. Enfin il se tourna vers l'enfant:

«David?» demanda-t-il.

Il croyait halluciner tant la ressemblance était grande entre son fils et lui, lorsqu'il n'avait que sept ans.

Et le blond enfant qui continuait de s'avancer de son pas calme, créa en lui et en Sofia une confusion encore plus grande en répliquant par ce simple mot, les yeux arrondis par la joie des retrouvailles:

«Papa!»

# 42

«Papa!»

David avait appelé Saint-Ex: papa, mot magique.

Pourtant, de toute évidence, quelque chose clochait.

«Il est peut-être malade!» suggéra l'aviateur infiniment perplexe.

«C'est peut-être le soleil du désert, tenta Sofia. Il aura attrapé une insolation!»

Sans répondre à son argument fort sensé, trop pris dans son propre raisonnement, le romancier répliqua:

«C'est curieux, il porte le manteau du petit prince!

– Je sais, j'ai vu vos dessins, renchérit la jeune femme.

– Mais ça veut peut-être dire que… »

Il n'osait compléter sa pensée, l'idée était trop inattendue.

Glorieuse.

Heureuse.

Sofia restait suspendue à ses lèvres littéraires.

« Que quoi ? demanda-t-elle.

– Bien, que David a retrouvé le petit prince ! Sinon comment pourrait-il porter son manteau ?

– Logique. »

David – ou le petit prince – s'avançait, sourire aux lèvres.

Mais plus il approchait, plus Saint-Ex se posait des questions.

« C'est bizarre », réfléchit à voix haute l'aviateur.

Il avait l'habitude de parler tout seul, ce qui, au fond, n'est qu'une autre définition – et peut-être la plus juste ! – du métier de romancier, avec un supplément de manières, car on parle tout seul pour plaire à tout le monde.

« Qu'est-ce qui est bizarre ?

– On dirait que ce n'est pas David, et en même temps ça ne peut pas être le petit prince : il a treize ans.

– En effet…

– Et là, et c'est ce que je ne comprends pas, il n'a pas changé, n'a pas vieilli. »

Le visage de l'aviateur se décomposait, passant de l'étonnement, à la perplexité, à l'émotion la plus vive.

« Mon enfant, c'est… c'est toi ? » balbutia-t-il enfin, car il voyait bien que ce n'était pas David, qui se trouvait devant lui en cette roseraie, même déguisé avec les vêtements du petit prince.

Ne tenant plus de joie, l'aviateur se hâta vers le petit prince, le prit dans ses bras, le fit joyeusement tournoyer dans l'air chaud de l'Oasis Intérieure, ce qui le confirma dans son impression première : son enfant n'avait pas pris un kilo, n'avait pas grandi d'un centimètre, ce qui était tout à fait étonnant.

Sofia avait porté la main devant sa bouche, esquissait un sourire, ravie par le spectacle de ce père et de son enfant qui se retrouvaient après tant d'années, après un périple si périlleux.

Enfin, l'aviateur posa le petit prince, mais lui tint les deux mains.

« Je n'en reviens pas, tu n'as pas changé.

– Toi non plus ! » répliqua finement le petit prince, et il y avait de la moquerie dans ses yeux.

« Oh ! si, j'ai changé ! » le contredit l'aviateur en passant sa main droite dans ce qui lui restait de cheveux.

Et aussitôt, il reprit la main du petit prince, comme si c'était insupportable de ne pas la lui tenir, de l'abandonner plus que trois secondes.

L'homme et l'enfant se regardèrent un instant en silence.

L'aviateur n'en revenait toujours pas : le petit prince avait absolument la même apparence que la dernière fois qu'il l'avait vu.

Ses cheveux étaient aussi abondants, aussi blonds, aussi hirsutes. Son teint possédait la même fraîcheur, comme s'il avait passé sa vie dans une roseraie, loin des miasmes de la vie moderne.

Une chose pourtant avait changé : deux à la vérité.

La première était que son costume avait vieilli, ce qui était tout à fait normal. Ses couleurs, le bleu de son ensemble, le rouge de son col et de l'extrémité de ses manches avaient pâli, semblaient délavés. Et le tissu en était élimé. Il y avait aussi, çà et là, quelques taches, qui n'avaient pas résisté au lavage, ou qui simplement avaient été négligées, et un trou, qui venait on ne savait d'où.

La seconde différence, c'était ses yeux, qui n'avaient plus la naïveté du petit enfant qu'il était encore la dernière fois qu'ils s'étaient vus. Il y flottait une sorte de maturité, de sagesse presque, en tout cas de profondeur, et peut-être un tantinet de tristesse. Enfin, c'était un mélange difficile à décrire, même pour un romancier de la trempe de l'aviateur.

« Tu n'as plus tes jolies bottes, comme lorsqu'on a eu notre panne dans le désert ?

– Non, fit le petit prince en regardant ses pieds chaussés de sandales, dans le désert, c'est un peu chaud, et puis, je les mets juste pour les grandes occasions.

– Ah ! je vois, fit l'aviateur, même s'il ne voyait pas. Mais dis-moi, comment se fait-il que tu n'aies pas du tout changé ? »

Le petit prince esquissa un sourire mystérieux à souhait.

« Je t'expliquerai, c'est un secret que m'a enseigné mon autre papa... »

Son autre papa !

Ça fit drôle à Saint-Ex, cette explication, qui était quand même moins accablante que « mon nouveau papa », ou autre variante pourtant légitime.

Quand un père laisse derrière lui son enfant, surtout en bas âge, il ne peut pas s'attendre à ne jamais être remplacé !

L'aviateur paraissait bouleversé.

Sofia s'interposa, servant un peu d'aide-mémoire à Saint-Ex dont l'étourderie était tout à fait explicable :

« Je ne voudrais pas gâcher votre joie, Antoine, mais on fait quoi avec David ? »

Saint-Ex se frappa le front, se sentit coupable même si, bien entendu, il avait des circonstances atténuantes : ce n'est pas tous les jours en effet que l'on revoit son fils qu'on a perdu de vue depuis des lunes, ou pour mieux dire, une éternité !

Car chaque année sans son unique enfant, surtout si cet enfant est le petit prince que le monde entier adorera et adoptera bientôt, c'est comme cent ans!

L'aviateur commença à expliquer à son fils ce qui s'était passé avec David. Le petit prince le coupa au bout de dix mots, comme s'il avait déjà tout compris ou comme s'il lisait dans les pensées de l'aviateur bouleversé. Il se contenta de dire:

«Viens!»

Saint-Ex regarda Sofia en soulevant les épaules, en ouvrant démesurément les yeux, intrigué.

Et tous deux suivirent le petit prince.

Que tout le monde devrait toujours suivre.

Toutes affaires cessantes.

Mais les grandes personnes en général sont trop occupées pour semblable tâche, qui paraît simple, mais ne l'est pas, loin de là: c'est même le travail de toute une vie!

Le petit prince entraîna Sofia et l'aviateur vers la place publique, où un enfant qu'il connaissait visiblement, un petit garçon de douze ou treize ans, un Arabe aux cheveux courts et noirs, vint à lui, et s'inclina avec déférence.

Comme si le petit prince était son chef.

Les deux garçons s'éloignèrent un peu de Saint-Ex et de Sofia, comme s'ils voulaient que leur conversation demeure confidentielle.

Pendant ce temps, Saint-Exupéry s'ouvrit à Sofia de l'état d'âme nouveau qui le traversait et dont il s'étonnait.

«Je suis fou de joie de le retrouver, avoua-t-il, mais en même temps, je suis comment dire…

– Triste?

– Oui.

– Parce qu'avant, il avait besoin de vous?

– Oui, fit-il, étonné de sa perspicacité.

– Et maintenant, c'est vous qui avez besoin de lui.

– Oui.

– Mais il est avec vous, maintenant.

– Oui, fit l'aviateur, et cette fois-ci je ne referai pas la même erreur.

– Je sais, je sais », fit Sofia.

Et une tristesse montait en elle, car elle sentait vaguement le drame à venir.

Si le petit prince tenait à rester à Dakhla, Saint-Ex ne repartirait pas vers Casablanca.

Elle, oui.

Car elle avait Tatiana.

« Encore faut-il qu'il veuille de moi comme père, depuis le temps que je l'ai abandonné, fit Saint-Exupéry, en une sorte de conclusion d'un soliloque silencieux.

– C'est quand même votre enfant !

– Mais est-ce que je suis encore son père à ses yeux ? »

Ils n'eurent pas le temps de terminer cette conversation, car le petit prince revenait et suggéra :

« Allons nous asseoir !

– Je ne comprends pas ! protesta l'aviateur. Pourquoi nous asseoir ?

– Pour attendre David.

– Ton petit ami sait où il se trouve ?

– Non. Mais il sait comment le trouver, ce qui revient au même. »

Nouvel étonnement de Saint-Ex.

Mais le petit prince semblait si sûr de son fait.

Pourtant par nervosité, ou impatience, ou simplement par simple habitude – ou les trois à la fois ! –, l'aviateur s'alluma une cigarette. Le petit prince le regarda avec une sorte de sévérité, lui demanda :

« Pourquoi fumes-tu, papa ? »

# 43

« Je suis romancier : il faut bien que j'aie quelques vices sinon aucun critique ne me prendra au sérieux ! »

C'était drôle.

Peut-être.

Pourtant, le petit prince ne rit pas, ne sourit même pas, contrairement à Sofia qui dut réprimer son hilarité de crainte de contrarier l'enfant. Qui n'était plus tout à fait un enfant.

Après un bref silence, comme s'il avait dû réfléchir à sa réponse, le petit prince fit enfin remarquer :

« Tu dis toujours avec nostalgie que tu es d'un seul pays : celui de ton enfance. Mais dis-moi, quand tu étais enfant, ou même adolescent, est-ce que tu fumais.

– Euh, non », fut forcé d'admettre l'aviateur.

Car au début du vingtième siècle, l'adolescence était moins fumeuse, et en somme moins pressée de singer les grandes personnes.

« Tu veux mourir jeune comme grand-papa ? » demanda le petit prince qui enfonçait le clou, décidément.

Le père de Saint-Ex était mort d'une crise cardiaque le 14 mars 1904, à quarante et un ans, laissant son fils orphelin en très bas âge.

« Euh, non », répliqua Saint-Exupéry, un peu déstabilisé.

Avait-il évoqué la mort précoce de son père en présence de son fils ?

Peut-être…

Mais si c'était le cas, et il était fort éloigné d'en avoir la certitude, c'était une seule fois, et brièvement : il se rendait compte que son fils avait écouté religieusement.

À moins que…

Il avait l'impression à nouveau que le petit prince lisait en lui comme dans un livre ouvert ! Ce qui est toujours un peu embêtant, surtout pour un auteur, surtout pour un auteur qui se veut pudique, voire secret, même s'il passe le plus clair de son temps à se raconter, en brouillant les pistes, il est vrai, comme lorsqu'il tentait d'échapper au tir des chasseurs ennemis : mais les gens croient toujours que les romanciers parlent des autres alors qu'ils ne parlent que d'eux-mêmes !

« Alors, si tu veux redevenir un enfant et que pourtant tu fumes, n'est-ce pas une contradiction ?

– Contradiction est mon deuxième prénom ! » répliqua non sans humour l'aviateur fameux.

Et fumeur.

Sofia sourit, mais encore une fois le petit prince resta de glace, si du moins la chose était possible à Dakhla, en plein mois de juillet, alors qu'il faisait déjà 35 degrés à l'ombre !

« Alors on s'assoit ? » proposa à nouveau le petit prince.

Il affichait tant d'autorité, d'assurance, qu'il ne vint ni à Saint-Ex ni à Sofia l'idée de le contredire.

Ils prirent donc place sur un banc de la place publique qui se trouvait près d'eux.

Aussitôt, le petit prince tira une orange de sa poche.

Il l'éplucha avec patience et application, sans briser à un seul endroit la pelure, qui pendait, dans toute sa longueur et qu'il reconstitua tout de suite après pour lui redonner sa forme initiale. Et, fier de lui, il la déposa sur le banc, à côté de l'orange, qu'il prit.

La tâche avait été accomplie si habilement qu'on aurait dit que l'orange était encore prisonnière de son écorce, dont on ne voyait pas la déchirure, à moins de la regarder de près.

« Hum, remarquable ! fit l'aviateur, amusé.

– Oui, vraiment, surenchérit Sofia : ma mère faisait ça, quand j'étais enfant.

– La mienne aussi ! » s'étonna l'aviateur et il lui sembla – et à elle aussi – que c'était là une autre confirmation qu'ils étaient faits pour s'entendre, et c'était peut-être ce qui expliquait le coup de foudre aussi violent qu'étonnant de Sofia pour lui, malgré leur écart d'âge.

« Les grandes personnes font tout trop vite, commenta le petit prince. Et en plus, elles pensent toujours à autre chose en le faisant.

– Euh oui, surtout lorsque ce qu'elles font est monotone », admit Saint-Ex.

Il disait ça en fumant, pensant peut-être à ses premières et mortelles années comme fonctionnaire. Ce qui inspira à son fils ce commentaire :

« Quand tu auras vraiment respiré le parfum d'une rose, tu ne voudras jamais plus fumer, papa, je te le prédis. »

Saint-Ex préféra ne pas s'opposer, d'ailleurs il n'était pas sûr de comprendre ce que le petit prince avait voulu dire.

Alors il prit une autre bouffée, mais, bizarrement, elle lui parut moins exquise : on eût dit que son enfant, petit magicien malgré lui, lui avait jeté un sort.

Aussitôt la fumée exhalée de ses lèvres, Saint-Ex regarda sa cigarette, comme s'il avait été un somnambule qui ne fumait pas dans la vie ordinaire et se réveillait, intrigué de se livrer à cette déplorable habitude.

«Mangeons!» suggéra le petit prince qui, un peu comme l'avait fait David au désert, sépara l'orange en trois parties parfaitement égales.

L'aviateur n'avait pas vraiment d'appétit et céda sa portion à Sofia qui, elle, l'engloutit, comme la sienne, sans se faire prier.

Une question chiffonnait l'aviateur, depuis qu'il avait aperçu le petit prince. Il s'en ouvrit enfin, dès que son fils eut mangé avec un plaisir évident ses quelques quartiers d'orange :

«Comment se fait-il que tu n'aies pas vieilli d'un jour, depuis qu'on s'est vus ?»

# 44

« J'ai pourtant beaucoup vieilli, tu ne te rends pas compte que je ne suis plus le même ? déclara le petit prince.

– Oui, je m'en rends compte, mais tu n'as pas grandi.

– Pas de corps, mais d'esprit !»

Le petit prince n'eut pas le temps d'éclairer davantage son papa sur ce mystère. Car contre toute attente, David revint à ce moment, non pas seulement avec le gamin arabe avec qui il avait brièvement conversé, mais avec une ribambelle d'enfants, sept pour être plus précis, tous souriant à belles dents.

Le petit fennec était aussi de la partie, et courait fièrement devant la bande. Les enfants avaient eu l'amusante idée de le déguiser, car il portait un justaucorps rouge qui lui donnait des allures d'animal domestique ou de cirque.

Sofia se leva aussitôt du banc et courut vers les enfants. Elle prit David dans ses bras :

«Ah! tu nous as fait tellement peur! Où étais-tu?

– Je vous ai cherchés, hier, expliqua-t-il avec un calme désarmant, mais je ne vous trouvais pas. Puis j'ai rencontré Amir.»

Il désignait un des enfants de la joyeuse bande, qui ne dit rien, mais se contenta de montrer ses dents en un large sourire.

Saint-Ex aussi était soulagé. Tout s'arrangeait. Il n'eut pas le courage de réprimander David. Qui était sain et sauf.

Tout est bien qui finit bien, surtout dans le désert, Oasis Intérieure ou pas! L'aviateur proposa à Sofia:

«Je vous retrouve à l'hôtel, *bellissima*.»

Il ne sut pas au juste pourquoi il l'avait appelée ainsi: *bellissima*. Bien sûr, il la trouvait superbe, bien sûr, elle était Vénitienne.

«Oui, poupée!» répliqua-t-elle non sans humour, comme si ça avait été elle, l'homme, lui, la femme.

Il éclata de rire. Elle éprouva une fierté légitime: toujours agréable de faire rire l'être qui nous plaît, surtout lorsque de surcroît c'est un auteur célébré dans le monde entier et qu'on est une parfaite inconnue!

Elle repartit vers l'hôtel avec David et le petit fennec dont le justaucorps rouge ne cessait de la ravir.

«Retournons à la roseraie de cinq mille roses! suggéra alors le petit prince.

– Elle a vraiment cinq mille roses, comme dans notre livre?»

Pour la première fois, le romancier appelait ainsi *Le Petit Prince*, qui après tout était leur histoire!

«L'aurais-tu imaginée ainsi si tu ne la connaissais pas déjà? demanda finement le petit prince.

– Non, tu as sans doute raison», admit-il sans consacrer à la chose de trop amples réflexions: il n'était pas d'humeur contradictoire comme avec ceux qu'il trouvait cons, ou alors il s'enfermait dans un mutisme profond.

Un gamin les vit quitter le banc, aperçut l'orange, ou plutôt ce qu'il croyait être l'orange, et n'en était que l'écorce, s'en empara et se mit à courir, puis réalisa aussitôt sa méprise, grimaça de déception.

« Certains de nos rêves ressemblent à cette pelure d'orange, commenta le petit prince. Lorsqu'ils se réalisent, on se rend compte qu'ils étaient vides, dépourvus du bonheur qu'ils devaient nous apporter. Pour goûter l'Orange de la Vie, il faut croquer dans le présent et non dans l'avenir !

– Vrai. Très vrai. »

Le petit prince vit alors le gamin qui jetait la décevante pelure d'orange, et dit, philosophe :

« On ne nous vole jamais rien, seulement ce qui ne nous appartient pas.

– Ne répète pas ça à mon éditeur, plaisanta Saint-Ex, ça pourrait lui donner des idées ! »

Le petit prince plissa les lèvres, dodelina de la tête. Son père était-il jamais sérieux ? La chose sans doute l'aurait embêté s'il n'avait pas pu lire en lui : mais il le pouvait, ce qui amenuisait sa contrariété.

En chemin vers la roseraie, l'aviateur prit son enfant par la main. Ça lui fit drôle, car il lui semblait qu'il n'était plus vraiment un enfant, malgré sa taille inchangée.

Il avait surtout l'impression qu'on lui avait volé six ou sept années de sa vie, il ne se souvenait plus au juste, et que, par-dessus tout, ces années auraient été les plus belles. Mais n'était-il pas, en cette instance, tout à la fois le voleur et le volé, ce qui nous arrive si souvent, qu'on l'admette ou non ?

Ça le brûlait tant, à la fin, cette pensée d'avoir gaspillé stupidement ces années, qu'il confia au petit prince, en un véritable cri du cœur :

« Je n'aurais jamais dû t'abandonner !

– Tu ne m'as pas abandonné, papa. Maman et toi, vous étiez occupés, vous aviez votre vie.

– Notre vie ! Ma vie, c'était toi, mais je ne m'en suis pas rendu compte assez vite. Tu n'aurais pas préféré que ta mère et moi on te reconnaisse ?

– Je ne t'en veux pas, papa. Et puis Lydia voulait refaire sa vie. »

Lydia, c'était sa *nanny*, sa mère adoptive.

Fidèle à son habitude – quel avocat il aurait fait ! –, il ne répondait presque jamais directement à une question.

Ou alors il le faisait, mais on ne s'en rendait tout simplement pas compte ! Car il était plus sage qu'on ne le pensait.

De grandes âmes inconnues se cachent ainsi souvent parmi nous, ne parlent jamais vraiment d'elles autrement que par leur silence noble et généreux, ne se plaignent jamais, et pourtant sont heureuses.

D'aider simplement les autres.

Qui parlent constamment d'eux et se plaignent, car ils sont malheureux.

« Tu es gentil de ne pas me le reprocher, fit Saint-Ex. Mais je l'ai fait. Je veux dire, je t'ai abandonné. J'aurais dû dire à ta mère : "On vit notre amour au grand jour, on garde le petit prince !" Mais je ne l'ai pas dit, je n'ai pas eu ce courage, moi qui ai affronté tant de dangers dans tant de missions.

– Il ne faut pas dire ça, papa.

– Tu n'aurais pas aimé m'avoir comme papa ?

– Oui, bien sûr, répliqua le petit prince. Mais le passé est le passé. En plus si tu ne m'avais pas abandonné, comme tu dis, je n'aurais pas rencontré mon autre père, et je n'aurais pas appris comment t'enseigner le secret pour retourner au royaume de ton enfance ! »

Un jour Saint-Ex avait écrit – et toute sa vie il l'avait pensé, et plus il vieillissait, plus il le pensait : « Une chose me chagrinera toujours c'est d'avoir grandi. »

Alors l'affirmation de son fils, même si elle était grosse, avait de quoi piquer sa curiosité.

Mais bien entendu, il sourcillait.

« Il y a un secret pour retourner au royaume de notre enfance ?

– Oui, tu pourrais redevenir un enfant de sept ans », affirma le petit prince.

# 45

« Je pourrais redevenir un enfant de sept ans ? » fit l'aviateur en arrondissant les yeux, comme si un instant il était parvenu à faire taire sa raison et à croire les extraordinaires prétentions de son fils.

Le petit prince et lui marchaient toujours dans la vieille et belle ville ottomane, passaient devant le minaret rose, et avaient cette conversation qui renversait littéralement le romancier. Pourtant il ne manquait pas d'imagination.

Mais parfois la réalité dépasse la fiction, et c'est souvent quand on croit avoir accouché d'une sottise qu'on a fait œuvre de sage : ce n'est pas moi qui l'ai dit le premier, c'est Érasme de Rotterdam dans son *Éloge de la folie* !

« Oui », poursuivit calmement le petit prince comme s'il expliquait la manière de moudre le café. « Ou tu pourrais, comme mon père, rajeunir, mais rester une grande personne.

– Vraiment ?

– Oui. Quand il a rencontré son maître spirituel, il avait exactement ton âge, maintenant on dirait qu'il a trente-cinq ans.

– Il a rajeuni de neuf ans ?

– Un peu plus.

– Un peu moins, tu veux dire ; quarante-quatre moins neuf ça fait trente-cinq, sauf erreur.

– Non, tu ne comprends pas.

– Alors, explique-moi !

– Il a rencontré son maître il y a soixante ans.

– Et donc il a… cent quatre ans ?

– Oui, cent quatre ans ! C'est vieux, mais c'est jeune. Ça dépend de l'astéroïde d'où on vient. »

L'aviateur eut envie de se pincer pour bien se persuader qu'il ne se trouvait pas dans un mauvais rêve philosophique, où triomphent naturellement les plus absurdes idées.

Mais enfin, il protesta :

« Il a cent quatre ans et il n'en paraît que trente-cinq ? Désolé, mais là, il faudrait que je le voie pour le croire.

– Ne fais pas le Maure ! » lui reprocha gentiment le petit prince.

L'aviateur ne comprit pas ce que son fils voulait dire.

« Faire le mort ? Sauf erreur, je suis encore en vie ! Je sais que c'est un vrai miracle avec tous mes accidents d'avion et mes opérations, n'empêche, je suis là.

– Non, faire le Maure, comme dans le désert. »

Son fils avait-il fait un jeu de mots ?

Si c'était le cas, c'était bien le premier qu'il commettait, autre preuve, s'il en était besoin, qu'il avait changé depuis la dernière fois qu'ils s'étaient vus.

Par déformation professionnelle, le romancier ne put s'empêcher de penser que ses traducteurs s'amuseraient – ou s'arracheraient les cheveux! – avec semblable jeu de mots, car il se rappela un épisode drolatique de son séjour à New York.

Une richissime lectrice new-yorkaise, qui le recevait dans son salon·à défaut de pouvoir le recevoir dans sa chambre à coucher, avait en effet comparé son manuscrit à l'édition américaine et y avait noté une erreur amusante.

Dans son original, Saint-Ex disait avoir assisté à quarante-trois couchers de soleil. Or, dans la version américaine, c'était, inexplicablement, sinon par une simple étourderie du traducteur dont Saint-Ex avait souri, devenu… quarante-quatre!

Bien des années plus tard, cette bête distraction de traduction avait fait dire à une biographe du célèbre aviateur que ces quarante-quatre couchers de soleil (qui en fait étaient quarante-trois!) constituaient une troublante prémonition de l'auteur au sujet de sa disparition à… quarante-quatre ans!

On peut s'imaginer ce que les innombrables traducteurs, «correcteurs» et exégètes du *Nouveau Testament* ont fait et lu dans le message original de Jésus!

«Faire le Maure, comme dans le désert?» demanda l'aviateur.

Et il était troublé de cette nouvelle coïncidence, car juste la veille, dans la caravane qui les avait recueillis, Sofia, David et lui, il avait pensé à ce que, plusieurs années plus tôt, il avait écrit au sujet des Maures et de leur incroyable étroitesse d'esprit.

«Oui», répliqua avec une pertinence infinie le petit prince, «ils croyaient que le monde, c'est le désert, et qu'il n'y avait rien d'autre, parce que c'est la seule chose qu'ils avaient vue. Alors, je répète ma question: tu ne crois pas que tu fais le Maure?»

L'aviateur fit comme faisait souvent le petit prince avec lui: il ne répondit pas à sa question. À la place, il lui posa une question: il était mûr pour le droit, la politique ou le mariage, c'est selon!

«Mais comment sais-tu ce que j'ai écrit?» fit Saint-Ex, décidément de plus en plus troublé.

«Papa, tu crois encore que nous sommes deux personnes, toi et moi?»

# 46

«Je ne sais plus ce que je crois», répliqua Saint-Ex avec un début d'irritation, car il était vraiment dépassé par tout ce qui lui arrivait.

En outre, il aurait souhaité plus d'explications et moins de questions de la part du petit prince.

Son souhait secret – mais pouvait-il avoir des secrets pour son mystérieux fils? – se réalisa.

«Tu as le choix, résuma le petit prince. Tu peux rajeunir et rester un adulte, et vivre fort longtemps, comme mon autre père. Ou tu peux redevenir un enfant. Avoir toujours sept ans.

– Oh! si j'ai le choix, je crois que j'aimerais redevenir un enfant de sept ans.»

Il ne put s'empêcher à ce moment d'avoir une pensée pour sa maman adorée, qui lui avait tout donné, tout sacrifié. Une pensée pour son frère mort à quatorze ans des complications cardiaques des fièvres rhumatismales, pour ses sœurs, surtout sa préférée, Gabrielle, avec qui il avait tant joué dans le château de son enfance.

Une larme lui vint à l'œil gauche, du côté de son épaule amochée à jamais par son dernier accident d'avion. Et il y alla d'une explication supplémentaire:

« Parce que les grandes personnes, tu ne les connais peut-être pas encore bien, mais je peux te dire que la plupart ne sont pas très drôles, et leurs jeux me lassent.

– Elles jouent encore, les grandes personnes ?

– Elles jouent surtout des jeux. Pour que les autres grandes personnes aient une idée avantageuse d'elles. Ou pour oublier qui elles sont vraiment. Pourtant, elles ne s'amusent guère.

– Ah ! bon.

– Il faut dire que ça prend du talent, pour s'amuser vraiment. D'ailleurs, c'est un talent qui semble perdu depuis longtemps. En tout cas, on ne l'enseigne pas. Ma mère pourtant le faisait avec mes sœurs, mon frère et moi ; c'était toute sa vie de nous faire voir la poésie des choses, le vrai spectacle du monde. Puis j'ai fait l'erreur de grandir, et la célébrité ne m'en a pas guéri.

– Tu veux vraiment redevenir un enfant ?

– Oui. Car la vérité, c'est que j'aimerais passer le reste de ma vie avec toi, mon enfant. La vérité, c'est que j'aimerais que jamais tu ne deviennes une grande personne. Je veux juste que nous soyons ensemble.

– Ensemble, c'est un joli mot, dit le petit prince. Je crois que c'est la première fois que je t'entends le prononcer. »

C'était dit gentiment, mais oh ! quel reproche infini, quel coup de poignard droit au cœur ! Saint-Ex se détourna pour que son fils ne vît pas les larmes dans ses yeux.

Mais lorsqu'il se retourna vers son fils, ses yeux étaient encore humides, et son cœur encore meurtri, où s'agitait manifestement le spectre de la plus horrible culpabilité, ou le chagrin devant les années perdues, et qui jamais ne reviennent.

« Tu pleures ?

– C'est cette idiote de cigarette ! »

Il l'éteignit, glosa au sujet de ce que son fils venait de dire :

«*Ensemble*. Ça devrait être le titre de mon prochain roman. Ce serait l'histoire naturelle et belle d'un père qui laisse tout tomber sans regret pour passer tout le temps qui lui reste avec son enfant. Ce père original et un peu fou ne l'envoie pas à l'école, fait plutôt comme ma mère a fait avec moi, même si j'étais tout sauf un génie, juste un enfant docile qui voulait épater sa maman de ses pitreries et de ses inventions.»

Une pause et il ajoutait, comiquement :

«Ne répète ça à personne, surtout pas aux critiques littéraires ! Ils vont mourir de plaisir et me descendre en flammes, comme un beau Caudron Simoun par un stupide chasseur nazi !»

Une pause, et il ajoutait, méditatif et nostalgique :

«*Ensemble*. Oui, ce serait mon testament puisque j'y dirais la seule chose qui compte pour moi : toi, mon fils. Mais hélas, je ne crois pas que j'aurai le temps ou la force de l'écrire, je sens en moi une difficulté d'être. Peut-être ai-je trop fait la vaine noce, car les fêtes vraies de mon enfance au château me manquaient trop.»

Un temps, et il disait avec, à l'œil, cette lueur moqueuse et spirituelle qui jamais ne l'avait quitté même dans les situations les plus catastrophiques dont il semblait faire l'originale collection, car il était né aventurier :

«Il me semble que ma vie tire à sa fin.

— La vie telle que tu l'as connue jusqu'ici, se permit d'objecter le petit prince, mais peut-être pas la vraie vie.

— La vraie vie ? Celle où je pourrais passer mon temps à regarder tes boucles blondes, entendre ton rire, manger avec toi, faire les choses les plus simples, te prendre par la main et regarder le soleil se coucher.»

Fidèle à lui-même, le petit prince ne répondit pas à la question. Ou il y répondit par son silence. Qu'illuminait peut-être l'esquisse d'un sourire.

Mais enfin, sortant de son mutisme souriant, il suggéra, au moment où ils arrivaient enfin à la roseraie :

« Respire une rose comme si c'était la première et la dernière fois.

– C'est un test ?

– Oui. Si tu ne réussis pas, jamais plus tu ne me reverras. Car je veux seulement comme père un homme qui sait vraiment respirer une rose. »

# 47

L'annonce inattendue, qui ressemblait à une menace, à la plus terrible menace qui fût, affola l'aviateur.

Son fils ne pouvait être sérieux !

Rien de tel qu'une vérification hâtive :

« Mais comment feras-tu pour savoir si je respire cette rose comme si c'était la première et la dernière fois ?

– Je saurai », répliqua le petit prince un peu énigmatiquement.

Et l'aviateur avait l'impression que son fils disait vrai, qu'il faisait tout sauf plaisanter.

Ce qui rendait l'exercice encore plus angoissant.

Pourtant Saint-Ex avait-il d'autre choix que de s'y livrer du mieux qu'il pût, avec tout son cœur, toute son âme ? Sinon, ne risquait-il pas de ne plus jamais revoir son fils ?

Non sans un tremblement au moins intérieur, Saint-Exupéry tenta de repérer la rose qui lui paraissait la plus belle, la plus accueillante, la plus odorante.

Il se penchait vers elle lorsqu'une réminiscence inattendue le submergea, ce qui compliqua sa tâche. Il pensa malgré lui à la première rose qu'il avait offerte à la première femme qu'il avait aimée, Louise de Vilmorin, la superbe aristocrate avec qui il avait même été fiancé. Mais la famille de la jeune femme avait fait obstinément obstacle à leur mariage : le romancier en herbe, qui n'était pas encore publié, et encore moins célébré, était de la noblesse certes, mais sans fortune, donc pas un très bon parti. En plus, de son propre aveu, Louise de Vilmorin collectionnait les fiancés, et se targuait de n'être fidèle qu'à son humeur ! Qui était changeante. En tout cas avec les hommes. Elle finit sa vie avec André Malraux, mais le grand intellectuel, pas plus que l'aviateur célèbre, pas plus que ses deux maris, ne figuraient dans la liste inattendue (sauf pour ceux qui l'avaient vraiment connue !) des cinq hommes que, au soir de son existence, elle avoua avoir vraiment aimés : ce qu'il y a de secrets dans le cœur d'une femme, surtout d'une femme qui a connu beaucoup d'hommes !

Mais au moins, la séduisante et légère Louise de Vilmorin avait eu le mérite de faire rencontrer à son amoureux éconduit Madame de B, dont l'astéroïde B 612, blond comme ses cheveux de vraie blonde, avait porté cet enfant lui aussi blond, sans surprise.

Bon sang ne ment pas !

Enfin, ce lointain – et triste – souvenir se dissipa. Saint-Ex savait que la jeune femme ne l'avait jamais vraiment aimé et peut-être était-ce la raison pour laquelle il gardait pour elle un souvenir attendri, car parfois, hélas, on fuit ceux qui nous aiment et on ne s'intéresse qu'à ceux qui nous fuient.

Ensuite, on se demande pourquoi on est seul – ou malheureux !

L'aviateur s'appliqua enfin à respirer la rose élue.

Ce fut une expérience mystérieuse et nouvelle pour lui.

Car il avait beau avoir mis des roses partout dans *Le Petit Prince*, ça restait symbolique pour lui. Et même s'il avait affirmé que, au fond, il eût aimé être jardinier, il n'avait jamais cultivé la fleur des fleurs. Il s'était contenté – mais son mérite était immense – de cultiver les belles idées, si bien que notre âme grandit en le lisant, tant son humanisme est joyeux et nécessaire, et noble et beau en cet hideux âge de fer, qu'on appelle pourtant, et à tort, Nouvel Âge.

L'aviateur, qui prenait son pensum au sérieux, se fondit littéralement dans la rose, son parfum, sa splendeur.

C'était une rose hybride, rose pâle, aux très nombreux pétales, à la forme très haute, ce qui est la marque de l'aristo-cratie chez les roses. Son parfum de fraise était fort capiteux et c'est peut-être pour ça qu'il lui monta à la tête. C'était grisant en tout cas.

L'aviateur se perdit dans cette contemplation inopinée.

Était-ce parce qu'il n'avait pas le choix?

Parce que s'il échouait, le prix à payer serait la perte de son fils?

Si du moins ce dernier avait dit vrai.

Mais Saint-Exupéry pouvait-il vraiment courir ce risque?

Lorsqu'il abandonna enfin la rose – après dix ou vingt ou cent secondes, il n'aurait su dire – il eut ce réflexe étrange: il prit son paquet de cigarettes, et le regarda avec une drôle d'expression, au lieu de s'allumer une clope comme il aurait fait habituellement.

Puis, l'air dégoûté, il jeta le paquet dans la roseraie.

C'était un peu un sacrilège, jeter un paquet de cigarettes dans une roseraie, en plus une roseraie de cinq mille roses, toutes plus magnifiques les unes que les autres!

Mais le petit prince ne s'en formalisa pas.

À la place, il sourit.

Il était heureux.

Encore plus heureux que d'habitude. Il le confirma à son père :

« Je suis fier de toi, papa. Tu sais respirer une rose.

– Pourquoi dis-tu ça ? »

Pour toute réponse, le petit prince tendit le doigt en direction du paquet de cigarettes, dans la roseraie.

Mais enfin, il dit :

« Tu as passé le test. Mais ça ne veut pas dire que tu vas pouvoir redevenir un enfant de sept ans.

– Pourquoi pas ? » demanda l'aviateur, non sans un affolement qu'il avait peine à dissimuler.

« Parce que ça prend du courage pour y arriver, le plus grand des courages.

– Tu m'intrigues, mon enfant.

– Il faut que tu acceptes la morsure fatale du serpent. »

# 48

« Q uel serpent ? s'enquit Saint-Ex.

– Le serpent jaune qui vous exécute en trente secondes. »

C'était troublant et mystérieux, car le petit prince se servait exactement des mots que le romancier avait utilisés dans le récit de leur panne au Sahara.

Une objection – ou une crainte – lui vint à l'esprit :

« Oui, mais pour moi, c'était juste une image poétique, cette histoire de serpent !

– Une fois de plus, tu as imaginé la vraie vie, papa !

– Je ne te suis pas.

– Il faut vraiment que tu te fasses mordre par le serpent.

– Mais si je me fais mordre, je…

– Oui, effectivement, tu vas mourir. C'est ça l'idée.

– Mais c'est un peu… »

Il allait dire extrême, ou risqué, mais n'en eut pas le temps, car son fils l'interrompait :

« Sinon comment veux-tu redevenir un enfant de sept ans ? »

L'argument possédait une logique implacable, et pourtant une angoisse épouvantable s'empara de Saint-Ex, tandis que de fines gouttes de sueur perlèrent à son front.

Instinctivement, l'aviateur regarda la roseraie puis son fils : s'il courait ce risque, s'il se laissait mordre par le serpent, ce serait peut-être la dernière fois qu'il les verrait l'un et l'autre.

Certes, depuis quelques années, il avait exprimé à ses amis, dans ses lettres ou autrement, son indifférence de vivre, sa lassitude, arguant que s'il avait un accident d'avion – quoi d'autre ? cette fois-ci fatal – ce ne serait pas la fin du monde, juste celle de son petit monde et qu'il s'en moquait au fond, car il était revenu de toutes ses illusions sauf peut-être celle, inno-cente et blonde, qui raisonnait avec une facilité déconcertante devant lui.

« Mais si…

– Si tu refuses de te faire mordre par le serpent c'est un peu, en toi, Mozart assassiné. »

Les cheveux du romancier se dressèrent sur sa tête. Car cette réflexion qui venait pour ainsi dire clore *Terre des hommes* était une de ses plus célèbres. À nouveau, le petit prince lui donnait l'inquiétante preuve non pas qu'il avait lu son œuvre, ce qui était proprement impossible, mais qu'il le connaissait vraiment, qu'il savait tout de lui.

« Mais je… », balbutia Saint-Ex en qui une grande émotion s'élevait, comme certaines fleurs au désert après une pluie aussi rare qu'abondante.

« Même si tu détestes ce que tu es devenu, tu y es attaché, expliqua sagement le petit prince. Au lieu de vivre dans l'Oasis Intérieure, tu as vécu dans le monde, qui est un désert, quoi qu'on en dise.

– Tu crois vraiment que je suis attaché à ce que je suis ?

– Oui. Parce que ce que tu es, c'est comme un vieux soulier que tu as porté si longtemps que tu ne peux plus l'enlever. Pourtant, ce vieux soulier n'est pas ton pied ! Pas plus que cette mauvaise habitude n'est toi. C'est juste un mirage. Ce que tu es vraiment, c'est cet enfant de sept ans auquel tu penses tout le temps.

– Comme j'aime ta sagesse, mon enfant. »

Il le regarda, ou pour mieux dire le contempla.

Il l'avait toujours trouvé beau, infiniment beau, avec sa pureté, ses yeux clairs où semblaient briller ces étoiles filantes dont il adorait la contemplation au désert, sa blondeur, écho de celle de sa mère, Madame de B. Le petit prince avait aussi hérité d'elle son port, son élégance, sa noblesse.

Un ange passa, et Saint-Exupéry dit enfin :

« Si je me laisse mordre par le serpent, et si, au lieu de redevenir un enfant, je meurs…

– C'est le risque que tu dois prendre. Et il demande le plus grand des courages.

– Mais pourquoi donc ?

– Parce que la chose la plus difficile à faire dans tout l'univers, tu sais ce que c'est ?

– Oui, c'est de changer.

– Oui. Et pour changer vraiment, il faut d'abord…

– Changer son esprit, le devança l'aviateur.

– Exactement ! Alors tu es prêt à te faire mordre par le serpent ?

– Tout de suite, là ?

– Lorsqu'on veut une chose plus que tout au monde, est-ce qu'on ne veut pas qu'elle arrive le plus rapidement possible ?

– Euh oui, en effet... », convint l'aviateur, non sans un certain embarras. Il hésita, et ajouta, confiant de prendre son fils au dépourvu :

« Mais le serpent, tu le trouveras où ?

– Dans la roseraie. Pourquoi crois-tu que la vieille dame t'a emmené ici ? »

Saint-Ex fut troublé.

Car une fois de plus son fils lui prouvait qu'il savait des choses qu'il n'était pas censé savoir, et que par conséquent, il n'avait vraiment pas de secrets pour lui.

« Tu es prêt ? demanda le petit prince.

– Euh, oui », fit avec hésitation Saint-Ex qui, même s'il avait affronté mille dangers dans sa vie de pilote de guerre et autre, ne se sentait pas d'une intrépidité extrême.

« Alors, enlève ton soulier gauche !

– Pourquoi ?

– Pour que le serpent puisse te mordre ! »

L'aviateur s'assit sur le banc le plus près d'eux, mais non sans une peur grandissante. Et il se disait à nouveau que s'il se faisait mordre par le serpent – jaune ou pas et qui vous exécute ou pas en trente secondes ! – et qu'il mourrait et ne redevenait pas un enfant de sept ans, il ne reverrait jamais plus son fils et au fond ce serait la plus horrible des fins, pire que la mort.

Et puis ça voulait aussi dire qu'il laissait derrière lui Sofia, cette jeune femme étonnante qu'il connaissait depuis quelques jours à peine, mais dont il savait déjà qu'elle était ravissante, spirituelle, intrépide. Et amoureuse de lui peut-être, si du moins il se fiait à l'ardeur de leur première nuit malgré sa détresse morale, sa fatigue infinie. Oui, si la morsure du serpent l'expédiait dans l'au-delà, il ne reverrait plus Sofia. Avec qui, peut-être – et ça n'arrivait pas tous les jours, loin de là! –, il avait une chance de recommencer sa vie. Peut-être. *Il faudrait qu'il consulte madame Destinée à ce sujet*, se dit-il avec dérision.

Mais enfin, sa résolution fut prise.

Une fois son soulier retiré, il contempla son pied nu et il se sentit un peu idiot. Ou plutôt empli d'une angoisse indéfinissable.

« Je fais quoi, maintenant ?

– Tu attends, dit le petit prince.

– Et si le serpent ne vient pas ?

– Il va venir. »

Le petit prince émit alors un mystérieux sifflement, et à peine quelques secondes plus tard, un serpent qui, sans surprise, était jaune, apparut.

Il s'approcha de l'aviateur qui eut un mouvement de recul tout naturel.

« N'aie crainte, père ! Je suis là. »

Les assurances du petit prince ne convainquirent pas tout à fait Saint-Ex. Il avait plutôt envie de remettre son soulier gauche, et de s'enfuir en courant de la roseraie. Pourtant, il se raisonna, se dit que, tout au long de sa carrière, il avait connu des conditions de vol souvent difficiles, avait souvent eu des accidents d'avion, volé en zone interdite, affronté le tir ennemi. Et, chaque fois, comme par miracle, il s'en était sorti indemne, ou à peu près, si on oubliait son épaule gauche amochée, son foie : ça, c'était plus dû au scotch et aux fêtes avec les copains.

Aussi resta-t-il assis près de son fils en tentant de dominer sa peur, qui était grande.

Le serpent était proche maintenant, et, comme s'il savait la tâche qui lui incombait, c'est vers le pied gauche de l'aviateur qu'il rampait. Saint-Exupéry suait maintenant abondamment, et il se mit même à trembler.

S'il n'avait pas renoncé tout à fait à la déplorable habitude de fumer, sans doute aurait-il éprouvé la tentation irrésistible de s'allumer une cigarette, mais ce travers avait disparu de lui à l'instant où, pour la première fois de sa vie, à quarante-quatre ans, il avait vraiment respiré le parfum d'une rose, comme son fils l'en avait imploré.

Le serpent, qui semblait prendre la mesure de Saint-Exupéry, fit siffler sa langue bifide, qui ressemblait à celle des varans, et qui n'avait rien de rassurant. Le tremblement incontrôlable de l'aviateur s'accentua.

Il regarda ensuite en direction du petit prince, comme s'il cherchait une confirmation, au moins tacite, de ce qu'il devait faire.

Le petit prince inclina la tête en signe d'acquiescement.

Le serpent rampa vers l'arrière du banc, car il devait mordre l'aviateur à la cheville, ou au talon gauche.

Mais à l'instant même où Saint-Ex le perdit de vue, il paniqua, se leva d'un bond.

Se faire mordre par un serpent qu'il voyait était une chose.

Se faire mordre par un serpent qu'il ne voyait pas en était une autre !

Et cette chose était insupportable.

On veut voir son assassin – ou son bourreau !

« Papa ! Qu'est-ce que tu fais ?

– Je ne suis pas prêt, je… Il y a quelque chose que je dois faire avant. »

Il n'eut pas le temps de dire au petit prince ce que c'était, car il remarqua alors, un peu curieusement, que toutes les roses se tournaient en même temps du même côté de la roseraie.

# 49

Saint-Ex crut d'abord qu'elles étaient agitées par le vent, mais il était quasi inexistant. Comme il était pilote de métier, on pouvait dire qu'il s'y connaissait en phénomènes éoliens.

Intrigué par la chose, il regarda son fils.

Et il vit alors que le petit prince s'était tourné dans la même direction que les roses, et il esquissait un large sourire : il regardait... son père adoptif !

Magnifique dans une impeccable tunique de lin blanc, dont chaque pli semblait un rappel de la vie ordonnée que l'on doit mener si le bonheur vrai est notre idéal, Am Ra Ra An se tenait immobile à l'entrée du jardin.

Coiffé d'un turban ivoire, le majeur gauche bagué d'un immense rubis, il avait la même taille que le célèbre aviateur, mais était nanti d'une abondante chevelure noire, qui lui tombait aux épaules, et venait se mêler à sa barbe bien taillée.

Mais cet homme d'une beauté presque surnaturelle, toute spirituelle, et à travers laquelle tout ce qu'il y avait d'animal paraissait avoir été banni, pouvait-il vraiment avoir cent quatre ans, selon la prétention du petit prince ?

Saint-Ex se permettait d'en douter : l'homme en paraissait à peine trente-cinq, comme l'en avait prévenu son fils !

Peu importait son âge véritable, c'était en tout cas un homme imposant.

Et ce qu'il y avait de plus remarquable chez lui, en plus bien sûr de cette jeunesse qui paraissait éternelle, c'était ses yeux, des yeux magnétiques et bleus, si perçants qu'ils semblaient voir tous vos secrets, plonger dans les replis les plus intimes de votre cœur.

« Maître ! » fit le petit prince en le voyant, et il mit tout de suite ses mains devant sa poitrine et s'inclina respectueusement.

Cette exclamation tout à la fois irrita et enchanta Saint-Exupéry.

Le petit prince n'avait pas appelé l'homme « papa ».

C'était toujours ça de pris.

Mais il l'avait appelé maître.

Et c'était un peu agaçant.

Il est vrai qu'une supériorité évidente – spirituelle ou autre – exhalait de tout son être.

Am Ra Ra An était un homme de peu de mots, comme tous ceux qui ont trouvé Dieu, dont la résidence principale est le silence : avis à ceux qui veulent lui rendre visite ! Taisez-vous et écoutez !

Il ne disait rien, semblait attendre.

Ce qu'il attendait se produisit.

Terrorisé à l'idée de la mort, Saint-Ex avait décrété quelques secondes plus tôt qu'il y avait quelque chose qu'il devait faire avant de livrer son pied nu au serpent jaune qui vous expédie ailleurs en trente secondes.

Certes, cette chose vague était peut-être juste une dérobade, comme on en invente avec tant de talent aux tournants importants de notre vie, que par conséquent on ne prend jamais.

Mais l'aviateur avait senti mystérieusement que cet homme pouvait l'aider. Aussi lui demanda-t-il :

« Pouvez-vous me ramener jusqu'à mon avion ? »

Avare de mots, Am Ra Ra An dit seulement :

« Suivez-moi ! »

Le maître spirituel ne les conduisit évidemment pas au milieu du désert, vers l'avion en panne, le beau Caudron Simoun à la livrée bleue, mais plutôt, et sans qu'on lui eût dit comment, vers l'hôtel où Sofia et David – et évidemment le petit fennec infiniment mignon en son justaucorps – étaient retournés.

Intrigué par cette divination merveilleuse, Saint-Ex ne put s'empêcher de demander :

« Mon fils prétend que vous avez cent quatre ans !

– Si vous préserviez votre essence intime, si vous pensiez tout le temps à Dieu au lieu de vivre en vos vaines pensées, mirages du Sahara, vous ne seriez pas étonné par ces choses-là, et vous seriez encore jeune, comme moi. »

Am Ra Ra An n'en dit pas plus, et, quelques minutes plus tard, les deux hommes et le petit prince arrivaient à l'hôtel.

Sofia était folle de joie de les retrouver.

David aussi.

Le seul qui semblait contrarié, c'était le renard des sables, pourtant si charmant en son nouvel habillement.

Un peu mystérieusement, il vint s'asseoir devant Am Ra Ra An.

Et il le regardait tristement.

Am Ra Ra An le toisa.

Il parut lire dans ses pensées, estimer les raisons de sa nostalgie. Peut-être simplement, parlait-il avec lui.

Les maîtres le peuvent, dit-on.

L'homme magnifique regarda le désert vers l'Occident d'où le fennec était venu, avec Saint-Ex, Sofia et David.

Comme s'il cherchait à exalter son inspiration, Am Ra Ra An frotta le gros rubis de sa bague.

Aussitôt il parut comprendre quelque chose.

Le dit-il silencieusement au petit fennec lorsqu'il se pencha enfin vers lui en esquissant un sourire ?

Autour d'eux personne ne comprit. Sauf peut-être le petit prince. Mais il ne dit rien, comme s'il voulait respecter le silence d'Am Ra Ra An.

Pourtant, le lendemain matin, tout le monde saisit le mystérieux dialogue qui s'était déroulé entre l'homme de Dieu et le renard des sables.

Le plus petit canidé du monde a aussi le cœur le plus grand, car il s'accouple pour la vie.

Le fennec avait perdu sa compagne, mais elle avait entendu l'appel silencieux d'Am Ra Ra An, car elle se tenait, tout amaigrie, visiblement épuisée, à la porte de l'hôtel : elle avait marché toute la nuit pour venir retrouver son fennec à elle. Ce dernier vécut selon toute apparence un horrible dilemme.

Allait-il rester avec son nouvel ami David ?

Ou suivre sa compagne pour retourner au désert ?

Il regarda l'enfant d'un air implorant.

Comme s'il quémandait sa permission.

Pour aller où son cœur l'appelait.

Comment David aurait-il pu lui refuser son consentement ?

Même s'il l'adorait.

L'enfant avait la sagesse des grands sentiments, que les grandes personnes n'ont pas toujours.

David n'avait jamais entendu parler de la nostalgie des gazelles apprivoisées, pour le désert, leur vraie demeure, mais c'était comme s'il la devinait, s'il l'avait toujours connue parce qu'il n'était pas encore tout à fait entré dans l'âge de raison.

Comme par un mystérieux hasard, Saint-Ex, qui assistait, curieux et ému, à la scène, songea à ces gazelles qui poussent obstinément le grillage de leur enclos, en direction du désert, qui constamment les appelle, même si elles n'y ont jamais vécu. Et il pensa non sans nostalgie que lui non plus n'avait pas tout à fait eu la vie sauvage qu'il aurait souhaitée, et que, surtout, il avait perdu sept années de sa vie, car il les avait vécues sans son fils.

Mais il avait son idée.

Et le petit prince était d'accord avec lui.

Et son père adoptif était prêt à les aider.

David embrassa le fennec et lui dit :

« Va, va !

– Tu n'oublies rien ? » questionna Saint-Ex.

L'enfant le regarda, intrigué.

« Son justaucorps… », murmura Sofia, qui avait deviné une fois de plus la pensée de son bel aviateur.

« Il ne peut pas partir ainsi dans le désert », expliqua Saint-Ex.

David se frappa le front.

« Où avais-je la tête ? » demanda-t-il comme une grande personne.

Ça fit sourire tout le monde, même Lydia, la mère adoptive du petit prince, une très belle femme de vingt-cinq ans, aux cheveux noirs, aux yeux de braise, qui ne souriait pas souvent, et n'était pas spécialement emballée par l'idée de Saint-Exupéry. Que le petit prince partît avec lui sans spécifier de date de retour. C'était son enfant bien entendu, et elle ne pouvait guère s'opposer à ce projet, cette supposée « idée » de génie au sujet de laquelle autant le père que le fils s'étaient montrés plutôt vagues. Mais devait-elle s'en réjouir pour autant ? Pouvait-elle s'empêcher d'éprouver des sentiments de mère, adoptive ou pas ?

David s'empressa de retirer le justaucorps du fennec, fit entrer sa compagne. Les deux renards des sables échangèrent un baiser, qui était plutôt un lèchement, et ils couinèrent un peu, comme s'ils se disaient tout le bonheur de se retrouver, d'être à nouveau ensemble. Le fennec de David semblait plus tendre, car ses yeux exprimaient une grande tristesse. Moins sentimentale, plus pragmatique, sa compagne paraissait s'intéresser davantage au plat que lui tendit Lydia.

Quand les deux fennecs eurent mangé ou plutôt dévoré leur petit déjeuner, ils furent prêts pour partir, visiblement.

David fit une ultime caresse au fennec, lui dit :

« Bonne chance, petit loup ! »

Le fennec et sa compagne partirent vers le désert, sa solitude, leur vie à deux.

Pourtant, à trois reprises, le petit fennec se retourna vers David et le regarda, les yeux baignés de larmes, mais minimales, vu qu'il avait quand même besoin de son eau dans le désert : pas juste ses reins qui étaient intelligents, son système lacrymal aussi.

Oui, l'œil humide, le fennec regardait David, comme s'il hésitait à le quitter.

Comme s'il avait envie de revenir vers lui.

Mais il ne le fit pas.

Du reste, sa compagne commençait à le toiser avec irritation, presque exaspération : éprouvait-il une hésitation à reprendre la vie à deux ?

Et dire qu'elle avait marché toute la nuit pour retrouver le renard des sables de sa vie !

Elle n'en revenait pas !

Le petit David comprit-il tout ce dialogue silencieux ?

Toujours est-il qu'il se retint de courir rejoindre le petit fennec, ou de le rappeler d'un signe de la main.

Il se contenta de l'agiter tristement en un ultime adieu, avec de grosses larmes dans les yeux : il n'était pas un fennec, après tout, et n'était pas tenu de contenir le débordement de sa tristesse !

Les grandes personnes ne pleuraient pas, elles, mais elles étaient émues de ce spectacle attendrissant.

Bientôt, les deux petits fennecs eurent traversé la place publique et disparurent.

Alors, comme s'il réagissait vraiment mal à ce départ, à cette séparation d'avec son petit fennec adoré, David entra dans un état vraiment singulier.

Il se mit à trembler, et son visage démontrait la peur la plus intense.

« Qu'est-ce qu'il a ? demanda Sofia ?

– Je ne sais pas, peut-être qu'il n'accepte pas que… »

Inquiète, Lydia regarda le petit prince, qui souleva les épaules : il ne savait pas plus qu'elle ce qui arrivait à David.

Elle s'approcha de lui, tenta de le réconforter.

Sofia aussi s'approcha de l'enfant, le questionna.

Mais il ne répondit pas.

À la place, il se mit bizarrement à se frapper le visage.

Comme s'il allait s'endormir et voulait résister au sommeil. Ou comme s'il était possédé.

À l'étonnement de tous, David repéra alors une cruche d'eau, s'en empara comme un véritable fou, et se la renversa sur la tête. Mais cette douche à tout le moins curieuse ne parut pas le satisfaire.

Ses yeux continuaient à exprimer la terreur la plus étrange.

Saint-Ex et Sofia étaient vraiment inquiets maintenant.

« On dirait qu'il a perdu la tête, déplora la jeune femme.

– Isaac ! Isaac ! s'époumona David.

– Qui appelle-t-il ? demanda Lydia.

– Son frère, expliqua Saint-Ex.

– Pourquoi ? s'enquit Lydia.

– Je… »

Saint-Ex ne savait pas, mais était pourtant traversé par un pressentiment sinistre.

Sofia se tourna alors vers le petit prince.

Qui s'était tourné vers Am Ra Ra An.

Car il devinait que lui et lui seul avait réponse à cette question mystérieuse.

L'homme de Dieu ne dit rien, mais, avec ses grands yeux magnétiques et bleus, il regarda vers l'ouest, vers Casablanca, avec une expression de gravité effroyable.

# 50

Vêtu d'un pyjama à rayures bleues et blanches, Isaac, beau comme un ange, dormait à poings fermés dans son petit lit, à Casablanca, avec, à ses côtés, comme un gardien impassible, son nouveau chat Félix, mignon et noir.

Il rêvait, comme en témoignaient son agitation, les mouvements brusques de son visage, la crispation fréquente de ses poings.

Il rêvait que son frère, bizarrement, le giflait, lui jetait un verre d'eau au visage, en lui ordonnant tout aussi curieusement de se réveiller.

C'est que David avait mystérieusement senti, à des milliers de kilomètres de distance, le terrible danger qui le guettait.

Le visage tendu, le regard fixe, avec un imperceptible sourire d'anticipation sur les lèvres, Helmut Gobbel se penchait vers l'enfant endormi, tenant à deux mains une corde pour l'égorger.

Il avait attendu plusieurs jours pour pouvoir se retrouver seul avec Isaac, mais l'enfant ne se promenait jamais seul dans les rues de Casablanca. Il était toujours avec Eva, et surtout avec Bark, qui avait pour mission de les surveiller et ne les lâchait pas d'une semelle.

Certes, le jeune officier allemand aurait pu recourir à son *Luger Parabellum*, mais c'était un peu bruyant. Dans les chambres voisines dormaient Eva, Tatiana, et par-dessus tout Bark, le colosse noir qu'il avait vu entrer et sortir de l'appartement, et avec qui il préférait ne pas avoir maille à partir. D'ailleurs, il était peut-être armé.

Il n'avait pas digéré le sale tour que lui avait joué Eva Stein avec les faux jumeaux. S'il revenait à Auschwitz avec la preuve qu'il les avait retrouvés et tués, il pourrait s'en tirer indemne et son honneur serait sauf. Peut-être. On ne savait jamais avec ses supérieurs hiérarchiques qui choisissaient parfois de punir démesurément des fautes vénielles, pour donner l'exemple, pour mieux régner par la terreur, ennemie de la justice et de la raison.

Le chat, qui ne dormait peut-être pas, ouvrit les yeux, vit le soldat, se mit à miauler, à cracher, le dos cambré.

Gobbel grimaça, contrarié. Il lui fallait se hâter : le chat réveillerait peut-être toute la maisonnée.

Puis tout se passa très vite.

Isaac ouvrit les yeux, aperçut le soldat au moment même où le chat lui sautait au visage, lui lacérait les deux joues, manquant de l'éborgner.

Helmut Gobbel laissa tomber sa corde, empoigna le chat et le jeta brutalement au plancher. Suprêmement contrarié, il se passa la main droite sur le visage, vit qu'il saignait – et abondamment –, laissa échapper un juron : l'enfant paierait pour l'insulte de son petit félin.

Mais Isaac avait déjà disparu de son lit, et lorsque Gobbel le vit, il sortait par la fenêtre unique de la chambre, restée ouverte en cette nuit chaude : celle même par laquelle il était entré.

Il courut vers la fenêtre, vit le blond enfant qui tournait le coin de la rue dans la belle lumière de l'aube.

Il sourit, et se mit à sa poursuite.

# 51

Conduit avec une dextérité surprenante par Am Ra Ra An, le véhicule militaire, abandonné deux ans plus tôt à Dakhla par les Italiens fascistes en déroute, fonçait à tombeau ouvert, et sans capote, vers le désert, avec à son bord Saint-Exupéry, Sofia, David et le petit prince.

Et bien entendu, de précieux réservoirs d'essence pour que l'avion laissé derrière eux pût repartir vers Casablanca.

À un moment, dans la griserie de la route des dunes, Am Ra Ra An fit bondir si haut le véhicule, et à si grande vitesse, qu'il en perdit son turban.

Heureusement, le petit prince, assis sur la banquette arrière, eut le temps de l'attraper au vol.

La scène fit rire tout le monde.

Non seulement le fait que l'homme de Dieu eût perdu son turban, mais l'adresse remarquable, la présence d'esprit du petit prince.

Qui, pour ajouter au plaisir de ses spectateurs de fortune, posa le turban sur sa belle tête blonde : il était trop grand, évidemment, si bien qu'il lui tombait sur les yeux. Il le rétablit en le repoussant un peu vers l'arrière de sa tête.

Et le petit prince fit des mines de roi !

Il avait beau avoir prétendument vieilli de cent ans, il restait un enfant, car tout comédien est un enfant.

Tout le monde rit à nouveau.

Sauf Am Ra Ra An.

Non pas qu'il fût ulcéré de ce qui venait d'arriver ou se sentît ridicule.

D'ailleurs, il était magnifique avec ses longs cheveux noirs qui volaient maintenant librement dans le vent.

Mais il n'avait d'yeux que pour les dunes du Sahara, poétiques et mystiques, belles et mystérieuses comme son âme.

Sofia, qui était assise à la gauche du petit prince, continua longuement à sourire après l'amusant incident du turban.

Sofia…

Encore plus belle d'avoir été aimée follement par son génial aviateur, malgré son inquiétude infinie de n'avoir pas encore pu retrouver David, en dépit de leurs recherches désespérées.

Son aviateur…

Qui lui avait récité *La Mort des Amants* de Baudelaire, tandis qu'elle mourait avec émoi dans ses bras.

Sofia qui, malgré son mariage raté, après si peu d'années de bonheur – elle pouvait les compter sur… sur un doigt de la main, en exagérant un peu – se surprenait à croire que peut-être…

Que peut-être la chance, la *baraka*, le destin lui souriait à nouveau, après une si longue absence !

En outre, pour ajouter à sa joie déjà grande, déjà grisante, Sofia pensait que Saint-Exupéry avait retrouvé son fils.

Et elle pensait aussi, bien naturellement, qu'elle reverrait bientôt la prunelle de ses yeux, la seule chose, ou plutôt le seul être qui lui faisait accepter au fond la stupide, mais miraculeuse erreur de son mariage : car sans ce mariage elle n'aurait pas eu sa fille Tatiana, et sans Tatiana son existence n'aurait pas eu de sens.

Puis le bel aviateur couvert de gloire était apparu dans sa vie.

Que pouvait-elle demander de plus ?

C'est vrai, Saint-Ex avait un passé.

Et un agenda.

Avec son fils merveilleux.

N'avaient-ils pas conclu un pacte mystérieux ?

Mais au moins, elle reverrait bientôt Tatiana, sa raison de vivre, sa certitude, son poème quotidien, sa musique : non pas son petit prince, mais sa petite princesse.

Au bout de trois heures de route poussiéreuse, David commença à se plaindre de la faim.

L'homme de Dieu choisit l'ombre relative d'une colline pierreuse, piquée de nombreux rochers noirs, pour faire une pause – et le plein, par la même occasion.

Et aussitôt un varan, qui n'était probablement pas celui qui, avec sa femelle et leur progéniture, avait tant effrayé Saint-Exupéry et Sofia, sembla sortir d'un rocher, ou plus probablement d'un terrier, et s'approcha d'eux.

Tout le monde eut un mouvement de recul.

Sauf David.

Et Am Ra Ra An, établi si fermement en son âme que rien au monde ne le troublait.

Sofia poussa un cri de frayeur.

Saint-Ex serra contre lui son fils, prêt à tout pour le défendre, même à donner sa vie.

En un vieux réflexe de nervosité, il porta la main à sa poche, comme pour y dégoter une apaisante Camel.

Puis il se rappela que c'était là un réflexe de fumeur invétéré, car il avait subitement – et définitivement ? – cessé de fumer dans la roseraie de cinq mille roses.

Même s'il faisait siffler sa langue bifide, le varan affichait l'humeur la plus amicale possible, et vint même s'incliner aux pieds d'Am Ra Ra An, comme un chien aurait fait docilement devant son maître.

L'homme de Dieu caressa la tête du reptile redoutable, puis échangea avec lui un long regard. Ils semblaient discuter un peu mystérieusement d'un sujet d'eux seuls connu.

Am Ra Ra An donna ensuite au varan un morceau de son repas, puis un autre et enfin le dernier, car le reptile semblait avoir encore faim.

Saint-Exupéry les observait et ne pouvait s'empêcher de penser que le petit prince avait sans doute raison quand il disait que son père adoptif était un homme hors du commun.

«Tu vois, commenta David, à l'adresse de Saint-Ex. Je t'avais dit que le varan n'était pas méchant.

– C'est vrai», convint l'aviateur même s'il conservait des doutes.

De toute manière, Am Ra Ra An donna son congé au reptile et décréta aussitôt qu'il fallait reprendre la route.

Peu avant le coucher du soleil, ils avaient retrouvé le Caudron Simoun, fait le plein. Avant de repartir vers Dakhla, l'homme de Dieu, qui avait récupéré son turban, recommanda, mystérieux à souhait, suprêmement inquiétant à la vérité :

«N'oubliez pas Isaac!»

Et aussitôt Sofia, pensa, affolée : *Arriverons-nous à temps pour le sauver, s'il est en danger?*

# 52

Isaac avait couru comme un fou.

En regardant constamment derrière lui.

Pour voir s'il n'apercevrait pas le soldat allemand qui avait voulu l'égorger avec une corde.

Heureusement son chat Félix l'avait sauvé *in extremis*.

Puis il avait ralenti, car il ne voyait pas le méchant soldat derrière lui.

Enfin il avait marché.

Et il s'était arrêté, s'était assis sur un banc.

Il ne savait plus vraiment où il se trouvait.

Il savait juste qu'il avait faim.

Il avait peur.

Et il pensait à son papa et à sa maman.

Qui étaient restés dans le grand hôtel.

Il pensait aussi à son frère David, qui était parti sans lui dans le désert.

N'était-ce pas pour cette raison qu'il avait rêvé à lui, trois ou quatre heures plus tôt, lorsque le soldat blond avait voulu le tuer dans son lit ?

Il ne savait pas pourquoi.

Il savait juste que c'était un méchant.

Il savait juste que, lui, avait faim, vraiment faim.

Et retrouver le chemin de l'appartement où il restait avec Eva et Bark, le gentil géant noir, il ne savait pas.

Il n'avait pas un sou sur lui.

En demander, il aurait bien voulu, mais il ne parlait pas l'arabe, et il tombait toujours sur des gens qui ne parlaient pas français ou qui n'avaient pas une minute à eux.

Et par conséquent pas une minute pour lui !

Alors, il se dit qu'il n'avait d'autre choix que de tenter de retourner à l'appartement.

Mais, fuyant le soldat allemand, il avait couru droit devant lui sans vraiment se préoccuper du nom des avenues et des rues.

Alors il était perdu.

Il se remit pourtant en route, tentant de reconnaître les lieux et les rues par où il était passé dans sa fuite éperdue.

Au bout d'une heure, vraiment affamé cette fois-ci, il aboutit à un endroit où il était déjà allé, et où tout le monde allait : le *Rick's Café Américain*.

Mais un enfant seul n'y était pas admis.

Isaac n'était pas plus avancé ! Il fit une moue boudeuse lorsque le portier, un solide gaillard de trente ans, le refusa et lui demanda où étaient ses parents.

« Au grand hôtel, répliqua-t-il, avec assurance.

– Alors va les retrouver ! » le rabroua le portier.

Mais Isaac, glorieux en son increvable optimisme, aperçut alors madame Destinée qui allait entrer dans le célèbre estaminet pour y exercer son sacerdoce.

Ou son commerce.

C'est selon.

« Vous êtes la madame au gros diamant ! » l'apostropha-t-il.

Elle le regarda, interloquée. Visiblement, elle ne le replaçait pas. Avec raison du reste. C'est Tatiana qui avait parlé d'elle à Isaac, l'avait décrite avec grand luxe de détails et surtout avec le détail le plus important : son turban illuminé du gros diamant !

« Je… je ne te connais pas, il doit y avoir malentendu, mon enfant. Où est ta maman ? »

Le premier mouvement d'Isaac aurait été de lui dire que sa maman était dans le grand hôtel, là-bas, avec de grandes colonnes de fumée sur le toit, qui venaient on ne savait d'où, mais au lieu de cela, il répliqua :

« Moi je vous connais. C'est vous qui dites aux madames si elles vont rencontrer un monsieur très, très riche qui va leur donner une bague de mariage.

– Euh oui, ça m'arrive parfois », fit madame Destinée, légèrement ébranlée par le résumé somme toute assez juste de ses prédictions aux femmes, surtout de la bouche d'un garçon qui ne devait pas avoir plus de six ou sept ans.

Mais la conversation prit fin de manière abrupte.

En effet, Helmut Gobbel s'approcha tout à coup, prit Isaac par l'oreille et dit, dans un français fort acceptable surtout en cette ville depuis peu cosmopolite qui accueillait tant de réfugiés :

« Viens, fiston ! C'est maman qui va être contente que je t'aie enfin retrouvé.

– C'est… c'est votre fils ? s'enquit madame Destinée.

– C'est faux ! protesta avec véhémence Isaac. Il a voulu me tuer !

– C'est maman qui va vouloir te tuer ! » expliqua le soldat.

Son uniforme, sa beauté parlaient en sa faveur, rendaient crédibles ses mensonges éhontés.

Le portier prêta un instant attention à la conversation, mais conclut rapidement qu'il s'agissait d'une histoire de famille. Pas vraiment ses préférées. Il avait déjà les siennes. Pas besoin de se mêler de celles des autres, surtout de parfaits étrangers, sauf pour madame Destinée. Mais tout le monde savait que malgré ses quatre ou cinq mariages – et c'est peut-être pour cela qu'elle avait fait pareille collection de maris ! – elle n'avait jamais eu d'enfants ! Seulement des clients. Ou plutôt des clientes.

« Tu devrais écouter ton papa ! » trancha madame Destinée, qui ne semblait pas pouvoir lire dans les êtres quand elle n'était pas payée pour le faire, sauf en de rares exceptions, comme Sofia, plus tôt.

« Ce n'est pas mon papa ! » protesta Isaac.

Et il répéta avec une insistance désespérée :

« Il a voulu me tuer ! Je vous jure sur la tête de mon père. »

La voyante enturbannée était déjà en retard pour sa cliente fortunée. Il ne faut jamais faire attendre les gens riches, car ensuite ils vous font attendre toute votre vie – ou vous congédient!

Quoi qu'il en soit, madame Destinée entra chez *Rick's Café Américain*, en affichant un air dont il aurait été difficile de dire s'il était désolé ou affecté.

Au même moment se produisit le plus imprévisible des événements du monde.

«Laissez cet enfant en paix!» ordonna la belle voix d'Antoine de Saint-Exupéry.

Il se tenait à trente pas à peine du soldat qui retenait toujours Isaac par l'oreille.

Autour de lui se trouvaient Eva Stein, Bark, David, Tatiana, Sofia et le petit prince: toute la *famiglia*, en somme!

Dès qu'il était arrivé à Casablanca, Saint-Ex et sa bande s'étaient précipités à l'appartement qu'Eva partageait avec Sofia et les enfants. Là, il avait appris l'inquiétante disparition d'Isaac.

Mais David, qui semblait avoir entre son frère et lui le fil invisible d'un téléphone infaillible annonça, aussi catégorique que l'oracle de Delphes:

«Il est au *Café Américain*!»

Personne ne mit en doute la vérité de son décret enfantin, aussi mystérieux fût-il. D'ailleurs, il n'était pas dépourvu de logique. N'était-ce pas là qu'Eva et Sofia aimaient aller? N'était-ce pas là que madame Destinée avait fait une si étonnante prédiction à Sofia?

Sans faire ni un ni deux, Saint-Exupéry s'était précipité au *Rick's Café Américain* avec tous ceux qui l'aimaient.

Et aimaient Isaac.

Isaac qui était ravi et surpris de les voir tous là.

Et profita de l'étonnement infini du soldat allemand pour lui échapper et retrouver ses sauveurs.

Les yeux arrondis par l'ahurissement le plus entier, Helmut Gobbel considérait Saint-Exupéry et ses amis.

Et surtout les jumeaux.

Il croyait que l'un d'eux était mort dans l'accident d'avion qu'il avait orchestré avec le mécano de l'aéroport.

Mais visiblement quelque chose s'était passé!

D'ailleurs, des jumeaux, on aurait dit qu'il n'y en avait plus seulement deux, mais trois!

Et le plus curieux des trois portait un long manteau et des bottes!

C'est lui qu'il tenterait de tuer en premier!

Ensuite, il s'occuperait des autres.

Maintenant qu'ils avaient comme gardiens Saint-Exupéry et surtout Bark, impossible de les égorger avec sa corde.

Il les abattrait avec son fidèle *Luger*.

Il le tira de sa poche, et fit feu sur le petit prince.

# 53

Il avait visé son cœur.

Il croyait que le petit prince était un des jumeaux Rosenberg, seulement déguisé de son ridicule et long manteau rouge et bleu, avec ses aussi ridicules étoiles dorées sur les épaules.

Mais Bark fit alors un geste extraordinaire, le geste ultime d'un héros.

Dans une histoire.

Et dans la vraie vie aussi.

Avec une célérité et une précision infinies, il se jeta devant le petit prince et lui servit de bouclier, reçut la balle à sa place.

Dans le bas du ventre, du côté gauche.

Il y eut forcément un grand émoi.

Une panique presque.

Le petit prince, pourtant, avait conservé un calme extraordinaire.

Et pendant que Bark s'effondrait au sol, il s'empressait de le prendre par la main, tandis qu'il tendait son autre main à son père et ordonnait :

« Tenons-nous tous par la main ! N'ayez aucune crainte, mes amis ! N'envoyons que de l'amour à cet homme qui dort ! Alors aucun mal ne pourra nous advenir. »

Les frères Rosenberg, qui n'étaient pas encore de grandes personnes et donc comprenaient tout plus vite qu'elles, surtout si c'était éloigné des banalités et des sottises qu'elles avaient apprises pour entrer dans le rang et n'en jamais sortir, furent les premiers à obéir au petit prince. Ils se prirent par la main, puis les autres suivirent, édifiés par cet exemple.

Aussitôt, le sang cessa mystérieusement de couler du ventre de Bark. La plaie sans doute se referma, en tout cas l'esclave nouvellement affranchi ne souffrit plus.

Et même il se releva, regarda avec défiance, et pourtant avec compassion le soldat allemand. Qui ne comprenait vraiment pas ce qui se passait, et rageait.

Il se mit à tirer sans discernement vers la bande, mais curieusement, les balles de son merveilleux *Luger Parabellum* ne faisaient pas mouche.

En fait, bizarrement, elles semblaient une après l'autre disparaître dans l'invisible mais réel néant de haine d'où elles provenaient, comme si le petit prince avait eu une fois de plus raison et que ces balles ne pouvaient rien contre le bouclier de l'Amour vrai qui venait de se dresser devant elles.

À la vérité, par la parfaite et mystérieuse Loi du retour, les balles revenaient à leur source, tout aussi sûrement que tous les gestes, toutes les pensées que l'on a et qui jamais ne se perdent.

Le revolver que Helmut Gobbel déchargeait rageusement vers le petit prince et ses amis, c'est lui qui en fut la victime.

Il s'effondra bientôt, mortellement atteint de quatre ou cinq balles.

Plongés dans la stupéfaction la plus grande, tous se tournèrent vers le petit prince.

Le portier se grattait la tête en regardant le cadavre du soldat allemand.

Madame Destinée eut un regard mystérieux.

Cet enfant blond avait très certainement des dons.

Peut-être pourrait-elle l'embaucher comme jeune assistant.

En plus, il était mignon. Ça lui attirerait sans doute une clientèle nouvelle. Il ne fallait jamais s'endormir sur ses lauriers, les gens n'en avaient que pour la nouveauté !

Saint-Exupéry, pour sa part, n'eut plus aucun doute au sujet de la sagesse précoce de son fils.

Le petit prince avait assurément dit vrai lorsqu'il lui avait annoncé qu'il pourrait vivre très vieux.

Ou redevenir un enfant de sept ans !

# 54

À leur retour à l'appartement de Casablanca, le petit prince, toujours plein de surprises, tira de la poche gauche de son manteau une rose de la roseraie de cinq mille roses et, après l'avoir longuement humée, la mit dans un vase avec une application presque religieuse, comme si elle avait une vie, une âme : et c'est peut-être ce qu'elle avait.

Qui sait le mystère vrai de ce qui est vraiment beau, comme une rose ?

L'aviateur la contempla un instant et éprouva une nostalgie : il pensait à sa « rose », sa femme légitime, Consuelo.

Il n'avait jamais osé lui annoncer, même s'il ne vivait plus avec elle depuis des lunes, qu'il la quittait.

Il avait toujours su garder, au sujet de leur état conjugal, un commode flou poétique.

Il avait tenté du mieux qu'il pouvait de la ménager, en somme.

Ou de se ménager lui-même, va savoir !

Avant de mettre à exécution son plan avec le petit prince, il voulut continuer de prendre des gants blancs avec elle.

Il pensa, probablement avec justesse, que la plupart des femmes préfèrent être veuves qu'abandonnées.

Il laisserait donc croire à sa femme qu'il était mort, même si ce n'était pas vrai.

Ensuite il serait libre.

Libre de passer les années qui lui restaient avec le petit prince.

Mais il ne voulut pas mentir à Sofia.

Il s'ouvrit à elle de son projet.

Qu'elle trouva un peu fou – et terriblement triste pour elle : elle ne faisait pas partie de ses plans d'avenir !

Ça la tuait, ça la déchirait infiniment.

Pourtant, elle ne chercha pas à l'arrêter.

Ça devait être le destin.

Ils n'auraient jamais la vie à quatre dont elle avait malgré elle commencé à rêver.

Avec son bel aviateur, le petit prince et sa princesse à elle, Tatiana.

Tatiana...

Ce serait sa seule consolation...

*Le coup de foudre était une chose*, pensa-t-elle, *sa fille en était une autre.*

Au demeurant, ils ne se connaissaient même pas depuis une semaine.

Mais lorsqu'ils comprirent que la vie les séparait, ils pleurèrent longuement.

Et Sofia se dit : *peut-être m'aimait-il un peu, même si je n'étais rien ou presque rien pour lui, juste une petite Vénitienne avec un joli minois – mais il y en a tant comme moi ! – fuyant un mari aussi cruel que l'Italie sous Mussolini.*

Et pourtant, le grand et célèbre Antoine de Saint-Exupéry avait versé des larmes en lui faisant ses adieux.

Il avait peut-être un sentiment à son endroit.

Mais, pensa-t-elle philosophiquement, ce pouvait aussi être la fatigue.

Simplement la fatigue, l'ébranlement de ses nerfs.

Qui sait pourquoi un homme pleure quand il annonce à une femme qu'il doit partir ?

La belle Vénitienne voulut lui dire :

« Je vous aime. Oui, je vous aime. »

Ce qui, en pareille situation, veut surtout dire : ne me quittez pas, ne me quittez pas !

Mais elle se dit, sagement : *On ne dit pas : « Je vous aime » après une semaine ! Les hommes, ça leur fait drôle, ces effusions hâtives. Et souvent, ça les fait fuir : ils ne comprennent pas la soudaineté des sentiments. Pour certains hommes, même après trois ans, même après dix ans, c'est encore soudain, même si c'est un cas évident de grand amour !*

*Oui*, se disait-elle en sa sagesse de jeune femme, *même si on a fait l'amour comme des fous, que tout nous unit, les pensées, les rires, les délires et que, en somme, on est si bien ensemble, mieux vaut que mes lèvres soient un tombeau pour ces mots.*

Le soir, ils firent une dernière fois l'amour.

Ce fut encore plus troublant que la première fois.

Le matin, pourtant, Antoine de Saint-Exupéry n'avait pas changé d'idée.

Il partirait avec le petit prince.

Il prévint la belle Sofia :

« Vous lirez dans les journaux que je suis disparu en mer, mais ce ne sera pas vrai.

— Non ?

— Je serai simplement disparu du monde des grandes personnes. Que ça reste entre nous un secret. Ce sera notre pacte. Promis ?

— Oui, mais je… »

Il ne voulut pas lui donner plus de détails.

Et elle était trop chagrinée pour lui en demander.

C'est qu'elle pensait au premier pacte qu'elle lui avait proposé et qu'il avait accepté : de partir séance tenante avec lui à la recherche du petit prince si elle lui révélait ce que madame Destinée lui avait prédit : la boucle était bouclée.

C'était triste, car ça voulait dire qu'on avance dans le temps, dans la vie, et que, en somme, on a vieilli, jamais une nouvelle glorieuse, *correct me, if I'm wrong*.

Trois heures après qu'il fut parti avec le petit prince, Eva remit à Sofia une lettre qui lui était adressée.

« Pourquoi ne me l'as-tu pas donnée avant ? lui reprocha-t-elle.

— Il m'a fait jurer sur la tête des deux petits Rosenberg que je ne le ferais pas ! » expliqua Eva, qui paraissait infiniment désolée.

« Ah ! je vois... »

La nervosité qui s'empara de Sofia était si considérable lorsqu'elle eut la lettre dans ses mains qu'elle se mit à trembler, et qu'elle la déchira presque lorsqu'elle entreprit de la décacheter. Enfin, elle put la lire :

*Chère Sofia,*

*Vénitienne* bella mia, bellissima, bellissima, *et pas seulement en votre visage, cette beauté mondaine est banale et provisoire, celle de votre âme ne l'est pas...*

*Quand vous lirez cette lettre, je serai loin déjà. Pardonnez-moi de vous avoir occasionné cette douleur, mais vivre sans le petit prince, je ne pouvais pas, je ne pouvais plus. Après cette si longue absence qui me tuait, comme vous le savez, avoir la possibilité de le retrouver, de passer tout mon temps avec lui, j'étais incapable de laisser passer cette chance. Car maintenant je comprends que les accidents d'avion que j'ai eus n'étaient peut-être pas des accidents, mais ma déception intime qui cherchait un remède ultime. Je ne suis pas Freud, mais j'ai été un mauvais père, alors je sais la détresse de l'absence d'un fils comme le petit prince. Je sais le désespoir de ne pas être avec lui. Vous l'avez connu à Dakhla, même brièvement, vous connaissez le charme mystérieux de son être, sa beauté, sa sagesse étonnante...*

*Enfin, vous savez ce que je veux dire, ou ne pas dire, je...*

*De toute manière, il faut croire que jamais je n'eus de talent vrai pour l'amour. Et peut-être est-ce la raison pour laquelle je n'ai jamais commis de roman sentimental, que chaque fois que, maladroitement, je m'y suis brièvement essayé, j'étais à des années-lumière du* Rouge et le Noir, *au volant d'un Caudron Simoun ou de quelque autre bête magnifique, au-dessus des Andes ou des Pyrénées, ma vraie contrée.*

*Un romancier digne de ce nom peut inventer, certes, mais le talent a des limites quand il faut se projeter trop loin de ce qu'on a été, de ce qu'on a vécu.*

*J'aurais dû le comprendre plus jeune, lorsque, ayant envoyé un collier de perles à ma fiancée, son bijoutier me le retourna par erreur, modifié avec un supplément de noblesse – et avec une facture, car mon premier amour n'en avait pas aimé la facture : le bijou n'était pas assez aristo : allez savoir ce qui plaît à ceux qui ne sont pas de votre classe !*

*Il y a eu maldonne entre nous, et même si je pouvais faire tous les tours de cartes du monde, nous nous sommes tout simplement rencontrés trop tard. Vous êtes ma moitié, je le crois, mais deux fois vingt-deux, ça fait trop d'années, surtout dans mon état. Je suis un prestidigitateur raté pour les vraies choses de la vie.*

*Mais peut-être un jour... peut-être un jour, serons-nous tous à nouveau ensemble dans l'Oasis Intérieure.*

*Ensemble.*

Le romancier attentionné avait doublement souligné le mot, pour en montrer toute l'importance.

*Mon nouveau mot préféré dont j'abuse visiblement. Je n'y vis pas encore, en cette oasis qu'on dit aussi invisible, comme le cœur vrai, je ne peux pas par conséquent vous donner de garanties formelles, comme font les marchands qui, du reste, ne les respectent jamais! Mais parfois, nos intuitions sont l'étonnant miroir de l'avenir, et malgré cette guerre qui nous a tous pris en otage, et nous a décimés, dans nos amitiés et dans nos rêves, parfois l'avenir est rose comme une rose, trémière ou autre. Pardonnez la ridicule faiblesse de cette métaphore dernière avant ma métamorphose.*

*Je...*

*Ce n'est pas comme* La Mort des Amants, *mon poème favori de Baudelaire.*

*Mais je...*

*Vous...*

*Ensemble.*

*Je...*

*Je me tais et procède à une réédition (toujours un événement heureux pour un auteur!) de mon cœur: Je...*

*Je voudrais vous dire que..., mais ne le peux par quelque défaut de fabrication de mon cœur ou quelque empêchement trop profond en moi, et qui, comme un varan me terrifie, mais je... »*

La lettre s'arrêtait là.

Sofia ne sut pas avec certitude ce que son bel aviateur voulait dire après ce «je» hésitant et mystérieux...

Était-ce: « Je vous aime? »

Elle se mit à pleurer.

Elle aurait tant aimé savoir.

Aussi son premier soin fut-il, cet après-midi-là, de se précipiter au *Rick's Café Américain* pour consulter madame Destinée.

Car parfois les hommes disent qu'ils vous aiment et ce n'est pas vrai.

Alors peut-être son bel aviateur n'était-il pas parti pour toujours. Il changerait d'idée et lui reviendrait parce qu'il lui avait avoué : « Je… »

La diseuse de bonne aventure pourrait assurément lui dire si elle avait raison ou non d'attendre son beau romancier.

Cette dernière, qui portait son incontournable turban et son faux diamant, était occupée à donner une consultation à une Juive qui avait été obligée de fuir Paris parce que sa voisine l'avait dénoncée aux occupants allemands. C'était pure vengeance : elle était la maîtresse de son mari.

Pas seulement sa maîtresse, mais aussi, faute encore plus grave, enceinte de ses œuvres.

La cliente voulait savoir si elle pourrait un jour retourner à Paris, retrouver le père de son futur enfant.

Madame Destinée lui annonça qu'elle voyait des soldats entrer d'un bon pas dans Paris.

« Des soldats ?

– Oui, mais pas des soldats allemands et ils seront menés par un géant gaulois.

– Un géant gaulois ?

– Oui, et il sera si grand qu'il lui faudra entrer dans Paris par l'Arc de triomphe. »

Une pause et elle ajoutait, excitée :

« J'entends *La Marseillaise*.

– Ah bon ! C'est curieux, en pleine guerre, les Allemands ne vont-ils pas…

– C'est une grande fête, la coupa madame Destinée, plus habituée à parler qu'à écouter, les gens s'embrassent et dansent dans les rues. Je vois même Rick, le patron du café, en décapotable avec Ilsa, ils rient, ils sont heureux, ils se sont retrouvés. »

La Parisienne en fugue, qui avait vu le film *Casablanca*, pensa à l'une de ses dernières et plus célèbres répliques : *We will always have Paris*. Maintenant n'était plus nécessaire le sacrifice d'Ilsa pour Laszlo, son mari, puisque sa cause avait triomphé : la jeune beauté avait enfin pu aller rejoindre son grand amour.

À Paris.

Qu'ils avaient enfin.

Pour de vrai.

Et pas seulement dans leurs souvenirs attendris.

La cliente s'arracha à cette rêverie pleine d'espoir. Aurait-elle aussi Paris à nouveau ? Retrouverait-elle l'homme qu'elle aimait follement, et qui était le père de l'enfant qu'elle portait ?

« Mais elle aura lieu quand, cette fête ?

— Je vois deux chiffres, le 2 et le 5, et je vois tout plein de cigales qui chantent avec les soldats.

— Mais les cigales chantent au mois d'août ! Paris serait libéré le 25 août ?

— Je… c'est ce que je vois dans ma boule de cristal.

— Et je retrouverai mon Jean-Paul ?

— Votre Jean-Paul ?

— Oui, le père de mon futur enfant. Si vous saviez comme il écrit bien !

— Ce n'est pas celui qui a écrit *La Nausée*, j'espère !

— Euh non.

— Tant mieux parce que j'aurais craint pour les beaux yeux de votre enfant !

— Ah ! » fit la cliente, qui ne connaissait pas Sartre, ni sa laideur légendaire, ni son strabisme divergent, dont il n'était pas encore affligé du reste, mais comme la voyante voyait dans l'avenir…

«Votre temps est écoulé, décréta alors un peu sèchement madame Destinée qui, si elle voyait dans l'avenir, n'oubliait pas pour autant le temps présent, et ses banalités pécuniaires. Vous me devez deux francs.

– Deux francs ?

– Un si vous voulez. Mais vous m'enverrez l'autre si vous retrouvez votre Jean-Paul.

– Marché conclu !» s'empressa de dire la juive parisienne qui paya son franc et se retira.

Sofia se précipita à la table de la voyante, qui consultait le petit carnet dans lequel elle notait ses rendez-vous : elle attendait une autre cliente. Elle reconnut Sofia avec une joie non dissimulée.

La jeune femme lui narra succinctement son drame.

«Vous le reverrez», lui annonça madame Destinée, qui semblait tout à fait sûre de son fait : ou en tout cas de sa boule de cristal.

– C'est vrai ? explosa de joie Sofia.

– Oui, mais seulement dans soixante ans.

– Dans soixante ans ? Mais c'est impossible. Il aura cent quatre ans !

– C'est ce que je vois dans ma boule de cristal, mais il y a peut-être un zéro de trop, je suis un peu fatiguée, mon mari ronfle, si vous saviez.

– Alors ce serait dans six ans», fit Sofia sans faire de commentaires sur les ennuis nocturnes de la voyante.

«Oui.»

*C'est long, six ans*, pensa la jeune femme, *mais moins long que soixante, et surtout, c'est possible comme retrouvailles !*

«Est-ce que ce ne pourrait pas être six mois ? vérifia-t-elle.

– Je ne sais pas, il faudrait que…»

Elle n'eut pas le temps de dire à Sofia ce qu'il faudrait.

Son autre client arrivait. C'était un homme, et il était très beau. À telle enseigne que madame Destinée, qui ne s'entendait déjà plus très bien avec son cinquième mari, se dit que cet Apollon qui, en outre, était sapé comme un roi, deviendrait peut-être un jour son sixième mari. Surtout si elle lui annonçait, mine de rien, un mariage prochain avec une femme plus vieille que lui!

Sofia rentra, un peu déprimée.

Heureusement il lui restait Tatiana, qui voulait relire avec elle *Le Petit Prince*, tout excitée d'avoir rencontré un vrai personnage de conte!

Ou de récit.

C'était le 30 juillet 1944.

Saint-Exupéry, qui s'était trouvé un taxi, était parti vers Bastia, en Corse, avec le petit prince qui portait son manteau doublement étoilé.

# 55

Le premier soin de Saint-Exupéry, à son arrivée en Corse, fut de louer une chambre dans un hôtel où il était déjà descendu dans le passé: il y enferma littéralement son fils, qui du reste n'en prit pas ombrage.

Il semblait que rien ne pouvait atteindre cet enfant mystérieux. En effet, il pouvait se contenter pendant de longues minutes de contempler une fleur, de jouer avec un caillou amassé au hasard, une ficelle ou des billes dont les poches de son long manteau étaient pleines.

L'aviateur écrivit à son grand ami Dalloz une lettre, qui ne devait pas résonner comme une lettre d'adieu, mais qui, au fond, en était une.

Ce dernier, après la disparition du célèbre aviateur, la porta au grand écrivain André Gide qui la lut à haute voix, puis laissa échapper un douloureux et simple : «Ah!» avant que la lettre ne lui tombât des mains.

L'aviateur écrivit aussi, bien entendu, une lettre à la mère de son fils, Madame de B, la Grande Blonde, l'astéroïde B 612, qu'il avait rencontrée en décembre 1929, le 6 (le 6 du douzième mois!) il s'en souvenait, et maintenant il pensait que, comme Sofia l'avait pensé au sujet de leur pacte, la boucle était bouclée, et ça lui donnait une nostalgie : mais il devait aller de l'avant.

Il fallait que Madame de B connaisse la vérité.

C'est René de Massigli, le ministre des Affaires étrangères de de Gaulle, «le géant gaulois», comme l'avait vu madame Destinée non sans une précision étonnante, qui lui porta la missive à Londres, où elle séjournait depuis quelque temps.

Voilà quel en était l'exact libellé :

*Amie blonde et bleue,*

*Quand tu recevras cette lettre, les gens croiront que je suis mort, disparu dans la Méditerranée, abattu par un chasseur ennemi, ou victime d'une embolie. Mais ce ne sera pas vrai. Je te supplie de me pardonner à l'avance le chagrin que je t'aurai causé pendant les quelques jours qu'il faudra sans doute pour que tu reçoives ma lettre. Surtout, surtout, chère amie, ne la montre à personne, qu'elle soit notre secret. Je sais que je te fais sans doute de la peine, mais se présente à moi une occasion unique.*

*Le fait est que j'ai retrouvé le petit prince, notre fils, dans des circonstances extraordinaires qu'il serait trop long de te narrer par le menu.*

Censément en raison de mes bonnes actions passées m'est offerte, sur un étonnant plateau d'argent, la chance inespérée de pouvoir retourner en mon pays, en mon royaume : de redevenir un enfant de sept ans.

Prétention extraordinaire, me diras-tu.

Mais je t'assure que je ne suis pas ivre, faut-il te préciser, Nelly.

Je pars donc demain, il y aura ma dernière mise en scène dans le monde des grandes personnes, sur lequel le rideau tombera enfin sans tristesse de ma part, tu t'en doutes, car je ne m'y suis jamais vraiment fait.

Merci pour tout, merci d'avoir toujours été là pour moi, de m'avoir lu, critiqué, encouragé, et plus d'une fois tiré du pétrin, pour les questions de sous, pas ma spécialité. Soit dit en passant, je t'ai désignée comme exécutrice littéraire de mes œuvres.

Je pars vivre dans l'Oasis Intérieure, que, enfant, je n'aurais jamais dû quitter.

Et que pourtant, j'ai stupidement abandonnée comme le château de Saint-Maurice-de-Rémens.

Je sais que tu comprendras, car tu as toujours tout compris sans que j'aie jamais rien à t'expliquer.

Ah… notre fils, qui s'est mis à dessiner à côté de moi me réclame à cor et à cri de sa voix si musicale, on dirait du Bach, ou pour mieux dire de la musique de l'enfant éternel de la musique, Mozart bien entendu. Qui chaque fois qu'on l'écoute nous fait oublier le monde entier et son histoire bruyante, bruyante de tous ces absurdes coups de canon, de tous ces stupides claquements de semelles militaires sur nos romantiques pavés parisiens. Je ne crois pas que Verlaine ou Villon aurait apprécié cet accompagnement grinçant de leurs rimes sublimes !

*Notre fils me réclame pour que je lui donne mon avis sur un dessin de sa main. Je suis trop absorbé ou mon dernier accident m'a laissé encore plus sourd que je ne croyais, car il précise que ça fait trois fois qu'il prononce un mot qui chaque fois m'émeut : papa...*

*Papa, tu peux venir ici ?*

*Avant, surtout depuis six ans, je ne pouvais pas.*

*Je ne pouvais pas répondre : oui, à cette question.*

*Maintenant, je peux, et peut-être pour le reste de ma vie.*

*Tonio*

*P.-S. puisqu'il en faut toujours un dans les missives dignes de ce nom. Le petit prince me pose souvent des questions à ton sujet. Je ne lui dis que de belles choses, évidemment : comment tu étais blonde, comment tu étais drôle et savante dans l'art du bonheur malgré notre destin contraire. Je penserai toujours à toi, grâce à lui, comme je pensais toujours à lui, grâce à toi.*

L'inspiration abandonna à cet instant le romancier. Ou alors l'émotion était trop grande. Il signa la lettre, la plia, l'inséra dans une enveloppe et y inscrivit le nom de sa destinataire : Nelly de Vogüé.

Le soir, comme s'il tentait de s'étourdir une dernière fois, il fit, dans un restaurant de Miomo, en bord de mer, des tours de cartes à de jeunes admiratrices.

Le matin, fort tôt, il déjeuna de pain beurré et de café crème avec le petit prince.

Puis à 8 h 45, avec à son bord son fils qui y était entré en catimini, il s'envola sur son Lightning P-38 pour accomplir officiellement sa dernière mission de reconnaissance.

Son fils et lui étaient munis d'un parachute.

Saint-Exupéry longea les côtes de la Méditerranée, puis, en vue de Marseille, il annonça au petit prince :

«C'est le temps, maintenant, on saute!»

En ajustant son parachute, non sans une certaine nervosité, le petit prince eut un faux mouvement si bien que l'étoile de son épaule gauche s'arracha de son manteau.

Il voulut tout naturellement la ramasser, mais Saint-Exupéry protesta :

«Laisse-la, ce sera un signe! Pour Sofia.»

Ils sautèrent, et l'avion sombra peu après dans l'océan. Quelques heures plus tard, Antoine de Saint-Exupéry était porté disparu : il avait retrouvé sa liberté pour toujours.

Bark, qui était dans sa confidence, malgré ses larmes, les attendait avec une voiture et les conduisit à Dakhla.

Là, dans la roseraie de cinq mille roses, Saint-Exupéry voulut à nouveau redevenir un enfant de sept ans.

Mais le serpent, mystérieusement capricieux, refusa de le mordre et disparut d'où il était venu, même si le petit prince portait son manteau et ses bottes des grandes occasions.

C'était à n'y rien comprendre.

Atterré, Saint-Exupéry crut qu'il avait fait tout ça pour rien, et que jamais il ne retrouverait le paradis de son enfance!

Bark, qui était témoin de tout, ne disait rien.

D'ailleurs, il ne comprenait pas vraiment ce qui devait se passer dans la roseraie.

# 56

« Pourquoi le serpent a-t-il refusé de me mordre ? » s'intrigua l'aviateur dont le pied gauche, innocent et nu, semblait pourtant s'offrir à l'angoissante morsure.

« Peut-être n'étais-tu pas vraiment décidé, papa, malgré ce que tu disais. On se ment si facilement à soi-même. »

Saint-Ex ne répondit pas tout de suite, car il pensait : *peut-être mon fils a-t-il vu vrai. Je ne suis pas vraiment prêt. Il est si sage, et voit si bien en moi.*

Puis, bizarrement, un lointain souvenir lui revint.

Il se rappelait l'épisode humiliant du collier de perles offert à son premier amour, Louise de Vilmorin. Ce lointain camouflet du destin, qu'il avait trouvé sur le coup injuste et cruel, maintenant, après tant d'années, prenait enfin un sens.

Car il se disait : *Voilà pourquoi cette épreuve m'a vraiment été infligée ! C'était pour me faire comprendre que l'amour senti-mental est pour moi impossible. Peut-être.*

« Papa ? » demanda le petit prince, qui le voyait perdu dans ses pensées. « Es-tu encore avec moi ?

– Oui. Et je suis prêt. Je suis vraiment prêt, cette fois-ci.

– Si tu le dis », fit le petit prince.

Et il était difficile de dire s'il y avait ou non de l'ironie dans sa réplique.

Derechef, le petit prince émit ce mystérieux sifflement qui avait attiré le reptile.

Un nouveau serpent se présenta, jaune lui aussi, et de taille plus imposante, si bien que l'aviateur, malgré sa prétendue détermination, eut un mouvement de recul.

Bark non plus ne s'y habituait pas, et ne put réprimer une grimace : les serpents, ce n'était vraiment pas son truc.

« Es-tu certain d'être prêt ? » vérifia le petit prince, qui avait noté l'expression effarée de son père.

« Oui ! »

Le serpent s'avança, parut considérer le pied nu de Saint-Exupéry, mais curieusement, comme son prédécesseur, refusa aussi de le mordre, et rebroussa chemin, disparaissant illico dans la roseraie odorante et belle.

Bark n'en revenait pas, mais éprouvait un certain soulagement.

Car l'idée que son ancien maître se fît mordre – volontairement ou non – par un serpent, ne lui plaisait vraiment pas, beaucoup s'en fallut.

Saint-Exupéry fronçait les sourcils, et surtout semblait catastrophé.

« Je ne pourrai jamais redevenir un enfant de sept ans, je vais demeurer un vieux con de quarante-quatre ans ! J'aurais dû rester dans cet avion, et te laisser sauter seul en parachute.

– Il ne faut pas seulement que tu sois prêt, papa, il faut aussi que le serpent te choisisse, ça fait partie de l'épreuve.

– Ah bon, je… mais pourquoi ne me choisirait-il pas ?

– Je ne sais pas.

– Tu ne sais pas ?

– Non.

– Alors on fait quoi ? Tout est fini ? Je retourne à Casablanca, je reprends mon absurde vie ?

– Non, il nous reste une dernière chance.

– Une dernière chance ? » demanda l'aviateur qui affichait une mine vraiment pitoyable.

« Oui, Am Ra Ra An pourra peut-être trouver une solution. Les problèmes fondent devant lui comme neige au soleil. »

Et comme il prononçait ces mots, à nouveau les roses se tournèrent toutes dans la même direction.

# 57

On aurait dit que, comme la fois précédente, elles accueillaient respectueusement Am Ra Ra An qui semblait deviner tous les souhaits de son fils adoptif auquel il était relié par quelque fil invisible.

Ou peut-être était-il doté d'un sens du temps remarquable.

Il était accompagné d'une ribambelle de bambins, à peu près la même que celle qui avait aidé le petit prince à retrouver David.

Le plus jeune des gamins, qui ne devait pas avoir plus de cinq ou six ans, portait un tambour rouge et or en bandoulière, et brandissait fièrement deux baguettes, ce qui figurait un spectacle plutôt surréaliste au beau milieu du Sahara. Mais tout semblait singulier en cette Oasis Intérieure.

L'aviateur en tout cas se frotta les yeux, car il crut un instant rêver. Et il regarda Bark, qui haussa les épaules : lui aussi était éberlué.

En voyant l'homme de Dieu, le petit prince sourit : ce n'était pas la première fois qu'il était témoin de ses apparitions magiquement orchestrées.

« Père, expliqua aussitôt le petit prince, deux serpents ont refusé de mordre mon père. »

Cela fit drôle à Saint-Ex (et aussi à Bark) que son fils prononçât deux fois le mot père en s'adressant à deux hommes différents. Mais en ce tournant décisif de sa vie, il n'était pas pour lui en faire le reproche.

« Je sais », fit Am Ra Ra An.

Il était vraiment magnifique, avec sa tunique blanche, son turban, qui venait couronner son abondante chevelure. Quant à ses yeux, ils brillaient d'un éclat encore plus merveilleux que la fois précédente. On comprenait ou en tout cas pressentait en le voyant ce que voulait dire être un homme de Dieu. Car tout en lui resplendissait comme si l'immense soleil intérieur, dont son corps était le simple vêtement, cherchait de toutes les manières à s'échapper de lui. Et y parvenait.

« Ne se fait pas mordre qui veut par le serpent du Soleil ! »

Le serpent du Soleil !

C'était bien entendu la première fois que Saint-Exupéry entendait parler de lui. *Mais*, réfléchit-il, *voilà sans doute pourquoi il est jaune ! Il y a là une certaine logique, en tout cas. Mais ça ne règle pas mon problème.*

« Alors on fait quoi ? implora le petit prince. J'avais cru que… »

Il n'acheva pas sa phrase, mais il paraissait infiniment déçu.

« Laisse-moi réfléchir un instant ! » fit Am Ra Ra An.

Et il se mit à frotter son rubis immense comme il avait fait lorsque le petit fennec s'était silencieusement plaint à lui de sa nostalgie pour sa compagne.

L'exercice fut fécond, car le sage dit bientôt, s'adressant à l'aviateur :

« Tu as fait beaucoup de bien par tes livres, en donnant aux hommes de la terre de l'espoir. Et tu as rendu à Bark sa liberté. »

*Comment diable peut-il savoir ça, au sujet de l'ancien esclave ?* pensa Saint-Exupéry, car il ne lui semblait pas lui avoir parlé de ce geste.

« Mais, poursuivit le sage, il te reste encore sept années de karma à écouler avant de pouvoir te transformer, et voilà la véritable raison pour laquelle le serpent du Soleil refuse de te mordre.

– Ça veut dire que… balbutia Saint-Exupéry, qui était effondré, ça veut dire qu'il va me falloir attendre d'avoir cinquante et un ans avant de pouvoir redevenir un enfant ?

– Que sont sept années en regard de l'éternité ? » demanda le sage.

« Honnêtement, avec le corps que j'ai, je ne crois pas pouvoir me rendre jusque-là. »

À ces mots, l'ancien esclave parut fort triste pour l'aviateur.

« Père, avec tous les pouvoirs que vous possédez, vous ne pouvez rien ? » s'affola le petit prince.

Pour toute réponse, le sage frotta à nouveau sa bague, en quête d'inspiration. Il esquissa bientôt un sourire, comme s'il avait trouvé un remède.

Il se tourna vers les enfants, et inclina la tête. Cet ordre silencieux, que ni Saint-Ex, ni l'ancien esclave, ni même le petit prince ne comprirent, les enfants, eux, le comprirent aisément.

Ils formèrent une ligne parfaite avec en son milieu le garçonnet au tambour, qui se trouva à être flanqué de trois petits compagnons, autant à sa gauche qu'à sa droite, car ils étaient sept au total.

Le garçon au tambour se mit à taper sur son tambour rouge et or de ses deux baguettes. Les autres enfants sourirent, parurent se préparer à chanter. Ils se regardaient, semblaient un peu nerveux comme avant une performance. Peut-être la performance de leur vie.

Alors l'homme de Dieu expliqua d'une voix forte, si bien que, malgré les battements de tambour, ses paroles résonnèrent dans toute la roseraie :

« Il y a une manière.

— Vraiment ? s'enthousiasma aussitôt le petit prince.

— Oui, si chacun des enfants accepte de sacrifier une année de sa vie pour avoir un nouvel ami, alors le serpent jaune nous visitera à nouveau et cette fois-ci il mordra, et le destin s'accomplira.

— Hein ? Qu'est-ce que c'est que cette histoire ? » protesta Saint-Exupéry.

Le petit garçon au tambour ne parut pas se soucier de cette révolte, regarda calmement à gauche et à droite, ses compagnons tout mignons, et il battit la mesure de sa tête, pour leur signifier qu'il fallait entamer le chant, ce qu'ils firent bellement.

Saint-Exupéry était troublé, et entendait confusément les paroles de cette chanson de Noël composée quelques années plus tôt, en 1941.

*« Je suis un pauvre garçon, comme lui…*

(La chanson fait référence à l'enfant Jésus, l'enfant roi comme le sont bien des enfants avant de devenir des grandes personnes !)

*Je ne lui ai pas apporté de cadeau…*

*Pas de cadeau qui convient à un roi.*

*Juste mon tambour pour lui…*

*Je joue de mon mieux pour lui*

*Et alors il sourit pour moi…*

*Pour moi et mon tambour… »*

Et entre chaque innocent aveu du petit garçon au tambour, du *Little Drummer Boy*, dans la langue de Shakespeare si systématiquement boudée par Saint-Exupéry, il y avait, non pas les mots habituels, Pa Rum Pa Pum Pum, mais plutôt, mystérieusement, Am Ra Ra Ra An, le nom à peine modifié, puisqu'une seule syllabe y avait été ajoutée, de l'homme de Dieu.

Et de cette chorale *a cappella* si ce n'est du tambour rouge et or, s'élevaient des accents si purs, si innocents que les larmes vinrent tout de suite aux yeux de l'aviateur. Ces voix l'avaient replongé aussitôt dans le château de son enfance, avec sa mère, ses sœurs, son bonheur, par la subtile et sûre machine à voyager dans le temps des chants de Noël.

Ce fut le plus jeune des garçons, celui qui battait le tambour, qui fut le premier à s'avancer d'un pas, à sortir du rang, si j'ose dire.

À s'avancer pour annoncer à l'aviateur qu'il était prêt à sacrifier une année de sa vie pour lui.

Même s'il était un parfait étranger.

Peut-être parce qu'il était le plus jeune.

Et le plus insouciant.

Pourtant il avait, un instant, pensé à sa maman.

Mais il avait tant d'années devant lui ! Alors une de plus, une de moins, si c'était le prix à payer pour avoir un nouvel ami, dont la valeur était infinie : en plus, cet ami était pilote ! Alors il pourrait faire un tour d'avion avec lui, son rêve le plus grand, à part, s'il y pensait trois secondes et demie, celui de connaître son papa, qui était parti quand il était encore très petit, pour faire la guerre, mais c'était peut-être juste une excuse ! C'est ce que sa maman lui avait dit en tout cas lorsqu'il lui avait posé des questions, ou plutôt la seule vraie question pour un garçon : « Où est papa ? » parce que tous ses petits amis lui demandaient tout le temps : il est où, ton papa ? Il fait quoi, dans la vie ?

Pa Rum Pa Pum Pum, je veux dire, Am Ra Ra (Ra) An esquissa un sourire en voyant le petit garçon au tambour faire un pas courageux devant lui.

Bark semblait infiniment ému par la pureté de ce chant.

Le petit prince affichait un air grave.

Comme s'il savait ce qui allait se passer.

Et qui était terrible.

Peut-être.

La fillette qui se tenait à gauche du garçon au tambour était amoureuse de lui. Même si elle avait un an de plus que lui. Elle aimait déjà les hommes plus jeunes qu'elle, et ce goût précoce ne lui passerait pas, car elle allait l'aimer jusqu'à sa mort. Aussi n'hésita-t-elle pas une seconde à sacrifier tout comme lui une année de sa vie. Même pour un parfait étranger.

Elle s'avança nerveusement, sourire aux lèvres, regarda le garçon au tambour.

Deux garçons qui se trouvaient à sa gauche, et étaient les plus grands amis du monde, se regardèrent comme s'ils souhaitaient se consulter, quant à la ligne de conduite à adopter : ils sourirent et firent en même temps le pas en avant qui annonçait leur sacrifice volontaire.

Puis l'enfant à la droite du garçon au tambour, une fillette ravissante qui avait juste quatre jours de plus que lui, se dit que si tout le monde le faisait, elle devait sans doute le faire elle aussi, en plus elle adorait le petit prince, qui était son idole, et comme c'était pour son papa qu'il y avait tout ce tralala. Mais avant, elle consulta de ses beaux yeux clairs son amie, qui se tenait juste à côté d'elle. Elle lui tendit la main, son amie hésita quelques secondes et enfin la prit. Les deux fillettes s'avancèrent bravement tout en continuant à chanter.

Saint-Exupéry était étonné par cette sorte de cérémonie. Mais en même temps, il hochait de la tête en signe de dénégation. Visiblement, il n'était pas d'accord. Pas d'accord avec ce sacrifice. Bark avait les larmes aux yeux, car il s'avisait que, au fond, ces enfants faisaient un peu pour Saint-Exupéry ce que le célèbre romancier avait fait pour lui !

Ne restait plus que l'enfant d'extrême droite, celui qui avait depuis le plus longtemps atteint le triste âge de raison. Il tergiversait. Car il avait démarré depuis peu un lucratif commerce de sandales qui lui rapporterait gros avec le temps, du moins en avait-il l'intime conviction : et alors chaque année comptait. Comptait double ou triple, raisonnait-il en son hésitation.

Pourtant la sagesse de l'enfance triompha enfin en lui, même s'il s'en éloignait à grands pas – et à grand renfort de chiffres !

Il s'avança enfin si bien que toutes les conditions de la métamorphose de l'aviateur étaient maintenant réunies, comme par magie.

La magie, un autre nom pour la gentillesse désintéressée, si rare en nos sociétés.

Mais Saint-Exupéry ne l'entendait pas ainsi.

Ses yeux maintenant étaient emplis de larmes.

Il se jeta à genoux aux pieds de ces nobles enfants en suppliant :

« Non, non, reculez ! Je suis vieux, je suis fini, je ne vaux pas une année de votre précieuse vie, reculez, je vous en prie ! »

Les enfants n'eurent pas le temps de lui obéir, car, comme surgi de nulle part, un serpent jaune rampa avec une vélocité extrême jusqu'à lui et le mordit.

L'aviateur poussa un horrible cri de douleur, se retourna et vit le serpent, dont les crocs étaient bien enfoncés dans sa cheville gauche pour lui injecter leur venin mortel.

Ou de jeunesse éternelle.

Saint-Ex arrondit les yeux, terrorisé : il allait mourir.

Il en avait la certitude.

Il n'eut pas le réflexe de repousser le serpent, même s'il sentait déjà un engourdissement dans la cheville, qui du reste montait rapidement dans son mollet, gagnait son genou.

Le petit prince s'était approché de lui en même temps que Bark, affolé, qui répétait : « maître, maître ! »

L'ancien esclave plongea vers le serpent, pour sauver son maître d'une mort certaine.

Mais le serpent fut plus rapide que lui, abandonna la cheville gauche de l'aviateur et disparut comme par magie dans la roseraie d'où il avait surgi.

Bark se pencha vers la cheville de son maître, et y appliqua la bouche pour tenter d'aspirer le venin.

Saint-Ex protesta, d'une voix languissante :

« Laisse faire, mon ami, laisse faire ! C'est mon souhait. »

Pourtant Bark aspira une gorgée de sang, qu'il cracha en espérant qu'elle contenait le plus de venin possible, souhait vite contredit par les faits : l'aviateur était au plus mal !

Infiniment désolé, Bark se mit à pleurer.

Am Ra Ra An, quant à lui, assistait avec stoïcisme à la scène, comme s'il savait ce qui allait se passer.

Le petit prince prit la main de Saint-Ex, comme pour lui donner du courage dans cette mystérieuse épreuve.

« Je meurs, mon enfant ! se plaignit l'aviateur.

– Non, tu… balbutia le petit prince.

– J'ai peur.

– Aie confiance, père, tout va bien se passer.

– Mais si je ne redeviens pas un enfant ? Si je meurs et ne te revois plus jamais ?

– Suis l'étoile filante, papa !

– L'étoile filante ?

– Oui, celle qui conduit à ton enfance.

– Mais je ne la vois pas, je…

– Regarde en toi, là. »

Et de son index il toucha le cœur de son père.

« Tu diras à Sofia que je… »

Mais comme dans la longue lettre qu'il lui avait écrite avant de partir, il ne lui dit pas quoi.

Il faut dire que ses forces déclinaient rapidement, ses yeux s'ouvraient, se refermaient, et pourtant il trouva encore l'énergie de dire :

« Je t'aime, mon fils, je t'aimerai toujours.

– Moi aussi, je t'aime, papa. »

En entendant ces mots, peut-être les plus beaux qu'il eût jamais entendus de toute sa vie, Saint-Exupéry ferma les yeux.

Au même moment, les enfants de la chorale improvisée se turent, et le garçon cessa de frapper son tambour.

« Papa ? Tu es… »

Le petit prince n'osait pas dire : mort !

Et tout à coup, toute la confiance qu'il avait toujours eue en son père spirituel, en sa philosophie et en la vie éternelle semblait l'avoir abandonné comme l'âme de son père, dont le corps gisait, inerte, dans la roseraie de cinq mille roses.

Bark s'empara de la main de l'aviateur, se mit à la couvrir de baisers et de larmes.

Le petit prince se tourna vers l'homme de Dieu, lui lança, la voix emplie de reproches :

« Père, que se passe-t-il ? Faites quelque chose ! Usez de vos pouvoirs ! »

Am Ra Ra An demeurait impassible.

Pourtant, il se tourna vers la petite chorale de fortune – ou d'infortune ! – et à nouveau inclina la tête.

Le garçon au tambour comprit son ordre silencieux, recommença à jouer, puis les autres enfants se remirent à chanter le même chant de Noël, mais on aurait dit qu'il était encore plus beau.

Le petit prince regarda encore une fois l'homme de Dieu, interloqué.

Pour toute réponse, Am Ra Ra An pointa l'index de sa main baguée en direction de l'entrée de la roseraie.

Le petit prince et Bark s'empressèrent de regarder.

Un garçon s'avançait vers eux, qui semblait avoir sept ans.

Arborant d'abondants cheveux bruns, le visage éclairé par des yeux rêveurs, mignon avec son nez retroussé, il portait une chemisette blanche dont le large collet bleu était strié de blanc, ce qui le faisait ressembler à un petit matelot. Ses pieds étaient joliment chaussés de souliers qui lui montaient haut sur la cheville et qui étaient lacés de blanc.

Un sourire de ravissement étonné ne tarda pas à fleurir les lèvres du petit prince, car même s'il n'avait jamais vu son père à sept ans, il voyait avec les yeux du cœur.

Pourtant, il vérifia :

« Papa, c'est toi ? »

Le maître spirituel souriait, tandis que Bark crut qu'il était en train de devenir fou et que la désespérance de voir son maître mourir dans la roseraie, mortellement mordu par un serpent jaune, lui donnait des visions aussi absurdes que vaines.

# 58

Lorsque, de retour à Casablanca, Bark raconta cette incroyable histoire, survenue dans la roseraie de l'Oasis Intérieure, personne ne le crut vraiment.

On pensa qu'il avait bu.

Ou qu'il était fou de désespoir d'avoir perdu l'homme admirable qui lui avait rendu sa liberté.

Peut-être avait-il subi une insolation en revenant de Dakhla, un voyage en jeep de trois jours sous le soleil ardent du désert.

Le petit David pourtant avait tendance à croire que ce que l'ancien esclave disait était vrai : la roseraie, les enfants de la chorale improvisée, la métamorphose de l'aviateur en l'enfant de sept ans qu'il avait toujours voulu être.

Il était un enfant, et de penser que sept enfants avaient donné une année de leur vie pour Saint-Exupéry, inspirés par le courage du petit garçon au tambour, ça ne lui paraissait pas si extraordinaire, pas si invraisemblable et fou.

En plus, il avait visité Dakhla, avait vu la roseraie, les généreux enfants, et, bien sûr, il avait rencontré le petit prince.

Le petit Isaac, lui aussi, avait cru cette histoire, parce qu'il disait presque toujours comme son frère, même s'il n'était pas certain de tout comprendre.

Pour Eva, ce genre d'histoires, c'était de la bouillie pour les chats.

Mais comme elle ne voulait pas gâcher la joie de personne, et surtout celle de Sofia, elle s'était contentée de faire une moue vaguement sceptique.

La principale intéressée, Sofia, avait d'abord fondu en larmes, en apprenant la mort de Saint-Exupéry. Puis elle avait songé, comme pour se consoler, que, s'il n'était pas mort, comme le croyait Bark alors, il était enfin heureux, car il avait réalisé ses deux grands rêves : il avait retrouvé le petit prince, son fils adoré, et il était redevenu un enfant de sept ans !

Mais peut-être, à la vérité, Saint-Exupéry était-il simplement mort, mordu mortellement par un serpent venimeux.

Et Sofia ne put faire autrement que de se rembrunir à la pensée que la prédiction de madame Destinée ne se réaliserait jamais et que, même si c'était le cas, ce ne serait guère réjouissant : dans soixante ans, elle aurait quatre-vingt-deux ans et

Saint-Exupéry soixante-sept ou cent quatre ans, selon qu'il était ou non redevenu un enfant!

# 59

Lorsque Nadia apporta à sa grand-mère un flacon de parfum – au lieu des roses ou des chocolats qui semblaient la trahir chaque fois! –, elle fut la femme la plus étonnée du monde en entendant l'octogénaire déclarer, absolument sûre de son fait:

« Marc Antoine t'a demandée en mariage?

– Pourquoi me poses-tu cette question, grand-maman? fit Nadia, rouge comme une pivoine.

– Bien, à cause de ta nouvelle bague. »

C'était vrai, la belle Vénitienne portait une nouvelle bague, en fait une alliance en or, et elle se reprocha sa stupidité ou en tout cas son insouciance. Elle aurait dû prudemment la retirer avant cette visite: à côté de sa grand-mère, Sherlock Holmes et Sigmund Freud, même réunis, étaient des amateurs finis pour lire les êtres!

Pour que Nadia acceptât le bijou, au cours d'un somptueux dîner à l'hôtel de Paris, à Monaco, où elle avait été transportée en avion privé, il avait fallu que le romantique et beau Marc Antoine lui assurât que ce n'était pas un jonc de fiançailles, que ça ne voulait rien dire au fond, en tout cas rien de sérieux pour l'avenir: c'était juste une bagatelle achetée chez Van Cleef & Arpels, place du Casino, en sortant, l'avant-veille, de la banque privée où il sévissait.

« Alors qu'est-ce que tu lui as répondu? s'enquit la grand-mère, tout excitée.

– Bien, je lui ai répondu ce que toute femme sensée lui aurait répondu.

– C'est-à-dire ?

– Je lui ai dit oui pour le jonc, mais non pour la proposition.

– Tu es folle ou quoi ? attaqua la grand-mère.

– Non, je suis sage. Il veut que je quitte mon emploi.

– Mais tu me dis depuis des mois que tu le détestes !

– Si je quitte mon emploi et qu'ensuite il me quitte, lui, je fais quoi ?

Au lieu de répondre à sa question, la vieille Sofia dit :

« Au fond, c'est de ma faute si tu penses ainsi, Nadia.

– Pourquoi dis-tu ça, grand-maman ?

– Parce que c'est vrai. Tu es en train de rater la chance de ta vie parce que tu ne veux pas m'abandonner ici.

– Mais non, voyons, protesta Nadia, ça n'a absolument rien à voir. »

L'octogénaire se contenta de regarder sa petite-fille avec un sourire triste. Et elle se pencha vers la poche de son peignoir pour regarder le palmier et surtout le petit fennec, qu'elle toucha de la main : on aurait dit qu'elle le flattait, revivant sa lointaine aventure au désert avec Saint-Exupéry.

« Il faut que j'y aille, grand-maman, j'ai juste une heure pour mon lunch.

– Tu ne restes pas pour dire bonjour aux jumeaux Rosenberg ? »

La vieille dame se frappa le front :

« Je ne sais pas pourquoi je les appelle toujours jumeaux, même s'ils ne l'ont jamais été, fit-elle comme pour elle-même.

– C'est…

– Ils vont être là d'une minute à l'autre, ils ont une nouvelle boutique de chaussures, il paraît que c'est fabuleux.

– Une nouvelle boutique de chaussures, vraiment? fit la jeune femme en haussant les sourcils. J'aimerais bien, mais je suis vraiment pressée. »

Nadia s'approcha de sa grand-mère, et posa un baiser sur la peau parcheminée de ses vieilles joues. L'octogénaire la prit un peu par surprise en lui suggérant, et c'était presque un ordre comme il en sort bien souvent de la bouche des vieilles gens, lorsqu'elles parlent à leurs petits-enfants :

« Tu devrais lui dire oui. Demain peut-être, il sera trop tard. Il sera parti et pour de bon.

– Il part justement.

– Il part ?

– Oui, pour Paris. Cet après-midi.

– Pour combien de temps ?

– Un mois.

– Un mois ! » fit avec affolement la vieille Sofia, comme si sa petite-fille lui avait annoncé que le jeune banquier était aussi un meurtrier notoire. « Mais tu ne te rends pas compte !

– Je ne me rends pas compte de quoi ?

– Qu'un mois sans femme, pour un homme riche et jeune, c'est une éternité ! Va tout de suite le rejoindre pendant qu'il en est encore temps !

– Je vais plutôt rentrer au bureau, grand-maman.

– Et si c'est l'homme de ta vie ?

– Je vivrai avec mon erreur.

– Ce n'est pas si facile qu'on pense, de passer sa vie avec un homme qui n'est pas l'homme de sa vie.

– Pourquoi dis-tu ça ?

– Je parle par expérience. Après Saint-Exupéry, pendant trois ans, je pensais me tuer de désespoir. Au lieu de cela je me suis remariée, le lendemain de mon divorce avec mon nazi de premier mari. Il n'y a pas une si grande différence qu'on le croit. Mais le mariage n'a pas duré longtemps, le pauvre a fait un infarctus à trente-neuf ans. J'ai aussi enterré mes deux maris suivants : un suicide déguisé en accident d'auto et un cancer du foie, par suite d'alcoolisme. Les deux s'étaient rendu compte que je ne les aimais pas vraiment. Quelle drôle d'idée de penser qu'une femme se marie toujours par amour !

– Grand-maman, tu… », fit Nadia en esquissant un sourire de surprise, car elle découvrait en elle un humour et un cynisme qu'elle ne lui avait jamais connus.

La jeune Vénitienne n'eut pas le temps de s'ouvrir à sa grand-mère de son étonnement, car l'octogénaire ajoutait :

« Il faut croire que je suis plus funeste que le serpent jaune du petit prince, je suis la veuve noire, je parle de l'araignée, bien entendu. Dieu ait leur âme ! Ce n'était pas de mauvais bougres, même s'ils n'étaient ni pilotes ni romanciers. Alors, vis ta vie, pense à toi ! Fais comme si j'étais déjà morte !

– Mais voyons, grand-maman, ne dis pas des choses pareilles ! Tu vas vivre jusqu'à cent ans.

– Tu m'en veux ou quoi pour me promettre semblable malheur ?

– Non, je…

– Ne perds pas ton temps à tenter de mentir à une vieille dame ! »

Et en disant ces mots, elle plongea soudain dans une tristesse si grande que Nadia ne put faire autrement que de retarder son départ, même si, pensa-t-elle, *c'était peut-être une autre astuce de sa grand-mère pour la retenir comme lorsqu'elle lui assurait qu'elle avait une dernière, dernière, dernière chose à lui dire et que, bien entendu, c'était très, très important :*

« Qu'est-ce qu'il y a, grand-maman ?

– Rien.

– Tu as l'air vraiment triste. Tu veux que j'appelle au bureau pour dire que je vais être en retard ?

– Non. C'est que…

– Que quoi?

– Je pensais juste à la prédiction de madame Destinée, qui m'a dit que je reverrais l'amour de ma vie dans soixante ans : la dernière fois que je l'ai vu, c'était en 1944, et nous sommes en 2004. »

Et tout à coup, ses beaux yeux s'éclairèrent, et elle sourit.

Comme une romantique jeune femme de vingt-deux ans qui a toute la poésie de l'Oasis Intérieure dans son cœur, et toute la vie devant elle !

# 60

Au sortir de l'hôpital, Nadia était infiniment torturée. Sa grand-mère avait sans doute raison.

Au sujet de Marc Antoine.

Qui l'aimait follement.

Et qui était probablement en train de lui filer entre les doigts, parce que les hommes sont comme ça, ils ne peuvent pas vivre seuls, *et cetera*…

Nadia se refusait-elle au grand amour, pour lequel elle se sentait pourtant prête, archi-prête, à trente-neuf ans et des poussières ?

Repoussait-elle le séduisant banquier parce qu'elle ne s'en croyait pas digne, parce que ce qu'il lui offrait sur un plateau d'argent – vraiment d'argent ! – était trop beau pour être vrai ?

Mais suivre cet homme, c'était aussi abandonner sa vieille grand-mère à Casablanca. Il ne lui resterait plus, pour toute famille, que les jumeaux Rosenberg, mais ils étaient vieux, ils avaient leur nouvelle boutique de chaussures à gérer...

Et comme si ce tourment sentimental n'était pas suffisant, sans qu'elle sût pourquoi, elle entendait constamment résonner dans sa tête les paroles de *The Little Drummer Boy*, qu'avaient chantées les enfants dans la roseraie de cinq mille roses. Du moins le prétendait l'octogénaire qui pensait encore à ce lointain amour malgré les trois mariages qui l'avaient suivi, et qui avaient mal fini. En tout cas pour les maris. Pour la veuve, peut-être pas tant que ça.

Oui, Nadia, tendue à l'extrême au volant de sa voiture qui semblait ne pouvoir aller nulle part dans la congestion infinie des artères de Casablanca, entendait curieusement la voix de ces enfants, et la mélodie de ce beau chant de Noël résonnait avec tant de clarté, tant d'insistance dans sa tête qu'elle eût été bien incapable de la faire taire.

Une grande émotion monta tout à coup en elle, et ses yeux devinrent humides.

Elle ne savait pas trop pourquoi au juste.

Peut-être parce que la voix des enfants était trop pure et que leur innocence la plongeait dans un passé lointain, si lointain : son enfance, qui n'était pourtant pas si éloignée, car après tout, elle n'avouait que trente-neuf ans.

Trente-neuf ans...

Ce que ce chiffre pouvait avoir de poids dans son esprit, même si elle ne les faisait pas, loin de là...

Le chœur des enfants, *The Little Drummer Boy*...

Dans sa tête, obstinément...

Mais c'était peut-être aussi la fatigue, la fatigue accumulée depuis des années, un début de *burn-out*...

Et ce trafic fou dans les rues de Casablanca, sans doute un accident devant elle, en tout cas ça avançait à pas de tortue… Des conducteurs impatients klaxonnaient, d'autres lançaient des invectives.

Nadia se sentait prisonnière de sa voiture.

Comme elle l'était de sa vie.

De son travail.

Peut-être aussi de la malchance amoureuse qui semblait s'acharner contre elle. À moins que ce fût un défaut de son cœur qui avait créé autour d'elle ce vide.

Elle contempla un instant la bague que lui avait offerte Marc Antoine.

Elle pensa : *il est fou, mais est-il vraiment fou… de moi ?*

Et si c'était vrai et que, comme le prétendait sa grand-mère, elle était en train de laisser passer une main extraordinaire, avec quatre as, et surtout, surtout, le roi de cœur ?

Elle regarda sa montre, grimaça.

Impossible maintenant d'arriver à l'heure.

Elle téléphona au bureau pour aviser de son retard.

Puis quelque chose de curieux, d'infiniment curieux se produisit.

À la radio qu'elle avait mise pour couvrir le bruit grandissant des klaxons impatients, contre toute attente, se mit à jouer, en plein mois d'avril, bien longtemps avant Noël, le chant qui résonnait avec insistance dans sa tête : *The Little Drummer Boy* !

Peut-être l'animateur en avait-il fumé du bon. Ou voulait-il se moquer des auditeurs pris dans la canicule précoce qui sévissait au Maroc ?

Toujours est-il que Nadia fondit en larmes.

Comme si c'était trop, ce hasard vraiment surréaliste.

« Il est arrivé quelque chose à grand-maman ! » s'écria-t-elle alors, sans vraiment savoir pourquoi.

Juste une inexplicable, mais troublante intuition.

Elle composa le numéro de l'hôpital sur son cellulaire, mais au moment précis où la réceptionniste lui répondait, sa pile lâcha. Elle pesta.

Elle effectua une manœuvre risquée, qui lui valut un concert de klaxons doublé d'une pluie de jurons.

Les privilèges de la beauté sont immenses, certes, mais ils ne vous prémunissent pas de la muflerie infinie des hommes, ni de la jalousie tout aussi infinie des femmes envers les autres femmes, surtout celles qui sont belles.

Nadia se gara d'une manière qui encombrait la circulation – demandez-lui si elle s'en souciait ! – sortit de sa voiture, et se mit à marcher à toute vitesse, puis bientôt à courir en direction de la clinique où sa grand-mère était internée, avec toujours dans sa tête, sans qu'elle pût rien y faire contre, cette chorale de plus en plus grandiose des enfants *The Little Drummer Boy*.

Lorsqu'elle arriva enfin à la clinique, elle comprit que son intuition ne l'avait pas trompée.

Sa grand-mère ne se trouvait pas dans sa chambre, dont l'unique fenêtre était grande ouverte !

Elle s'y précipita, regarda un étage plus bas, pour y découvrir quelque chose de curieux.

# 61

Sur la pelouse parfaitement manucurée de la clinique psychiatrique, juste à côté d'un abreuvoir d'oiseaux dont le bassin était alimenté par un gamin qui urinait, se trouvait le beau peignoir noir de sa grand-mère, avec le palmier et le petit fennec sur la poche mouchoir.

Intriguée, Nadia sortit de la chambre, courut vers le poste de garde, demanda à une infirmière :

« Avez-vous vu ma grand-mère ?

— Votre grand-mère ?

— Oui, Sofia Segatto, chambre 144.

— Elle n'est pas dans sa chambre ?

— Non…

— Pourtant il y a une heure à peine elle a reçu deux visiteurs, mais ils sont repartis il y a une demi-heure environ.

*Les frères Rosenberg, évidemment*, pensa Nadia, comme le lui avait annoncé sa grand-mère.

« Elle est peut-être à la salle de séjour, tenta l'infirmière. Mais pourquoi me demandez-vous ça ? ajouta-t-elle.

— Parce qu'elle n'est plus dans sa chambre ! Et son peignoir est sur la pelouse, juste en bas de sa fenêtre !

— Oh ! fit l'infirmière, en écarquillant les yeux, ahurie, et en portant la main à sa bouche. Elle est peut-être dans la salle commune. »

Elle s'y dirigea à grands pas, suivie d'une Nadia infiniment anxieuse.

Sans grande surprise, sa grand-mère ne s'y trouvait pas, pas plus qu'elle ne se trouvait à la cafétéria ni à l'infirmerie, ni au jardin commun où les pensionnaires étaient autorisés à aller respirer le bon air.

Sans consulter l'infirmière qui commençait réellement à se faire du mauvais sang, car après tout c'était pendant son tour de garde que la vieille patiente s'était pour ainsi dire volatilisée, Nadia retourna en courant vers la chambre 144. Peut-être y trouverait-elle quelque indice qui lui apprendrait où diable avait pu aller sa grand-mère adorée.

Tout de suite, elle aperçut, sur le lit, le vieil exemplaire américain du *Petit Prince* dont la présence ne l'avait pas frappée, juste avant. Il était ouvert à l'avant-dernier chapitre, celui où l'on voyait tristement illustré le blond enfant qui, mordu par le serpent jaune qui vous expédie en trente secondes, tombe sur le sable du désert, sans faire de bruit, comme parfois ceux qu'on a mal aimés disparaissent de notre vie.

Nadia frissonna.

Elle éprouvait la même confuse intuition ressentie par le sensible Antoine de Saint-Exupéry lorsqu'il avait vu le papillon vert, qui n'avait pas affaire là, à mille lieues de la plus proche oasis, mais, par sa visite inopinée, lui annonçait une terrible tempête de sable.

Là, ce n'était pas une tempête de sable qui se profilait à l'horizon, malgré le sable blond sous les pieds du petit prince, mais un danger immense, obscur, confus, sur lequel Nadia n'aurait su mettre le doigt.

Ce qui ne voulait pas dire qu'il n'était pas réel : loin de là !

La Vénitienne s'empara du livre, l'examina, en feuilleta à toute vitesse les pages, comme si elle y cherchait un indice, une adresse, une note décisive, le magique fil d'Ariane qui lui aurait permis de s'y retrouver dans ce tortueux labyrinthe, qui lui aurait appris où sa vieille grand-mère s'était enfuie, en empruntant la fenêtre, selon toute apparence.

Mais elle n'y trouva rien.

Rien.

Et à nouveau la jeune femme se demanda, en tortillant une couette de ses longs cheveux bruns comme chaque fois qu'elle était anxieuse, et ça arrivait de plus en plus souvent depuis quelque temps : *mais pourquoi* ?

Oui, pourquoi ?

Parce que sa grand-mère en avait assez d'être vieille ?

Parce qu'elle était lasse, excédée à la fin par l'image ridée que tous les matins son implacable miroir lui renvoyait, l'image si éloignée, si déformée, si massacrée de sa radieuse beauté de jeunesse.

Qui faisait tourner toutes les têtes, et lui avait mérité quatre mariages, malheureux, il est vrai, mais quand même, elle avait eu les propositions, les bagues, toutes inutiles, toutes vaines, toutes mensongères en comparaison de celle, seule vraie, seule romantique, qu'elle aurait aimé recevoir d'Antoine de Saint-Exupéry pour lequel elle avait éprouvé un si puissant coup de foudre.

Mais le destin s'y était opposé.

Nadia pensa aussi : *peut-être simplement, noblement, voulait-elle me rendre ma liberté d'aimer, d'aimer au loin, loin de Casablanca, car elle se croyait un fardeau pour moi.*

*Oui, peut-être avait-elle lu en moi comme dans un livre ouvert – une Segatto ne peut avoir de secret pour une Segatto – oui, comme dans un livre ouvert, comme cet exemplaire du* Petit Prince *sur son lit, il n'y a pas de hasard, juste des gens distraits.*

*Grand-maman, romantique jusqu'à la fin, qui a sacrifié son grand amour pour sa fille Tatiana, se sacrifie maintenant pour moi.*

*Pour que je puisse enfin tout recommencer à trente-neuf ans, comme j'en rêve à en trembler, mais sans oser l'avouer, à elle ou à cet homme inespéré.*

*Que je puisse repartir à zéro, sortir du Sahara de ma vie, accéder enfin à l'Oasis Intérieure, avec cet homme si parfait.*

*Sauf pour sa jeunesse de trente-deux ans, un mal quand même moins déplorable que s'il avait vingt ans de plus que moi, peu de cheveux et peu de dents, comme ces hommes assez nombreux qui me font une cour éperdue et trop monétaire à mon goût.*

*Oui, que je puisse tout recommencer avec cet homme parfait et romantique et fou qui est apparu dans ma vie, pour me rendre infiniment malheureuse, ou infiniment heureuse.*

*Et c'est ce qui me tue.*

*De ne pas savoir, de ne pas savoir, si dire oui est un suicide ou la loterie.*

*De ne pouvoir lire commodément dans une boule de cristal comme cette madame Destinée dont m'a parlé grand-maman.*

Homère a dit : « On se lasse de tout sauf de comprendre. »

Eh bien, à l'opposé, rien de plus épuisant, rien de plus obsédant que… de ne pas comprendre !

Mais comme s'il y avait un Dieu pour les petites-filles qui se faisaient infiniment de souci pour leur vieille grand-mère, Nadia aperçut alors, sur sa table de nuit, la carte de visite des frères Rosenberg.

# 62

Sagement assis dans un panier près du tiroir-caisse, à même le comptoir de marbre rose et vert, deux petits fennecs, tels des sphinx miniatures, semblaient veiller sur les destinées de la boutique de chaussures des frères Rosenberg.

C'était un couple, et pour la vie, selon la romantique habitude de leur race. Elle, Juliette de son prénom, portait un collier rose, lui, Roméo, forcément (les Rosenberg avaient des lettres et le sens de l'humour !) un collier noir, et les deux étaient sertis de diamants dont on ne savait trop s'ils étaient vrais ou faux : les Rosenberg étaient riches, mais à ce point ?

Les clients – surtout les femmes et les enfants – les adoraient et s'émerveillaient de leur présence inattendue en ce lieu.

Une lampe (elle aussi sertie de diamants dont on ne savait trop s'ils étaient vrais ou faux : les Rosenberg, etc.) assurait que la température – la boutique était évidemment climatisée – ne descendît jamais sous la barre des 20 degrés : car les renards de poche, habitués aux grandes chaleurs du désert, se mettent alors à trembler de tous leurs petits membres.

Derrière eux, sur le mur, était suspendue, magnifiquement encadrée d'or, une vieille photographie, jaunie par les ans, des parents des faux jumeaux, alors qu'ils étaient dans la vingtaine, alors qu'ils étaient beaux, alors qu'ils souriaient encore à la vie, emplis de mille espérances : c'était avant de descendre au « grand hôtel », si grand qu'il avait pu accueillir six millions de clients !

Sous la photographie qui rappelait l'implacable passage du temps – accéléré, il est vrai, par la boucherie nazie – dans une boîte de verre ornée d'un loquet d'or, on pouvait apercevoir les vieux souliers que les Rosenberg, enfants, avaient portés à leur arrivée au « grand hôtel » d'Auschwitz.

De ceux du petit Isaac, dépassaient des morceaux de papier journal infiniment jaunis, pour rappeler la lointaine astuce, imaginée par leur père, génie mathématique, qui avait déjoué, pour un temps, les nazis.

Ensuite, il y avait eu la suspicion malheureuse d'Helmut Gobbel, et la fuite à Casablanca, avec Eva.

Chaque fois qu'elle voyait ces petits souliers (que les Rosenberg avaient transportés de leur ancienne boutique), Nadia était émue.

Et chaque fois qu'elle voyait Roméo et Juliette, elle souriait.

Et eux couinaient, agitaient leurs interminables oreilles, dans la joie de la retrouver.

En temps normal, elle les câlinait longuement, mais là, il y avait péril ou plutôt urgence en la demeure de son cœur : la vieille et Alzheimer et fugitive Sofia Segatto oblige !

David l'aperçut alors, qui faisait des minauderies brèves à Roméo et Juliette. Il vint aussitôt la trouver, lui fit le baisemain.

Son frère Isaac se contenta de la saluer d'un hochement de la tête, souriant.

Vêtu d'un costume identique à celui de son frère, avec une cravate de même couleur, il était affairé à servir une cliente, une septuagénaire fort élégante qui procédait à un dixième essai parce qu'elle était surtout intéressée à lui, Isaac Rosenberg, qui le troublait chaque fois qu'il lui prenait le mollet pour lui enfiler une autre paire d'escarpins.

Il faut dire que, malgré son âge, il portait encore beau, même à près de soixante-dix ans. Tout comme son frère, il affichait une abondante et surprenante chevelure blonde, ce qui ne contribuait pas peu à son air de jeunesse éternelle qu'il devait en fait à une petite tricherie, ou disons coquetterie : une teinture mensuelle !

Même s'ils n'étaient pas de vrais jumeaux, ils avaient fini par se ressembler, peut-être parce qu'ils étaient l'un pour l'autre leur seule famille, et qu'ils étaient restés inséparables depuis leur enfance, des vieux garçons éternels qui avaient résisté au mariage malgré leur charme et leur goût certains pour les femmes.

Ils partageaient la même garçonnière, les mêmes habitudes, faisaient les mêmes voyages, les mêmes plaisanteries, fréquentaient les mêmes restaurants, véritables jumeaux dans l'âme sans l'avoir jamais vraiment été à la naissance !

David rendit enfin à Nadia sa belle main qu'il avait longuement baisée, puis s'enquit :

« Quel bon vent t'amène ? Tu es venue voir notre nouvelle boutique ?

– Oui, je… elle est formidable. Mais à la vérité, je… je venais surtout pour ma grand-mère.

– Ta grand-mère ?

– Oui, je… je sais que vous êtes allés la visiter tout à l'heure, enfin j'ai trouvé cette carte de visite dans sa chambre… »

Elle la lui montra. Il n'en fit pas grand cas, se contenta de dire :

« On vient juste de la déposer.

– Je... je ne te suis pas, je...

– À la sortie de la clinique, après qu'on lui ait rendu visite, mon frère et moi, elle est venue nous trouver dans le parking. Elle boitait, c'était curieux.

– Elle boitait ?

– Oui, de la cheville gauche. »

*Elle a dû se blesser en sautant de la fenêtre de sa chambre*, pensa immédiatement Nadia.

« Est-ce qu'elle portait son pyjama ?

– Euh, non, un joli tailleur.

– Elle le portait sans doute sous son peignoir, fit Nadia, comme pour elle-même.

– Sous son peignoir ? Quel peignoir ? » questionna David.

La Vénitienne, ou plutôt la Casablancaise, depuis le temps, se contenta de répliquer :

« Non, rien, c'est sans importance. Mais dis-moi, ma grand-mère est venue vous rejoindre pour quelle raison ?

– Elle voulait qu'on la laisse au zoo.

– Au zoo ? » fit Nadia, effarée.

Sans trop savoir pourquoi, avec le génie que donne parfois l'amour filial, elle avait spontanément pensé à ce dessin du *Petit Prince*, avec l'enfant qui tombe dans le sable, mordu par le serpent.

Or le zoo de Casablanca était réputé, entre autres choses, pour ses serpents !

Et ça, elle le savait !

# 63

David insista pour conduire au zoo la fébrile Nadia. Elle s'inclina.

De toute manière, conduire à Casablanca, elle n'avait jamais aimé. Elle était trop nerveuse, et il y avait trop de fous.

David prit avec lui Juliette, qui était comme son amulette.

Son porte-bonheur aussi, et son aide-mémoire.

Car elle lui rappelait sans effort, par sa seule grâce délicate, petit loup, le premier fennec qu'il avait connu et follement aimé, dans le désert, il y avait de cela soixante ans.

Et pourtant ça lui paraissait hier, comme, par la magique mémoire du cœur, lui paraissait hier le temps où son père de génie lui expliquait comment faire une règle de trois.

Juliette n'avait pas protesté, même s'il lui fallait laisser derrière elle son beau Roméo, car elle aimait follement la vitesse, le vent dans ses immenses oreilles, qui lui rappelait celui du Sahara.

Et dans la Porsche Carrera de son maître, elle était servie à souhait, car malgré son âge, David avait le pied lourd.

De toute manière, son maître avait une bonne excuse.

Nadia était pressée.

David roula aussi vite qu'il pût.

Pourtant, il ne fallut pas longtemps à Nadia pour comprendre que, malgré cet empressement poli, elle arrivait trop tard.

À la porte du serpentarium jusqu'où elle avait couru comme une véritable folle, habitée d'une tragique certitude, il y avait un attroupement d'une dizaine de personnes.

Dont un gardien de sécurité et… un infirmier!

Tous étaient penchés vers…

L'horrible doute de Nadia ne tarda pas à se confirmer.

Elle se fraya un chemin, reconnut tout de suite sa grand-mère allongée au sol, inerte!

Instinctivement, Nadia regarda vers sa cheville gauche: elle portait la morsure d'un serpent!

La jeune femme poussa un immense cri de douleur.

Sa grand-mère avait voulu lui rendre sa liberté d'aimer, et c'est ce moyen curieux, ce moyen mystérieux et beau, à la vérité, en tout cas poétique, qu'elle avait choisi pour y arriver.

«C'est grand-mère, elle est morte!» expliqua Nadia au vieux David, qui arrivait à sa suite, tout essoufflé, malgré sa sveltesse: il était si âgé.

Il tenait en laisse Juliette, visiblement emballée de se retrouver dans un zoo.

Les animaux aiment être avec d'autres animaux.

Comme les enfants aiment être avec d'autres enfants.

Comme les hommes aiment être avec d'autres hommes.

Même si à la fin ils se détestent et se déchirent et se volent et se tuent!

«Oh! fit le sexagénaire avancé, je suis vraiment désolé.»

Et il serra la jeune femme dans ses bras avec une immense affection.

Il se mit même à pleurer.

Ça lui rappelait trop cet instant infiniment douloureux où il avait enfin compris que ses parents ne reviendraient jamais du «grand hôtel».

Parce que ce n'était pas un hôtel, grand ou pas.

Mais un camp de la mort.

Le petit fennec se mit à émettre le petit jappement aigu qui caractérise sa race.

David crut d'abord que le canidé, sensible s'il en fût, s'unissait aimablement à lui pour compatir à sa peine.

«Juliette, ça suffit!» lui intima-t-il au bout de quelques secondes.

Mais au lieu de lui obéir, la charmante petite renarde des sables continua à glapir tout en tirant avec énergie sur sa laisse, visiblement intéressée par quelque chose de bien précis, et apparemment irrésistible.

*Peut-être un chien, ou un animal dans une cage*, pensa le vieux marchand de chaussures.

Mais lorsque, devant son insistance, il se tourna enfin en direction de l'endroit qui semblait fasciner Juliette, son visage se décomposa en une expression de surprise profonde, et la mâchoire lui tomba.

Il laissa alors échapper, un sourire ravi sur les lèvres, les mots les plus inattendus du monde:

«C'est le petit prince!»

# 64

«Le petit prince?» s'étonna Nadia.

Piquée par la curiosité, son beau front clair et haut plissé d'une ride infiniment perplexe, elle parvint à s'arracher au navrant spectacle de sa grand-mère, probablement morte, et elle suivit le regard étonné de David, cependant que le *vulpes zerda* jappait de manière de plus en plus insistante, et tirait sur sa laisse de toutes ses minuscules mais surprenantes forces.

«Mais oui, c'est... on dirait vraiment que c'est lui! s'étonna David. Et le plus bizarre est qu'il semble exactement le même, qu'il a encore sept ans, comme lorsque je l'ai retrouvé, il y a soixante ans, à Dakhla, avec Saint-Exupéry. Ce n'est...»

Il allait probablement dire : ce n'est pas possible. Mais Nadia le devança pour dire :

«Saint-Exupéry! On dirait que c'est lui qui est à côté du petit prince! Je le reconnais avec son costume de matelot à collet bleu strié de blanc, comme sur les photos que grand-maman m'a montrées! Et on dirait que...»

Une brève pause, car Nadia était si étonnée, si émue qu'elle en perdait l'usage de la parole. Pourtant, elle parvint enfin à dire :

«On dirait que c'est grand-maman, la petite fille qui tient Saint-Exupéry par la main!»

David, qui ne cherchait qu'à comprendre, se tourna vers le corps de la vieille Sofia.

«Ta grand-mère? Mais elle n'est pas...

– On dirait vraiment que c'est elle!» l'interrompit Nadia, maintenant vraiment excitée, et qui s'avançait vers les trois enfants : le petit prince, qui portait ses longues bottes et son grand manteau rouge et bleu, Saint-Exupéry, dans son charmant vêtement de matelot, et la petite Sofia, avec une robe rose, des souliers vernis, des rubans dans les cheveux, pour retenir ses mignonnes tresses.

David, qui éprouvait de plus en plus de difficulté à tenir Juliette en laisse, la suivit, et lorsqu'il fut plus près des trois enfants, il dit :

«C'est curieux, le petit prince n'a plus d'étoile dorée, sur les épaules de son manteau, comme dans l'Oasis Intérieure.

– Hein?» questionna Nadia.

Puis tout se passa très vite.

Juliette profita de l'émoi de son maître pour lui échapper et courir vers les trois enfants.

« Juliette ! Reviens immédiatement ici ! » ordonna le vieux David.

Mais ce fut peine perdue.

Ce qui le troubla le plus, sans doute, c'est qu'il la perdit bientôt de vue.

En effet, un groupe d'écoliers turbulents, surveillés avec plus ou moins de succès – et beaucoup d'exaspération ! – par deux guides essoufflés, s'interposa bientôt entre elle et lui.

« Juliette ! » cria-t-il à nouveau, car là il était vraiment nerveux, autant que si c'était son propre enfant qu'il avait perdu dans une foule, ce qui est la plus affolante des expériences.

« Viens ! » dit-il à Nadia.

Et ils coururent à la suite de Juliette.

Qui avait couru rejoindre les trois enfants.

Peut-être.

Les écoliers coururent dans une autre direction : ils avaient aperçu un excitant panonceau qui annonçait la demeure des varans et autres reptiles exotiques du désert.

Nadia et David se rendirent alors compte que…

… que les trois enfants avaient disparu !

Oui, plus de petit prince, plus de Saint-Exupéry à sept ans, plus d'adorable petite grand-maman avec sa robe rose et ses tresses !

Les larmes montèrent aussitôt aux yeux de Nadia.

David aussi était chagriné, et follement préoccupé : il ne voyait pas l'adorable Juliette. La jeune femme laissa tomber :

« Pourtant, j'aurais juré qu'ils étaient bel et bien là.

– Moi aussi. »

Il disait ça, mais sans grande conviction, car il jetait surtout des regards circulaires et désespérés pour retrouver Juliette.

Résignée, Nadia décréta :

«Il paraît que lorsque les gens meurent, ils apparaissent souvent, juste après leur mort, à ceux qu'ils aiment, comme pour les rassurer, leur faire comprendre que tout va bien, qu'ils ne sont pas vraiment morts, et surtout qu'ils sont heureux où ils sont et que la vie continue.

– Je… mes parents…

– Tes parents?

– Non, rien.»

Il préféra ne pas dire si ses parents lui étaient ou non apparus après avoir quitté – définitivement – le grand hôtel.

«Grand-maman, reprit Nadia, a peut-être voulu me dire qu'elle avait enfin retrouvé le petit prince et surtout Saint-Exupéry qu'elle a aimé toute sa vie malgré ses mariages.

– Peut-être.»

Il n'eut pas vraiment le loisir de compléter sa pensée, car Juliette était enfin réapparue, comme par magie et jappait avec obstination, le museau collé sur un cornet vide de pop-corn!

«Juliette! Viens ici, immédiatement!»

Mais l'entêtée renarde faisait la sourde oreille, ce qui était surprenant vu la taille prodigieuse de son pavillon, et gardait son mignon museau garni de longues moustaches sur le cornet rouge et jaune, comme s'il s'y cachait quelque insecte délectable ou, qui sait, un serpent jaune qui vous exécute en trente secondes!

Elle en aurait fait plus volontiers un repas que les mets, même relevés, dont ses maîtres la régalaient quotidiennement: même traitée royalement, elle restait un peu comme ces gazelles élevées en captivité qui tendaient toujours leur museau nostalgique vers les dunes sauvages du désert.

David courut le plus rapidement qu'il put vers elle, s'infligea le craquement de ses genoux vieillissants pour ramasser le cornet de pop-corn, mais constata, désolé, qu'il était vide.

Oui, vide.

Mais, sous lui, curieusement, se trouvait une étoile dorée !

Lorsqu'il la remit à Nadia, elle fut parcourue de frissons sur tout son corps :

« C'est l'autre étoile du manteau du petit prince, exactement comme celle que j'ai trouvée au musée de l'Aviation et de l'Espace.

– Hein ? fit David.

– Ma grand-mère n'était peut-être pas Alzheimer et folle, au fond. Et tout ce qu'elle m'a raconté au sujet du petit prince et de Saint-Exupéry est peut-être vrai. Mais il me reste juste une manière de le prouver.

– Comment ? »

Avant de répondre, elle consulta sa montre, et grimaça aussitôt : Marc Antoine s'envolait dans une petite demi-heure, du principal aéroport de Casablanca.

Et si sa regrettée grand-mère avait raison, au bout d'un mois, surtout un mois à Paris, il l'oublierait, il serait trop tard pour lui dire oui, même si elle était la femme de sa vie.

« Est-ce que tu peux encore me servir de taxi ? »

# 65

« Laisse-moi conduire ! » demanda la jeune femme en arrivant à la Porsche.

Bien sûr, David Rosenberg aimait jalousement son bolide.

Pourtant, il n'hésita pas à lancer à Nadia son trousseau de clés.

Il s'assit à ses côtés avec Juliette dans ses bras.

Toutes les dix secondes, Nadia, qui pestait contre la lenteur des automobilistes devant elle, consultait sa montre.

Elle était de plus en plus persuadée que c'était impossible d'arriver à temps à l'aéroport.

Et alors, non seulement perdrait-elle l'homme de sa vie, mais – elle en avait la douloureuse impression – elle perdrait du même coup la seule manière de savoir si sa grand-mère avait dit vrai ou était simplement maboule.

Et elle voulait que ce fût vrai, pour honorer sa mémoire, pour lui rendre un dernier hommage, parce que ce qu'elle lui avait dit, conte ou récit, était trop beau pour... ne pas être vrai! C'était un peu comme si l'ordre du monde ou en tout cas ses nerfs déjà infiniment fragiles avaient besoin de cette certitude...

Pour qu'elle continue à vivre...

Elle pensa bien sûr qu'elle aurait pu rester plus longtemps au zoo, pour remplir les formalités qu'on lui aurait sans doute demandé de remplir, mais elle aurait le temps plus tard...

Et surtout – et elle en avait la conviction profonde –, c'est ce que sa grand-mère aurait aimé qu'elle fasse.

En pensant à cette grande romantique, mais qui avait peut-être eu raison de l'être à la fin de sa vie, Nadia, qui tenait le volant de sa main droite, serrait dans sa main gauche l'étoile dorée mystérieusement trouvée au zoo, grâce aux bons soins de Juliette.

L'étoile qui semblait être la copie conforme de celle que, quelques jours plus tôt, elle avait trouvée au musée de l'Aviation et de l'Espace, à Bourget!

# 66

« J'ai le feu vert de la tour de contrôle, patron ? Quand vous serez prêt », fit le pilote du jet privé.

Il s'adressait à un homme qui possédait vraiment une gueule d'acteur, avec son front haut, ses grands yeux perçants et verts, qui voyaient à travers les êtres et les bilans financiers, vrais ou frelatés, ses cheveux noirs gominés à l'italienne, son nez droit et sa mâchoire énergique, comme le reste de son corps auquel il imposait trois intenses séances de gymnase hebdomadaires.

C'était Marc Antoine Cocteau, jeune et brillant banquier, Monégasque de son état, qui était follement amoureux de Nadia Segatto.

Il portait une veste Zegna, anthracite, qui était du meilleur effet sur un jean délavé, mais au pli parfaitement pressé, une écharpe de soie blanche, qui lui donnait un air infiniment *cool* : surtout pour un banquier qui brassait des millions et conseillait des gens fort sérieux – et soigneusement cravatés ! – qui accusaient souvent le double de son âge.

« Attends encore cinq minutes ! intima le jeune million-naire.

– Cinq minutes ? » fit le pilote, qui paraissait contrarié, mais ne le montra pas : son patron était si bon, si généreux avec lui.

« Oui. Ensuite on décolle d'ici. »

Et il le disait un peu avec humeur comme si au fond ce qu'il voulait dire était : « On oublie Nadia ! »

Il relut alors, non sans un certain désespoir facilement lisible dans ses beaux yeux qui avaient fait rêver tant de femmes, le mot que lui avait laissé Nadia S., après qu'il lui eut donné la bague, qui n'était pas censée être une bague de fiançailles, mais bon…

« Je voudrais te dire oui, dire oui à ce rêve à deux, mais je ne suis pas libre, je sais que tu seras heureux sans moi, bonne chance… Nadia. »

Je sais que tu seras heureux sans moi !

Ça voulait dire quoi, ces vœux nobles !

Et aussi : « Je ne suis pas libre… », alors qu'elle était célibataire, sans enfant.

Bien sûr, il y avait sa vieille grand-maman, mais il avait aimablement offert de la prendre avec eux à Cap d'Antibes : la villa était quand même assez grande, avec plus de huit chambres !

Peut-être simplement ne lui plaisait-il pas suffisamment.

C'est si compliqué, les femmes !

D'ailleurs, à la réflexion, la situation était infiniment ironique : il y avait eu tant de femmes à qui, dans le passé, il avait dit non.

Et pour une fois qu'il était prêt à se marier, à dire oui, c'est à lui qu'on disait non.

Mais philosopha-t-il, avec un semblant de sourire, peut-être son destin était-il de rester célibataire et de s'amuser…

S'amuser…

Comme s'il avait envie de le faire avec une autre personne que Nadia *Stupido* Segatto !

Ou *stupida* !

*Whatever* !

Il lui semblait que, assassine sans le savoir, la splendide jeune femme avait tué, et à jamais, le noceur qui était en lui.

Il jeta un dernier coup d'œil par le hublot de son Lear Jet, qui était un peu son Caudron Simoun à lui, même sans livrée bleue. Enfin résigné, il froissa le billet de Nadia, et le jeta comme fait Humphrey Bogart dans *Casablanca*, sur le quai de la gare pluvieuse, avec la lettre d'adieu d'Ilsa qui lui annonce à la dernière minute qu'elle ne viendra pas, sans vraiment dire pourquoi.

Ensuite, le jeune banquier tira mécaniquement de la poche de sa veste un paquet de Camel même si, en principe, il... avait cessé de fumer !

Mais s'il avait cessé de fumer, pourquoi avoir gardé ces cigarettes sur lui ?

Peut-être parce qu'il avait surtout renoncé à son tabagisme tout de même modéré – gymnase oblige – parce que cette habitude déplaisait suprêmement à Nadia. Ne lui avait-elle pas dit, le premier soir, la première fois qu'il l'avait vue nue, sans qu'il sût jamais si elle plaisantait ou non : « Le désir au début nous fait oublier qu'on embrasse un cendrier, mais ensuite on préfère le goût de la menthe fraîche ! Joue bien tes cartes ! »

Il alluma la Camel, mais n'en prit qu'une seule bouffée, qui ne lui plut même pas. Il l'éteignit aussitôt, et se dit, philosophe dans son infortune :

*Au moins, Nadia m'aura permis de me débarrasser de cette vilaine habitude ! Maintenant, je suis l'homme idéal !*

« OK, Aristote – c'était le nom de son pilote grec – on peut partir. »

Il venait à peine de donner le feu vert que, contre toute attente, il entendit des crissements de pneus. Il regarda à nouveau par le hublot : une Porsche noire freinait tout près de son Lear Jet et en sortait en courant la belle Nadia, sous les regards attendris du vieux David qui serrait contre lui sa Juliette, les oreilles bien hautes et bien optimistes.

# 67

Quand il voyageait, Marc Antoine se soignait.

À Paris, seule ou en charmante compagnie, il descendait toujours au Plaza Athénée, avenue Montaigne, dans la suite Eiffel Classique.

Nadia dut admettre qu'il savait faire les choses, et avait du goût, malgré sa jeunesse.

En contemplant la tour Eiffel, par l'immense fenêtre de leur chambre, Marc Antoine, qui avait et aurait toujours sept ans de moins qu'elle, et ça la faisait hésiter, lui posa à nouveau la question à laquelle elle avait refusé de répondre, malgré sa tardive volonté de voler avec lui vers la Ville lumière.

«Alors, c'est oui?

– À une condition.

– Je suis prêt.»

Il l'était en effet, superbe dans un peignoir ivoire aux larges épaules, qui faisait éclater la noirceur de ses cheveux encore humides de sa récente douche, la roseur de son teint d'athlète. Nadia, pour sa part, était irrésistible dans le déshabillé qu'il lui avait bien fallu acheter – quelle corvée pour une femme! – à la boutique de lingerie fine du Plaza, à côté du spa (Dior), car elle était évidemment partie sans pyjama.

Juste avec un rêve.

Et une question.

LA question.

Mais qui devenait de moins en moins claire dans son esprit, après deux bouteilles de champagne Cristal.

Il se soignait, je vous ai dit, ce Marc Antoine.

Et il savait soigner une femme.

Surtout quand il avait l'impression que cette femme était la femme de sa vie – était-ce seulement parce qu'elle refusait de lui dire oui ?

Cette femme aussi insaisissable que superbe, avec ses cheveux abondants qu'elle avait attachés sur le dessus de sa tête, ce qui découvrait sa nuque qui faisait chavirer, par sa grâce, le beau Marc Antoine...

Ces cheveux qu'elle avait noués après cette douche à deux avec des jets d'eau qui vous surprenaient en venant de partout !

– Tu me dis que tu es riche...

– Euh, tout est relatif (il jeta un regard circulaire dans la suite), mais en tout cas, je sais vivre !

– C'est probablement vrai. Mais honnêtement je m'en fous un peu. Ce que je veux surtout savoir, c'est si tu es puissant.

– J'ai justement essayé de te le démontrer dans la douche ! »

Coquine, elle l'avait repoussé, lui avait juste permis de lui laver le dos ! Quelle torture, surtout que la fin de son dos était une véritable invitation à l'amour, un poème.

Il détacha le cordon de son peignoir.

« Il n'est jamais trop tard pour bien faire. »

Nadia esquissa un sourire amusé, lui tapa affectueusement la joue droite :

« Tu es mignon, mais ce n'est pas ça. Je crains que ce ne soit un peu plus compliqué. »

Il se sentit un peu idiot, referma son peignoir, juste à temps pour dissimuler l'inutile et embarrassante expression de son émoi.

« Qu'est-ce que tu veux dire ?

– Voici le *deal* ou plutôt, pour employer le mot plus moliéresque et beau de ma grand-mère avec Saint-Exupéry, lorsqu'ils se sont rencontrés, le pacte que je te propose.

– J'aime les *deals*. J'en fais tous les jours.

– Celui-là est un peu plus difficile, je crois.

– Teste-moi ! » fit Marc Antoine en bougeant ses doigts comme pour l'attirer à elle, ce que du reste il cherchait toujours à faire.

– Verse-moi un peu de champagne ! »

Il ne se laissa pas prier, car il n'avait jamais oublié la réflexion de Stendhal qui disait, ou à peu près, que lorsque vous faites rire une femme elle est déjà à moitié dans votre lit. Or, en tout cas selon son expérience, le champagne faisait rire les femmes.

Après une gorgée dont il déplora la décevante sagesse, Nadia résuma à Marc Antoine, du mieux qu'elle le put, toute l'incroyable histoire que lui avait racontée sa vieille grand-mère. Puis elle en vint au cœur des choses :

– Madame de B est morte l'année dernière.

– Ah ! Et après ? » fit le jeune banquier qui, malgré son génie financier évident, ne savait pas trop où Nadia voulait en venir : il aurait souhaité une conclusion plus simple à cet échange nocturne.

Après tout, ils se trouvaient dans un luxueux hôtel de Paris, lui en peignoir, elle dans un déshabillé affriolant, payé les yeux de la tête : moins il y a de tissu, plus c'est cher !

« Saint-Exupéry l'a désignée comme exécutrice pour son œuvre littéraire, expliqua Nadia.

– Ah ! c'est vraiment formidable ! »

Mais visiblement, il était à mille lieues de comprendre où elle voulait en venir.

Il chercha à l'embrasser, une astuce d'homme. Surtout le soir. Surtout à Paris après tant de flûtes de champagne si exquis.

Mais la jeune femme le repoussa, décidément tenace :

« Écoute-moi, c'est important !

– Je ne fais que ça, ma chérie.

– Bon, voilà la chose ! Madame de B qui, si ma grand-mère dit vrai, est la mère du petit prince, a déposé à la Bibliothèque nationale de France toute la correspondance qu'elle a entretenue avec Antoine de Saint-Exupéry à la condition expresse que rien ne soit publié avant cinquante ans après sa mort, soit en 2053, car elle est morte en 2003.

– Et après ?

– Bien, c'est évident, il me semble.

– Qu'est-ce qui est évident ? Éclaire-moi, ma chérie !

– Bien toi, si tu mourais à 95 ans, comme elle, et que tu n'avais aucun secret à cacher, est-ce que tu exigerais de la Bibliothèque nationale que toute ta correspondance et tes documents privés demeurent secrets pendant cinquante ans ?

– Je n'écris pas de lettres, juste des textos, je fais trop de fautes d'ortho, plaisanta-t-il.

– Non, sérieusement, est-ce que tu ferais une chose pareille ?

– Je ne sais pas, c'est curieux en effet.

– Ce n'est pas curieux. C'est logique. Madame de B ne voulait tout simplement pas que ses enfants, qui sont encore vivants, apprennent qu'elle a eu un enfant adultérin avec Antoine de Saint Exupéry, surtout que cet enfant était le petit prince ! Tu comprends, elle était mariée à un aristocrate, et elle était immensément riche, par son père, alors pour des questions d'héritage…

– Écoute », osa l'interrompre le séduisant banquier, un peu impatient par déformation professionnelle d'homme habitué aux interminables préambules oratoires qu'on lui assenait invariablement avant de lui demander toujours la même chose : de l'argent, « c'est possible, mais honnêtement, je ne vois pas encore c'est quoi, le pacte que tu me proposes.

– C'est simple : si tu es vraiment riche, tu es aussi puissant, alors, sers-toi de ton influence et de tes contacts pour que j'aie accès à ces documents frappés d'interdit de publication.

– Tu me donnes combien de temps ?

– Il est quelle heure ? » le taquina Nadia en consultant sa montre-bracelet.

Il la prit au mot :

« Onze heures. Si je réussis, c'est oui ? » implora-t-il avec un large sourire qui découvrait ses dents toutes blanches de jeune loup de la finance.

– Oui.

– Et si je ne réussis pas ?

– C'est *arrivederci* Paris. »

La menace était-elle sérieuse ?

La jeune femme plaisantait-elle, elle si troublante en ce déshabillé assassin ?

Et pourquoi tout à coup défaisait-elle ses cheveux, qu'elle avait attachés au sortir de la douche qui l'avait forcément laissé sur son appétit ? Lui.

Ce n'était pas vraiment dans son tempérament de se poser des questions, il préférait de beaucoup l'action.

Alors sans hésiter une seule seconde, il tendit la main à Nadia.

« *Deal* !

– *Deal* ! »

Et elle lui serra la main.

Ravi, il voulut célébrer immédiatement ce délicieux pacte nocturne, tenta de l'embrasser. Mais elle le repoussa :

« Holà ! Il faut que tu gardes toutes tes énergies, mon petit chéri ! »

Il plissa les lèvres, beau joueur.

Et, même s'il était déjà passé onze heures du soir, il se mit, toutes affaires – amoureuses ! – cessantes à téléphoner à tout ce qu'il comptait d'amis riches et puissants à Paris.

Au bout de six ou sept coups de fil expéditifs, il raccrocha, l'air infiniment satisfait.

« Pourquoi souris-tu ainsi ?

– Tu as rendez-vous demain matin à neuf heures, soit une heure avant l'ouverture officielle, à la Bibliothèque nationale de France.

Ensuite, elle le récompensa de sa diligence.

# 68

Le lendemain, à neuf heures pile, ils franchissaient main dans la main – expérience étrange et troublante pour Nadia seule depuis des lunes – les prestigieuses portes de la Bibliothèque nationale de France. Enfin, l'une de ses portes, car la célèbre institution est étalée dans plusieurs bâtiments, où sont enfermés d'innombrables trésors, des manuscrits originaux de Balzac, de Proust, des partitions de Chopin, de Bach, etc.

L'hôtesse qui les accueillit les conduisit immédiatement dans une vaste salle au centre de laquelle se trouvait une immense table de bois sombre. Deux employés avaient commencé à y poser des boîtes de documents. Lorsqu'elle fut presque couverte, le plus vieux des employés expliqua :

« Commencez par ces cinq boîtes ! Si vous n'avez pas trouvé ce que vous cherchez, on vous apportera les autres boîtes.

– Les autres boîtes ? s'inquiéta Nadia.

– Oui, il en reste environ une trentaine.

– Ah… »

Et, pour ne pas la gêner dans son travail, il recula de quelques pas, accompagné de l'autre employé, plus jeune, qui semblait trouver Nadia plutôt ravissante et avait même risqué un clin d'œil engageant à son endroit. Elle ne s'en formalisa pas, demeura parfaitement indifférente : elle n'avait pas la tête à ça, et son cœur, c'est l'homme assis à côté d'elle qui l'avait enfin pris. Ou presque.

Cet homme, impressionné, ou pour mieux dire découragé par la vue des cinq boîtes sur la table, demanda à la belle Vénitienne :

« Es-tu sûre que tu veux te taper tout ça ?

– Oui, répliqua-t-elle avec détermination. C'est ce que grand-maman aurait voulu.

– Est-ce que tu sais au juste ce que tu cherches ?

– Une preuve.

– Peux-tu être plus précise ?

– Une preuve que le Petit Prince était vraiment le fils de Saint-Exupéry et de Madame de B.

– Oui, je sais, tu m'as dit. Mais ça ressemble à quoi, cette preuve ?

– Je ne sais pas, une photo, un objet, je verrai bien. Comme disait Pascal, tu ne me chercherais pas si tu ne m'avais déjà trouvé.

– Pascal qui ? »

Elle sourit, lui tapota la joue, pas dupe de sa feinte ignorance du célèbre philosophe et mathématicien. Il admit :

« Je "blaisais" pour détendre l'atmosphère. »

Elle rit tout doucement, il lui sembla qu'il avait vraiment tout pour lui (à part les sept ans qu'il avait de moins qu'elle et pour lesquels elle ne pourrait jamais rien).

« Bon, dans ces conditions, conclut Marc Antoine, je te laisse travailler. Fais-moi signe si tu as besoin de moi ! »

Et il s'activa aussitôt sur son inséparable BlackBerry, où cent courriels l'attendaient, et des dizaines de textos qu'il n'avait pas pu prendre pour cause d'absence amoureuse : en plus, Nadia ne pouvait souffrir qu'il y répondît en sa présence – nue ou pas.

Mais là, comme elle était occupée, il reprenait tous ses droits.

Nadia regarda les cinq boîtes, prit une grande respiration, comme pour se donner du courage, et s'attaqua à la première. Elle contenait, sans grande surprise, de précieux manuscrits originaux, en plusieurs versions, des manuscrits dactylographiés, couverts de ratures, jaunis par le temps, parfois tachés de café et de coca, car Saint-Exupéry en faisait un usage immodéré pour soutenir son inspiration nocturne, un peu comme Balzac, le coca en moins, ce qui n'avait pas peu contribué à ses troubles cardiaques.

Nadia tomba bientôt sur le manuscrit, ou plutôt l'un des manuscrits du *Petit Prince* : perfectionniste malgré son apparente désinvolture, le romancier célèbre en avait commis plusieurs versions avant de confier la plus achevée à son éditeur.

Nadia fut aussitôt submergée d'une grande émotion, quasi religieuse.

Ça lui faisait drôle en effet de pouvoir regarder le manuscrit d'une œuvre aussi célèbre presque autant traduite et lue que la Bible.

Elle ne put résister à la tentation de le feuilleter.

Était-ce pure émotion littéraire ?

Cherchait-elle un indice ?

Elle n'en trouva pas en tout cas, remit le manuscrit dans la boîte.

Dans la boîte suivante, elle trouva des centaines de dessins de l'aviateur, des dessins qu'il faisait un peu partout, au hasard merveilleux de son inépuisable inspiration, sur une nappe en papier, un menu, une enveloppe déchirée, un cahier d'écolier qui lui rappelait le pays de son enfance qu'il n'avait jamais voulu quitter, et dont il avait retrouvé mystérieusement le passeport.

Peut-être.

Dans le Sahara.

À Dakhla.

L'Oasis Intérieure avec son rose minaret et sa roseraie.

Si du moins Bark avait dit vrai.

Tous ces dessins, ces caricatures, ces aquarelles…

*Quel talent!* pensa Nadia.

Dans une autre boîte, certains livres de la bibliothèque personnelle du romancier, des livres annotés de sa main…

Sans surprise, un vieux paquet de Camel, son canif suisse, sa *Parker 51*…

Tous des objets touchants que Nadia avait l'impression de connaître, qui lui étaient presque familiers, vu les récits détaillés de sa vieille grand-mère, pas si Alzheimer que ça à la fin.

«Tu es contente?» demanda Marc Antoine entre deux courriels.

«Oui, mais…»

Mais elle ne l'était pas, visiblement.

Elle passa rapidement à travers la troisième boîte puis la quatrième, qui toutes deux contenaient surtout des notes, sans doute en vue d'un manuscrit que Saint-Ex préparait.

D'ennuyeuses copies de documents légaux, de contrats d'édition, des photos de Saint-Exupéry, avec André Gide, avec Gaston Gallimard, avec le célèbre pilote Mermoz, un de ses grands amis disparus avant lui…

Mais toujours pas d'indice permettant de croire en la théorie surprenante de sa grand-mère.

Avec un peu de découragement, Nadia ouvrit la dernière boîte, cependant que les deux employés de la Bibliothèque s'avançaient vers elle, car ils voyaient bien, à son air dépité, que ses recherches avaient été vaines.

Le jeune se réjouissait de la chose, esquissait un sourire en coin : il pourrait admirer plus longtemps la ravissante jeune femme.

Avant d'ouvrir la cinquième boîte, Nadia leva ses beaux yeux noirs vers le plafond de la bibliothèque, comme si elle implorait le Ciel – ou sa grand-mère.

Sa prière porta-t-elle fruit ?

Ou fut-ce simplement le hasard ?

D'abord, elle trouva une bouteille de parfum vide qui portait un nom célèbre : *Vol de Nuit*, en l'honneur de vous savez qui.

Puis des bijoux.

Des bijoux de femme.

Une bague, un bracelet sur lequel étaient gravés les mots : « Je t'aime » en douze langues – Nadia en parlait quatre, elle fut quatre fois émue.

Étaient-ce des bijoux que Saint-Exupéry avait offerts à sa maîtresse, et qu'elle avait préféré cacher à son mari, à ses enfants, et même ses petits-enfants, qui ne seraient probablement plus là ou alors seraient très vieux, et très indifférents de son passé en 2053 ?

Dans une vieille enveloppe parfumée, elle trouva, un peu comme Frédéric Moreau en hérite à la fin de *L'Éducation sentimentale*, une boucle de cheveux qui avait appartenu au grand amour de sa vie.

Mais elle n'était pas blanche, comme celle de Madame Arnoux : elle était blonde !

Sa découverte plongea Nadia dans des interrogations infinies, qui pourtant se résumaient à celle-ci : ces cheveux avaient-ils appartenu à la Grande Blonde ou au Petit Prince ?

Elle remit la boucle de cheveux d'or dans l'enveloppe.

Elle aperçut alors, au fond de la boîte, une liasse de lettres retenues par une faveur rose.

Et elle eut l'intuition que…

Que là se trouvait la clé de l'énigme, un peu comme l'étoile dorée qu'elle avait trouvée cachée dans sa gaine de rouille au musée de l'Aviation et de l'Espace.

Elle prit en tremblant la première lettre de la liasse, l'ouvrit, la lut avec une émotion grandissante : c'était la dernière lettre que Saint-Exupéry avait écrite à Madame de B !

Puis comme si ça ne suffisait pas, en un ultime et imparable argument, elle vit au fond de la boîte des petites bottines d'enfant, blanches, mais à la vérité plus tout à fait blanches avec le passage du temps, des bottines qu'on fait porter à un enfant d'un an ou deux, et qui ne laissaient plus de doute au sujet du petit prince et de ses blondes origines.

Comme malgré elle, Nadia pensa alors aux petits souliers des frères Rosenberg qu'elle avait revus juste la veille.

« Oh ! » fit-elle.

Et une émotion extraordinaire monta en elle.

Marc Antoine prenait connaissance d'un courriel qui lui annonçait une petite déception : dans une affaire récente qu'il croyait avoir menée rondement, il ne ferait pas le profit de cinq millions escompté, juste trois millions. *Bon*, se dit-il en haussant avec philosophie les épaules, *on ne peut gagner tout le temps* !

« Qu'est-ce qu'il y a, ma chérie ?

– Le petit prince était bel et bien le fils de Saint-Exupéry et de Madame de B.

– Tu es contente ?

– Oui. »

Et sans doute s'en réjouit-elle un peu.

Mais une émotion autre l'avait gagnée.

Car en voyant tous ces objets devant elle, ces petits sou-liers d'enfant, ce flacon de parfum vide, *Vol de Nuit* ou pas, cette boucle de cheveux blonds, ces bijoux, ce bracelet qui répétait inutilement « Je t'aime » en tant de langues, cette bague, qui était peut-être une bague de fausses fiançailles, comme s'en offrent parfois des amants qui ne sont pas libres de s'aimer ; Nadia pensa qu'elle avait devant elle, comme dans le petit musée du cœur, l'histoire de toute une vie, de tout un amour, et que c'était tout ce qui en restait, des objets dans une boîte, et que, en somme, nous, frères humains, sommes bien peu de choses, bien peu de choses à la fin.

Qui arrive si vite parfois.

Comme elle était arrivée à sa maman, emportée un an plus tôt par un fulgurant cancer du cerveau.

Alors Nadia Segatto éclata en sanglots.

« Qu'est-ce qu'il y a ? » s'empressa de demander Marc Antoine.

« Rien.

– Mais pourquoi pleures-tu ? »

Les employés aussi s'intriguaient, se consultaient du regard.

« Emmène-moi !

– Où ?

– Loin.

– Loin ?

– Oui. Au bout du monde. »

# 612 (sic)

« S i vous voyagez un jour en Afrique, dans le désert [...] si un enfant vient à vous, s'il rit, s'il a des cheveux d'or, s'il ne répond pas quand on l'interroge, vous devinerez bien qui il est. Alors soyez gentils! Ne me laissez pas tellement triste : écrivez-moi vite qu'il est revenu... »

*Le Petit Prince*, ultimes lignes.

Si vous avez aimé cette histoire,
n'hésitez pas à le dire à l'auteur
Marc Fisher à :

**fisher_globe@hotmail.com**


Pour une conférence ou un atelier d'écriture,
contactez-moi à :

**fisher_globe@hotmail.com**

Ou visitez mon site :
**www.marcfisher.biz**